리딩 체인지

**Building The Bridge As You Walk On It:
A Guide for Leading Change**
by Robert E. Quinn
Copyright ⓒ 2004 by John Wiley & Sons. Inc.
All rights reserved.
Authorized translation from the English language edition publishing
by John Wiley & Sons, Inc.
This Korean edition published by arrangement with John Wiley & Sons, Inc., Hoboken.
New Jersey through KCC(Korea Copyright Center Inc.), Seoul.

이 책의 한국어판 저작권은 (주)한국저작권센터(KCC)를 통한
저작권자와 독점계약으로 늘봄에 있습니다.
저작권법에 의해 한국 내에서 보호를 받는 저작물이므로 무단전재와 복제를 금합니다.

리딩 체인지

로버트 E. 퀸

늘봄

차 례

저자 서문   7

1부
리더십의 근원적 상태로의 초대   15

1장   다리를 놓아가면서 다리를 건너기   18
2장   리더십의 근원적 상태   33
3장   리더십의 근원적 상태에 진입하기   52
4장   개인에게 활력 불어넣기   67
5장   인지력과 진실성 높이기   80
6장   나를 변화시켜 타인까지 변화시키기   97
7장   리더십에 대한 새로운 관점   116

2부
리더십의 근원적 상태에 도달하기 위한 8가지 실행방법들   139

8장   심사숙고하며 실행하라   141
9장   순수함을 지키며 관여하라   158
10장   따져보되 장점을 발견하려고 노력하라   172

11장	현실에 기반을 둔 비전을 가져라	191
12장	자신감을 갖되 환경에 순응하라	206
13장	상호의존적이면서 독립성을 유지하라	220
14장	자유롭되 책임감을 잃지 마라	237
15장	사랑하되 엄격함을 유지하라	253

3부
리더 키우기   267

| 16장 | 자기변화의 단계 | 269 |
| 17장 | 리더십의 근원적 상태로 타인을 초대하기 | 294 |

역자 후기   318
참고 문헌   320

| 저자 서문 |

　책은 저자가 인생에서 마주하는 도전들을 극복하려 할 때 비로소 빛을 보게 된다. 이 책은 많은 상황 유형에 뿌리를 두고 있지만 무엇보다도 두 가지 점에 중요한 영향을 받았다. 첫 번째가 미시건대학교에서의 경험이다.
　미시건대학 경영대학원에 재직했던 지난 몇 년간 나는 동료인 킴 카메론과 제인 더튼, 그레첸 스프레이처와 함께 우리가 '긍정적 조직학'이라고 명명한 새로운 분야를 발전시키는 작업을 했다. 이 새로운 분야에는 조직 활동에서 두드러지게 긍정적으로 작용하는 요인들을 중점적으로 연구하는 학자들이 결집했다. 그들은 일반적인 조직화 과정이 아닌 긍정적인 의미에서 특이한 유형들, 즉 정규분포곡선에서 곡선의 오른쪽 끝에 분포하는 행동들을 연구했다. 그 행동들은 긍정적인 영향을 가져오는 것들이다.
　긍정적 조직학 그룹은 정기적으로 모임을 갖고 핵심 의제들을 토론하고, 대규모 컨퍼런스를 열어 연구결과에 대한 프레젠테이션을 실시했다. 최근 우리는 이 주제에 대한 첫 번째 저술을 끝냈다. 그리고 연구소도 열었다. 이런 활동을 하면서 우리는 '탁월하게 긍정적인 조직화의 유형이 나타날 수 있도록 하는 요소는 무엇인가?'라는 질문의 답을 찾기 위해 집중했다. 나 역시 그 질문에 관심을 쏟았다.
　그 기간 동안 또 다른 상황 유형이 나타났다. 30년간 나는 다리 한쪽은 학문의 세계에 걸치고 있었고, 다른 한쪽은 현실의 세계에 두고 있는 상태를 유지해왔다. 그 기간 동안 나는 연구를 지속하는 동시에 더욱 긍정적인 조직화의 유형을 창조하기 위해 노력했었다. 그 과정에서 어떤 개념들은 다른 개념보다 훨씬 중요하다는 사실이 보다 분명해졌다.

중요한 한 가지 개념은 엔트로피의 원리가 개인의 자아뿐 아니라 조직 문화에도 적용된다는 것이다. 개인과 조직은 끊임없이 엔트로피를 향해 나아간다. 이는 개인과 조직이 그들이 내린 결정이 점진적 죽음을 향해 가고 있다는 사실을 부인할 때 발생하게 된다. 사람들은 문제를 치유할 수 있는 방법에 두려움을 갖고 있기 때문에 부인하게 된다. 그 치유법이란 딥 체인지(Deep Change)다. 딥 체인지를 위해서는 통제력을 포기해야 하는데 누구도 이를 원치 않는다. 이 책은 실제로 개인들이 어떻게 딥 체인지를 시도하는 용기를 발휘할 수 있는가에 관한 것이다.

이 책은 개인과 조직들이 딥 체인지를 이룰 수 있도록 돕는 과정을 다룬 3부작 중 마지막 편이다. 첫 번째 책은 「딥 체인지: 네 안의 리더를 발견하라(Deep Change: Discovering the Leader Within, 1996)」고, 두 번째 책은 「세상을 변화시켜라: 일반적인 사람들이 탁월한 결과를 이루는 법(Change the world: How Ordinary People Can Accomplish Extraordinary Results, 2000)」이다. 내가 처음 「딥 체인지」를 내놓았을 때는 크게 주목받지 못했다. 그러다 점차 관심을 끌기 시작했고 결국 그 출판사의 베스트셀러로 자리 잡게 됐다. 이는 「딥 체인지」가 입소문을 타고 인기를 얻은 책이라는 것을 의미한다. 책을 읽은 독자들이 다른 사람들에게 이 책을 추천한 것이다. 어떤 독자들은 내게 편지를 보내왔다. 그들은 이 책을 통해 개인적 또는 조직적 변혁의 힘든 과정에 들어서는데 도움을 받게 돼 이 책을 좋아하게 됐다고 말했다. 그들은 책에 담긴 개념들을 활용해 어떻게 자기 개인의 위기상황을 점검하고 그들이 속한 조직의 변화과정을 이끌었는가를 설명했다. 이들이 전한 에피소드들은 정말 많은 내용을 담고 있었다. 2000년에 출판된 「세상을 변화시켜라」를 통해 더 많은 독자들이 자신들의 이야기를 공유했다.

2002년 출판사에서는 내게 「딥 체인지」를 보완해 줄 것을 청해왔다. 보완

작업을 하던 중 놀라운 일이 발생했다. 책을 보완하던 것이 완전히 새로운 책을 쓰는 작업으로 바뀐 것이다. 새 책은 내가 매우 특별한 사람들의 이야기에 귀를 기울이면서 나오게 됐다. 나는 내게 편지를 보내준 독자들에게 연락을 취했고 그들이 딥 체인지 과정에서 내 책을 어떻게 활용했는지 전후 상황을 자세하게 적어서 보내달라고 부탁했다. 그들은 매우 사적인 변화부터 커다란 조직의 변화까지 다양한 사례들을 보내줬다. 각각의 사례들은 사적인 것들이었고, 진실했으며 풍부한 내용과 영감, 교훈이 넘쳤다.

각각의 사람들은 딥 체인지를 통해 얻은 의미 있는 성과를 전해왔다. 이 책에 등장하는 한 남자의 이야기를 소개하겠다. 그는 4년간 한 조직의 최고위직을 맡았었고, 자신을 리더라고 여겼있다. 그러다 그는 위기에 직면하게 됐고, 이를 계기로 큰 개인적 변화를 감행하게 됐다. 이후 그는 자신의 변화가 조직에 어떤 영향을 미쳤는지를 설명했다. 그는 "직원들과 이사회 양쪽 모두에서 변화를 추진할 수 있는 결정적인 수의 사람들을 확보하게 됐습니다. 이들은 조직이 직면한 도전 과제들을 새로운 시각으로 보고 함께 해결해 나가려는 의지를 갖고 있었죠. 회의에는 새로운 기운이 흘렀습니다. 예전에는 상상할 수도 없었던 일이 너무나도 쉽게 이루어졌습니다. 나는 때때로 왜 이런 일들이 쉬워보였는지 그리고 우리가 어떻게 그와 같은 긍정적인 조직 문화를 갖게 됐는지 궁금합니다."

그는 한때 평범했던 조직이 어떻게 탁월한 조직으로 바뀌었는지 의아해했다. 그러나 그는 자신의 질문에 대한 답을 스스로 찾았다. 그 대답은 기존의 경영서적이나 리더십 책에 언급된 것과는 대치되는 것이다. 이는 우리가 일반적으로 이해하고 있는 것들이나 실행방법들과도 대치되는 것이다. 그 답은 누구나 자신이 속한 조직을 더 긍정적이고 생산적인 조직으로 변모시킬 능력이 있다는 것을 보여준다는 점에서 의미가 깊다. 그러나 그 답은 대부분의 사람들이 듣고 싶어 하지 않는 고통스러운 것이다. 고통스러운 답은 아무도 수용하려하지 않는다. 그는 말했다. "모든 일이 가능할 수 있었던 것은 내가 직면해야 했던 불안정성, 이기심, 용기 부족에 맞섰기 때문입니다."

비논리적이고 불가능한 것처럼 보이는 이 문장이 이 책의 정수다. 「딥 체인지」를 읽고 그 개념들을 적용했던 사람들로부터 우리는 많은 교훈을 얻게 되는데, 그 중에서도 이 문장이 그 핵심이다. 우리는 스스로를 변화시킴으로써 조직을 변화시킬 수 있다. 이것은 내 동료들이 가장 자주하는 질문 ―무엇이 긍정적인 조직으로 이끄는가?― 에 대한 핵심적인 답이다.

리더십에 대한 새로운 접근

이 책은 위에 등장하는 남성과 같은 사람들의 이야기를 토대로 리더십에 대한 접근법을 제시한다. 중점적으로 논의되는 것은 지위 고하에 상관없이 대부분의 사람들이 평범한 상태에 머물고 있다는 것이다. 이 상태의 사람들은 안정지향적이며, 외부상황에 의해 좌우되고 자기중심적으로 사고하고 마음의 문을 닫고 있다. 그러나 지위고하에 상관없이 누구나 내가 말하는 '리더십의 근원적 상태'에 진입할 수 있다. 이 상태의 사람들은 결과 중심적이고, 주체적으로 행동하며 타인의 입장에서 생각하고 개방적이다.

우리가 리더십의 근원적 상태에 도달하면 우리는 스스로가 속해 있는 사회 시스템에서 돌출돼 나오게 된다. 우리는 다른 사람들이 대응할 수밖에 없는 일종의 신호가 된다. 이런 차원에서 우리는 새로운 질서의 창조자가 된다. 또 우리는 더 긍정적이고 생산적인 조직이 될 수 있도록 하는 촉진제가 된다. 자신을 리더라고 생각했던 남성은 이 현상을 이해했다. 그는 리더십의 근원적 상태에 도달했고, 그 조직은 변화했다. 그가 진실한 리더가 된 시점에 조직이 변화한 것이다.

그의 개인적인 변화가 조직을 긍정적이고 생산적으로 변모할 수 있도록 했다. 그는 어느 순간 상황을 새로운 시각으로 바라보는 '결정적인 다수'를 확보하게 됐다. 그들은 변화 과정에 더 적극적으로 동참하려고 했고, 혁신적인 새로운 변화를 만들어내려고 했다. 그들은 에너지로 더욱 충만해졌다. 불가능해 보였던 일들이 큰 노력을 기울이지 않는데도 이루어지는 것처럼 보였다. 조직을 이끈다는 것이 쉬워졌다. '노력 없이 얻은 산물' 처럼 보이는 결과물은 사실 고통을 수반한 변화에서 비롯된 것이다. 이 책에서 당신은 리더십의 근원적 상태에 도달하는 법을 배울 것이다.

이 책의 구성

이 책은 리더십에 관해 근원적이고 귀납적이며, 응용적인 이론을 제시한다. '근원적' 이란 사물의 뿌리, 또는 근본으로 돌아간다는 의미다. 리더십의 근본은 특정한 사고나 행동방식, 능력, 기술 또는 맡고 있는 지위에 관한 것이 아니다. 리더십의 근본은 '우리는 누구인가?', 즉 우리의 성체성 또는 근원적 상태에 관한 것이다. 사람들의 자신의 내면을 변화시킬 때 외부 세계도 변화시키게 된다. 우리가 이 근원적인 틀을 이해하게 될 때 리더십에 대한 우리의 이해도 근본적으로 전환하게 된다.

여기서 '귀납적' 이라는 것은 구체적인 수치가 아니라 변화하고 있는 사람들을 실제로 관찰함으로써 이론을 얻어냈다는 것이다. 이들은 정규분포곡선 상에서 일반적인 행동유형에 포함되지 않는 사람들이다. 그들은 분포곡선의 오른쪽 끝에 위치하고 있다. 그들은 긍정적인 의미에서 일반적인 틀을 벗어난 사람들이다. 이들을 관찰함으로써 얻은 이론은 리더십에 대한 일반적인 이론이라고 할 수 없다. 이는 일반적인 유형을 통해서는 얻을 수 없는 독특한 이론이다.

'응용적' 이란 방법에 초점을 두고 있다는 것이다. 우리는 사람들이 속해 있는 그룹을 급진적으로 변화시키고 개선하고자 할 때 적용할 수 있는 접근법을 제시한다.

이 책은 세 부분으로 나뉘어져 있다. 1부는 「딥 체인지」를 읽고 그들 스스로 딥 체인지를 성취한 사람들의 이야기를 소개하고 있다. 그 이야기들은 사적이며 설득력 있고 변혁적이다. 그 이야기들을 읽음으로써 영감을 얻을 수 있을 것이다. 제시한 사례들을 통해 우리는 중요한 유형을 발견하게 된다. 그 이야기들은 우리가 리더십에 대해 대안적인 시각을 갖도록 한다. 나는 이 이야기를 보내준 정말로 탁월하게 훌륭한 이들의 도움에 감사하고 있다.

2부에서 우리는 일반적인 리더십의 세계에서 더 발전된 세계로 여행을 시작한다. 여기서 우리는 리더십에 관해 더욱 역동적이고 복합적인 시각을 갖게 된다. 이 과정에서 우리는 리더십의 근원적 상태에 도달하는 데 도움이 되는 8가지 평범하지 않은 개념들을 실천과제로 고찰하게 된다. 8가지 원리를 설명하기 위해 나는 「세상을 변화시켜라: 일반적인 사람들이 탁월한 결과를 이룩하는 법」과 「Garrett에게 보내는 편지: 변화의 힘과 가능성에 대한 이야기들」에서 사례를 모았다. 그런 의미에서 이 책은 세 권의 책 중 가장 훌륭한 사례들을 담고 있다.

3부에서 우리는 개인의 변화에 초점을 맞췄던 것에서 다른 사람들의 변화과정을 효과적으로 지원할 수 있는 방법을 살펴보는 데 주력하게 된다. 우리는 주변 사람들이 리더십의 근원적 상태에 도달하는 데 어떻게 도움을 줄 수 있는가의 차원에서 접근하게 된다. 또 '어떻게 하면 다른 사람들이 리더십의 근원적 상태에 도달할 수 있도록 가르칠 수 있을까' 와 같은 교육 및 훈련의 차원에서 접근한다.

각 장의 마지막에는 토론을 이끌거나 자기성찰을 하는 데 활용할 수 있는 일련의 질문들을 포함해 독자들의 발전을 돕는 다양한 장치들이 마련되어 있다. 이를 통해 독자들이 훨씬 긍정적인 세상을 건설하는 데 도움을 받을 수 있기를 소망한다.

감사의 글

많은 사람들이 이 책을 내기까지 오랜 시간 도움을 주었다. 존 베르게즈와 케이티 스위니는 훌륭한 편집자들로 많은 도움을 주었고, 폴린 파머는 지치지 않고 원고를 읽었다. 많은 동료들, 학생들, 그리고 가족들은 의견을 제시했다. 호르스트 에이브러햄, 수전 애쉬포드, 킴 카메론, 제프 디그라프, 제인 더튼, 빌 리, 라이언 퀸, 샤우리 퀸, 숀 퀸, 그레첸 스프레이처, 아나얀 태커, 칼 웨이크 등 많은 사람들이 내가 사고(思考)를 형성하는 데 큰 기여를 했다. 나는 특히 딥 체인지를 이루고 그들 자신의 이야기를 공유하는 용기를 보여 준 이들에게 감사한다. 그들의 이야기는 우리들이 더 자주 리더십의 근원적 상태에 도달할 수 있도록 도와줄 선물 같은 이야기들이다.

2004년 2월 앤 아버, 미시건
로버트 E. 퀸

1부

리더십의 근원적 상태로의 초대

●

우리의 과거나 미래는 우리가 현재 내면에
간직하고 있는 것들에 비하면 아주 사소한 문제일 뿐이다.
-랄프 왈도 에머슨

1996년 나는 「딥 체인지: 네 안의 리더를 발견하라」라는 책을 출판했다. 책의 요지는 누구나 리더가 될 수 있지만 그러기 위해서는 자신을 변화시키는 과정이 필요하다는 것이다. 일부 독자는 그 피드백을 보내왔다. 그들은 '딥 체인지'를 하는 데 책이 어떻게 길잡이 역할을 했는가를 설명해줬다. 또 변화하는 과정을 통해 자신과 주변 사람들의 삶뿐 아니라 그들이 속해 있는 시스템과 조직이 얼마나 심오한 영향을 받았는가에 대해서도 기술했다.

그들의 이야기를 읽으면서 나는 어떤 공통점을 발견하게 됐고, 그 공통점을 분석하는 과정에서 새로운 리더십 모델을 개발할 수 있었다. 나는 리더십이라는 것이 어떤 행동양식이나 다른 사람을 다루는 기술이 아니라 어떤 존재가 되느냐의 문제라는 것을 깨닫게 됐다. 즉 리더십은 '우리는 누구인가?'의 문제인 것이다. 나는 이 새로운 모델을 '리더십의 근원적 상태(fundamental state of leadership)'라고 명명한다.

리더십을 새로운 방식으로 바라보게 되면서 나는 사람들이 좀더 쉽게 리더십의 근원적 상태에 도달할 수 있는 실행 방법들을 개념화할 수 있게 됐다. 이 방법들은 결과적으로 어떻게 우리 자신과 다른 사람들의 리더십을 개발시킬 수 있을 것인가에 대해 혁신적일 만큼 새로운 내용을 제시한다. 이러한 세 가지 개념 ─리더십의 근원적 상태는 무엇인가, 리더십의 근원적 상태에 도달하기 위한 실행방법, 리더십 개발과의 연관성─ 은 이 책 3부를 구성하는 각각의 주제들이다.

책을 읽기 시작하면 리더십의 근원적 상태가 무엇을 의미하는지 더욱더 분명해질 것이다. 우선 이 책은 딥 체인지에 도전했던 용기 있는 사람들의 이야기와 함께 내가 어떻게 변화를 향한 개인적 여정을 시작하게 됐는지를 다루게 된다. 각각의 이야기는 리더십의 근원적 상태와 그 영향력에 대한 부분적 특성들을 묘사하고 있다. 이들의 이야기를 열린 마음으로 주의 깊게 읽어주길 바란다. 창조적인 상태(creative state)에 도달한 사람들의 이러한 이 이야기들은 에머슨의 다음의 명언이 잘 대변해주고 있다. "우리의 과거나 미래는 우리가 현재 내면에 간직하고 있는 것들에 비하면 아주 사소한 문제일 뿐이다."

1장
다리를 놓아가면서 다리를 건너기

나는 내 안의 두려움을 인정하고, 문제를 회피할 수 있는 여지를 아예 차단하기로 했다. 그러자 내 일터는 두 부류의 사람들로 나뉘어졌다. 바로 점점 더 커지는 딜레마를 피하는 데 주력하는 사람들과 문제에 부딪쳐가며 성장하는 사람들이었다. 그 전에는 그 사람의 직책이나 맡고 있는 역할이 중요하게 여겨졌지만 더 이상 그런 것들이 보이지 않았다. 조직 내에서 내게 위협적으로 보였던 사람들도 예전처럼 무시무시하게 느껴지지 않았다. 조직 내의 사람들은 변한 것이 없는데 내가 관점을 바꾸고나니 완전히 새로운 조직이 보이기 시작했다. 나 하나 바뀌었을 뿐인데 말이다.

-제레미 피시

어떻게 하면 월등하게 긍정적인 조직을 만들 수 있을까? 이 문제는 '긍정적 조직 장학 센터(CPOS)'의 내 동료들이 연구하는 과제의 핵심이라고 할 수 있다. 우리가 연구하는 조직은 일반적으로 두 가지 측면에서 다른 조직에 비해 우월성을 갖는다. 그들은 핵심적인 업무에 도움이 되는 목표를 성취하는 데 뛰어나다. 예를 들면 품질이 뛰어난 제품을 만든다던가 직원들의 교육이나 건강관리에 나서는 것 등이다. 그리고 그들은 다른 차원에서도 뛰어나다. 그 조직에서 일하는 사람들은 대체로 번창하게 된다. 그들은 목표에 깊이 몰입해 있고, 서로에 대한 충성심이 강하다. 결과적으로 그 조직은 다른 조직이 할 수 없는 일을 한다.

나는 그런 조직을 '생산적인 공동체(productive communities)'라고 명명했다. 그런 조직은 생산성뿐 아니라 인재를 육성하는 데도 뛰어나다. 그 안에서 사람들은 가장 고차원적인 인간 가치에 의해 움직인다. 또 업무 목표뿐 아니라 타인을 위해 자신의 능력을 발휘하는 데 힘쓴다.

최근 내 동료들과 나는 위에서 설명한 것과 같은 조직을 방문할 기회가 있었다. 우리는 어떤 큰 병원의 간호부장과 그가 속한 탁월한 조직을 방문했었다. 이런 조직을 방문할 때마다 느끼는 것이지만 여기서도 우리는 일반적인 기대 수준을 넘어서 업무를 수행하는 헌신적인 사람들에게서 감명을 받았다.

우리는 조직을 성공으로 이끈 조직문화에 대해 몇 가지 질문을 했다. 그들은 30분 동안 그들이 조직 내에서 실천했던 혁신적인 방법들을 자세히 설명했다. 그것들은 매우 독특하고 인상적이었다. 그 수행방법들이 조직을 성공으로 이끈 요인으로 생각되었다. 그렇지만 간호부장은 고개를 가로 저으며 입을 열었다. "그 방법들에만 현혹되면 안 됩니다. 물론 그 방법들도 중요하긴 하죠. 하지만 그것들은 결과일 뿐이지 과정은 아닙니다."

방에 있던 다른 사람들도 수긍했다. 그들은 그녀의 이야기가 의미하는 바를 잘 알고 있었다. 그 중 한 사람이 이 거대한 조직을 10년 이상 이끌어왔던 한 여성에 대해 이야기하기 시작했다. 그들의 이야기에는 존경심이 가득 담겨 있었다. 우리는 더 알아보기 위해 질문을 시작했고, 구체적으로 어떤 일들이 있었는지 설명해달라고 부탁했다. 그 여성이 이 조직과 그들의 삶을 어떻게 변화시켰는가를 이야기하는 과정에서 어떤 사람들은 눈물을 흘리기까지 했다.

이후 간호부장은 60여 명의 간호과장 중 5~6명은 조금 전 화제에 올랐던 여성과 비슷한 모습을 보여주고 있다고 말했다. 그들이 어떤 부서로 배치되든 그들이 맡고 있는 조직은 탁월한 성적을 기록한다는 것이었다.

내 동료 한 명이 "그들이 도대체 무슨 일을 하길래 그런 결과가 나오는 거죠?" 하고 물었다. 순간 긴 침묵이 흘렀다. 간호부장은 말했다. "그건 잘못된 질문 같군요. 그들이 무엇을 하는 게 아닙니다. 그들 각자는 독특한 자기 만의 방식으로 조직을 이끄는 것이니까요. 이건 그들이 무엇을 하느냐의 차원이 아니라 그들이 어떤 인격의 사람인가 하는 차원에서 생각해 봐야죠."

그 마지막 말에는 긍정적인 조직과 생산적인 공동체를 구성하는 핵심요소가 담겨 있다. 많은 경영서적과 리더십 서적들은 남에게 가르칠 수 있고, 다른 곳에서 모방할 수 있는 행동과 기술, 방법들을 전하는 데 총력을 기울이고 있다. 어쩌면 이런 점이 그 책들이 안고 있는 오류일 것이다. 조직의 탁월함은 모방함으로써 가능한 것이 아니다. 어떤 근원에서부터 나오는 것이다. 그 근원은 한 사람으로부터 비롯된다. 10명 중 한 명은 생산적인 공동체를 창조할 수 있는 능력이 있다. 이 병원에서는 60명 중 5~6명이 이 카테고리에 들어간다. 100명의 공장 관리자들을 대상으로 하던 1,000명의 CEO를 대상으로 하던 비슷한 패턴이 나타날 것이다. 대부분의 사람들은 평범하다. 그리고 소수의 탁월한 사람들은 어떻게 하면 창조적인 상태에 도달할 수 있고, 이를 통해 어떻게 조직 전체를 창조적인 상태로 끌어올릴 수 있는가를 안다. 나는 이와 같은 개인의 상태를 리더십의 근원적 상태로, 집단의 상태는 생산적인 공동체로 부른다. 생산적인 공동체는 리더십의 근원적 상태에 도달한 개인이 다른 사람들을 변화의 과정으로 이끌게 되면서 만들어지게 된다. 나는 그 변화의 과정을 '다리를 놓아가면서 그 다리를 건너간다(building the bridge as you walk on it)' 라고 표현한다.

이 책은 어떻게 나오게 됐는가?

1부 도입부에서 언급했듯 이 책은 나의 이전 저서인 「딥 체인지」를 읽은 독자들로부터 받은 편지들이 발단이 됐다. 내게 편지를 보낸 사람들은 책에 명시된 개념들을 자신의 개인적 위기상황을 점검하거나 조직의 변화를 주도하는 과정에서 활용했다고 전했다. 이후 나는 그들에게 다시 연락해 구체적으로 어떤 일이 일어났는지를 기술해줄 것을 부탁했다. 그들은 개인적인 변화에서 중대한 조직의 변화까지 다양한 사례들을 내게 전해줬다. 나는 그 사례들을 읽으면서 딥 체인지의 과정을 새롭게 이해했고 이를 바탕으로 새로운 개념을 형성해 나가기 시작했다. 그 개념이 리더십의 근원적 상태다.

이 책을 통해 독자들은 그들을 만날 수 있을 것이다. 그리고 리더십의 근원적 상태가 무엇인지, 그 상태에 도달하기 위해 어떤 방법들이 도움이 될 것인가를 살펴보게 될 것이다. 준비과정으로 우선 딥 체인지의 개념에 관해 간단히 설명하겠다.

배경설명

닻은 배에 밧줄이나 케이블로 연결되어 갑판 밖으로 던져지는 장치다. 닻은 바닥으로 떨어져 배를 한 장소에 고정시켜준다. 즉 닻은 배가 쓸데없이 움직이지 않도록 하는 데 유용한 물건인 것이다.

역동적인 세상에서는 우리가 자산으로 여기고 있던 장치들이 때로는 부채로 바뀌기도 한다. 한 예로 내가 본 영화 중에 거대한 폭풍에 휘말린 선박이 나오는 장면이 있다. 폭풍이 거세지자 선원들은 닻을 연결한 줄을 잘라야 한다고 판단했다. 그들은 배가 가라앉는 것을 막기 위해 미친 듯이 닻을 연결한 줄을 잘라냈다. 그들은 어떻게 하면 험난한 바다에서 만난 폭풍을 빠져나갈 수 있을 것인지에 생각을 집중하고 있었다. 살기 위해서는 배가 안정적으로 떠 있도록 도와주던 수단을 버려야 했다.

오랫동안 개인이나 조직 모두 닻을 마련하는 것이 중요한 문제였다. 개인들의 경우에는 자신의 능력범위가 제한적일 수밖에 없는 세상에 잘 대응하고 살기 위해 나름의 신념체계를 발전시켜 나간다. 우리는 이 닻을 '자아(ego)'라고 한다. 또 조직에서는 조직문화가 '닻'이다. 개인의 자아나 조직문화는 모두 안정감을 제공하는 유용한 자산이다.

그러나 선박과 마찬가지로 개인이나 조직은 종종 태풍을 만나게 된다. 개인의 경우 육체적 질병이나 사랑하는 사람의 죽음, 이혼, 폭력적인 언사, 과도한 업무로 인한 피로, 실업 등의 문제를 해결해야 한다. 조직의 경우에도 불황이나 새로운 경쟁자, 정기적인 변화, 소비자 취향 변화 등 수많은 도전에 직면하게 된다.

이 같은 태풍에는 먹구름이나 위험을 알리는 신호가 먼저 나타나기 마련이다. 이런 신호들은 변화, 즉 딥 체인지가 필요한 때임을 알리지만 우리는 이를 외면한다. 변화의 순간에 직면해서도 우리의 오랜 관습과 생각, 행동이 유용한 것처럼 느껴질 때, 우리는 새로운 세계(변화된 세계)로 이동할 방법을 배우기 위해 옛것들을 버리는 일을 주저하게 된다. 우리를 묶어주고 있던 닻을 끊어버리고 우리 삶의 '태풍'에 맞부딪치는 것은 결코 쉬운 결정이 아니다.

사실 우리 대부분은 딥 체인지의 필요성을 받아들이기보다는 거부하는 것에 더 익숙하다. 우리는 용기를 갖고 성장하라는 신호를 자기합리화의 이름으로 끊어버린다. 우리는 현재의 자아나 조직문화를 유지하기 위해 열심히 일한다. 그것들을 포기하게 되면 통제력을 잃게 되기 때문이다. 일반적으로 우리는 통제력을 잃지 않기 위해 열심히 일한다. 안정적이고 통제가능한 세계에 머물기 위해 고군분투하는 것이다. 딥 체인지를 할 것인가, 서서히 죽어갈 것인가의 선택 사이에서 우리는 서서히 죽는 것을 택하고 있다.

자연법칙은 우리에게도 적용된다. 서서히 죽는 것도 결국은 죽는 것이다. 개인적 차원에서는 자아의 죽음이나 육체의 죽음이 그 예가 될 수 있다. 회사로 치면 자산 일부를 잃거나 회사가 망하는 것을 의미할 수 있다. 우리가 계속 거부할수록 우리의 고뇌도 깊어진다. 성장통은 우리로 하여금 우리가 원하지 않는 것을 하도록 한다. 바로 딥 체인지를 하는 것이다.

우리는 딥 체인지를 통해 리더십의 근원적 상태에 도달하게 된다. 이 중심 개념은 책을 통해 계속 발전되고 규정될 것이다. 그 전에 딥 체인지 과정을 깨달은 사람들의 이야기를 읽어보자. 그들의 이야기는 리더십의 근원적 상태에 도달한다는 것이 무엇을 의미하는지 대략적으로 보여줄 것이다. 이 이야기들을 통해 이 책이 추구하는 목표도 명확해질 것이다.

목표 1 : 변화를 이끌어야 하는 사람들을 돕는다

의사인 제레미 피시는 캘리포니아 지역 의료센터의 변화과정을 지휘했던 경영자이기도 하다. 그는 변화를 이끌어야 하는 업무가 매우 어렵다고 느끼고 있었다. 그는 당시의 감정을 '암 판정을 받은 환자 같았다'고 표현했다. 그는 변화 과정을 진행하면서 두려움과 희망과 불안이 복합적으로 섞인 감정을 느꼈다.

변화를 이끌어야 하는 업무를 부여받은 대부분의 관리자들도 비슷한 감정을 느낀다. 그들은 변화과정이 진행될수록 조직 내 정치적 이해관계 속에서 위기를 느끼게 된다. 자신의 위치가 점점 더 안전하지 않다고 느끼는 것이다. 이런 과정에서 그들은 겉으로는 확신을 갖고 자신의 업무를 추진하는 것 같지만, 사실 자신의 경력이 입을 수 있는 상처를 최소화하기 위해 가능한 '회피전략'을 마련하는 데 골몰한다. 그들은 이와 같은 자신의 모습을 부인한다. 그렇지만 본래의 목적은 사라져버리게 되고, 불안감은 커진다. 입으로는 다른 사람들에게 헌신하도록 외친다. 그 위선적인 모습은 겉으로 드러나지 않지만 분명히 다른 사람들에게 전달된다. 그 결과 다른 사람들도 헌신하자는 주장을 지지하지만 실제 행동에서는 전혀 헌신하지 않게 된다. 좌절감과 불신, 갈등이 깊어진다. 리더는 더 불안을 느끼고 더 강력한 조치를 취해보지만 결과는 더 나빠진다. 악순환은 더욱 깊어져 리더가 처음에 우려했던 것처럼 리더와 그가 추진하던 프로젝트는 실패의 소용돌이 속으로 빠져들게 된다.

제레미는 「딥 체인지」를 읽고 자신이 스스로를 기만하고 있다는 것을 깨닫게 된 과정을 나에게 전해왔다. 그의 편지에서는 "해고될 수 있다는 두려움, 동료들에게 비웃음을 사거나 무시당할 수 있다는 두려움이 리더로서 능력을 발휘하는 데 방해가 됐다. 나는 일이 순조롭게 풀리지 않을 때 내 안에 도사리고 있던 '회피전략'이 어떻게 작용하는가도 깨닫게 됐다. 회피전략 때문에 나는 두려움에 직면하기보다는 일을 방치했고, 이는 내가 리더십을 십분 발휘하지 못하도록 했다."

제레미는 임원이었지만 현장에서 근무하고 있는 다른 직원들과 입장이 크게 다르지 않다. 경비원이든 CEO든 조직 내에서는 모두 두려움 속에 살기 마련이다. 일반적으로 조직 내의 사람들은 진짜로 믿고 있는 것과 겉으로 말하는 것이 다른 경우가 비일비재하다. 즉 이중성은 일반적인 현상이라는 것이다. 제레미는 이 이중성을 깨달음으로써 비범한 결정을 내릴 수 있게 됐다. 평범치 않은 결정에서 놀라운 결과가 나오기 마련이다. 그의 이야기를 더 들어보자.

나는 내 안의 두려움을 인정하고, 문제를 회피할 수 있는 여지를 아예 차단하기로 했다. 그러자 내 일터는 두 부류의 사람들로 나뉘어졌다. 바로 점점 더 커지는 딜레마를 피하는 데 주력하는 사람들과 문제에 부딪혀가며 성장하는 사람들이었다. 그 전에는 그 사람의 직책이나 맡고 있는 역할이 중요하게 여겨졌지만 더 이상 그런 것들이 보이지 않았다. 조직 내에서 내게 위협적으로 보였던 사람들도 예전처럼 무시무시하게 느껴지지 않았다. 조직 내의 사람들은 변한 것이 없는데 내가 관점을 바꾸고나니 완전히 새로운 조직이 보이기 시작했다. 나 하나 바뀌었을 뿐인데 말이다. 나는 이 새로운 관점을 내 역할에도 적용했다.

제레미는 중대한 결단을 내리긴 했지만 그가 목표하는 것을 얻기 위해 무엇을 해야 하는가는 정확히 알지 못했다. 변화의 과정 속에서는 누구도 그것을 모른다. 또 그가 결단했다고 해서 변화 과정을 통제할 수 있는 것도 아니다. 변화 과정 중에는 누구도 통제력을 가질 수 없다. 그렇다면 결단은 왜 필요한가? 결심은 제레미가 새로운 존재, 즉 리더십의 근원적 상태에 도달할 수 있도록 한 것이다. 이 상태에서 우리는 스스로를 다른 방식으로, 즉 더 긍정적인 시각으로 보게 된다. 그렇게 되면 다른 사람들도 다르게, 즉 긍정적으로 보이게 된다. 발목을 잡고 있던 문제들이 오히려 풍족한 자산으로 바뀐다. 우리가 리더십의 근원적 상태에 도달하게 되면 우리는 새로운 힘의 원천을 만나게 되며 다음 사례에서 보여지듯이 변화의 과정에 다른 사람들을 동참시키게 된다.

이 이야기에서 이 책의 첫 번째 목표가 드러난다. 제1의 목표는 변화를 이끄는 임무를 부여 받은 사람들이 리더십의 근원적 상태에 도달할 수 있도록 돕는 것이다. 앞으로 이 책에서 살펴볼 수 있듯, 목표 1이 달성될 때 더 생산적인 공동체의 탄생을 촉진할 수 있는 독특한 행동이나 기술들이 나오기 마련이다.

목표 2 : 이미 변화의 과정을 겪고 있는 사람들에게 새로운 언어를 제시한다

마이크 알비스는 퇴역군인으로 지금은 컨설턴트로 일하고 있다. 그는 군생활 대부분을 에릭 신세키 장군 밑에서 일했다. 신세키 장군은 군 조직을 변화시켜야 한다는 비전을 갖고 있었다. 그의 비전은 '군 조직을 더 가볍고 신속하게'였고, 이는 조지 마샬 장군 이래 군 사령관이 시도했던 가장 야심찬 과제 중 하나였다.

개념은 간단하지만 비전을 실현하려면 어마어마한 변화가 필요했기 때문에 조직에는 큰 파장이 일었다. 신세키 장군은 비전은 있었지만, 변화에 어떻게 대응해야 하는지를 가르쳐주는 지도가 없었다. 비전이라는 것이 원래 그렇다. 그 전에 한 번도 행해진 적이 없는 일을 하기로 결심했다면 목표하는 곳에 도달하는 방법을 알 길은 그 어디에도 없다. 우리는 다리를 놓아가면서 그 다리를 건너야 하는 것이다. 나는 이 과정을 '불확실성의 세계에 벌거벗은 채 뛰어든다' 거나 '지옥 속을 효과적으로 걸어가는 방법을 배운다'고 표현한다.

군을 변화시키는 작업은 초기에 매우 어려웠다. 신세키 장군은 자신이 해야 할 일을 했다. 그는 한 번에 한 단계씩 추진하며 비전을 밀어붙였다. 그러나 이것은 그에게 고통을 안겨주었다. 그는 수없이 많은 번민의 밤을 보냈다. 매번 크고 의미 있는 단계를 통과할 때마다 그는 엄청난 비난에 시달려야 했다. 조직 내부에서는 사람들에게 개인적으로 욕을 먹었고, 외부에서도 언론의 비판을 받아야 했다. 그런데 신세키 장군에게서 주목해야 할 점은 그가 자신의 이익을 전혀 고려하지 않았다는 점이다. 제레미가 자신에게 닥칠 일에 불안해 했던 것과는 달리 신세키 장군은 이를 전혀 겁내지 않았다. 그는 남에게 잘 보이는 문제는 신경쓰지 않았다. 그를 비판한 사람들도 그가 행한 일들의 효과에 대해서는 회의적인 반응을 보냈지만, 그가 그런 일을 하는 의도에 대해서는 의문을 제기하지 않았다. 그는 군을 위해 최선이라고 생각하는 일을 했을 뿐이었다. 그는 자신이 옳다고 생각하는 일을 묵묵히 했을 뿐이고 그에 따른 고통을 감내했다.

마이크 알비스는 함께 일한 조직원의 시각으로 신세키 장군의 모든 행동을 지켜봤다. 그는 신세키 장군을 지켜보면서 큰 감명을 받았고, 헌신하는 마음도 커졌다. 제레미처럼 마이크도 세상을 다르게 보기 시작했고 종전과는 다른 방식으로 인간관계를 맺기 시작했다. 그는 변화에 저항하는 사람들을 더 이상 적으로 간주하지 않게 됐다. 그는 사람들을 그들이 처해 있는 상황 그 자체로 보기 시작했다. 그가 사람들을 다른 방식으로 바라보게 되면서 그들을 다루는 방법도 달라졌다.

마이크는 군 조직이 변화하는 과정에서 일어났던 또 다른 재미있는 일화도 소개했다. 외부 사람들은 군대에서 지휘관이 명령하면 군대가 바뀔 것이라고 가정한다. 그러나 군도 다른 조직과 마찬가지로 조직문화가 위협을 받을 때 조직원들은 저항한다. 사실 조직에서 높은 자리에 앉은 사람들이 '보이지 않는 저항자'인 경우가 많다. 때문에 조직의 변화는 결코 상명하달식 과정을 통해 이루어지지 않는다. 그보다는 변화에 헌신적으로 매달리는 사람들이 점차 조직 내에서 퍼져나가는 사회운동의 방식으로 나타난다.

이 경우 변화에 대한 헌신은 지휘관에서부터 마이크 같은 부하 직원들에게로 퍼져나갔고 더 큰 그룹으로까지 확산됐다. 변화를 시작한 그룹들에는 당초 굉장히 변화를 거부했던 사람들도 포함돼 있었다. 결과적으로 군의 변화는 '돌이킬 수 없는 모멘텀'에 도달하게 됐다. 신세키 장군이 2003년 퇴직할 때까지 변화 과정은 진행 중이었고 앞으로도 10여 년간은 계속될 것이다.

조직의 변화를 책임지고 있는 사람들 대부분은 제레미 피시와 비슷한 모습을 보인다. 신세키 장군같은 경우는 소수다. 이들은 자기보호 본능을 제쳐둔다. 자신의 안위보다는 변화의 비전이 제시하는 이득을 먼저 생각하는 것이다. 그렇게 함으로써 이들은 비전에 대해 매우 열정적이 된다. 그러다 이들은 끔찍한 사실을 발견하게 되는 것이다.

그들은 조직을 아무도 경험해보지 못한 곳으로 이끌어가는 것이다. 그렇기 때문에 아무도 목표점에 도달하는 방법을 모른다. 그리고 필요한 전문성을 갖추고 있지도 못하다. 전문성이나 안정을 유지해주는 일반적인 전제들이 통하지 않을 때 전통적인 경영 원리들도 소용없게 된다. 안전한 길은 없고, 통제력을 가질 수도 없다. 마치 장님이 한발한발 앞으로 내딛는 것과 같은 과정을 겪어야만 한다. 그들은 다리를 놓아가면서 다리를 건너야 하는 것이다. 그러면서 그들은 자기 자신과 타인, 조직에 대해 '기하급수적'이라고 표현할 수 있는 엄청나게 많은 경험을 하게 된다.

그러나 그런 리더들에게 "당신 조직에서 어떤 일이 벌어지고 있는가?"라고 물어본다면 그들 대부분은 대답하는 데 쩔쩔 맬 것이다. 위에서 언급했던 뛰어난 간호사 조직의 예처럼 사람들은 조직 내에서 어떤 놀라운 결과들이 벌어졌는가만 설명한다. 변화를 이끌었다고 해서 그 변화를 설명할 수 있는 것은 아니다. 그렇기 때문에 리더들 스스로 그들이 무슨 일을 했는지 설명하지 못하는 것도 놀라운 일은 아닌 것이다. 일반적인 방법들로는 이를 설명하지 못한다. 이를 설명하는 데 필요한 언어도 없다. 이 책의 두 번째 목적은 새로운 언어를 제시하는 것이다. 이 언어는 우리가 기존에 행동양식이나 기술적인 면에 초점을 맞추고 있던 것에서 벗어나 우리가 누구인지의 문제에 초점을 맞추도록 할 것이다. 이 책은 우리가 누구인지, 우리를 어떤 사람으로 바꿀 것인지를 설명할 수 있는 언어를 제시할 것이다.

목표 3 : 스스로 변화하고 다른 사람들을 변화시키도록 돕는다

우리는 리더십이 그 사람이 차지하고 있는 직위와 연관이 있다고 자주 혼돈한다. 딥 체인지를 경험한 사람들이 주는 또 한 가지 교훈은 누구나 자신이 속한 조직과 시스템을 변화시킬 능력이 있다는 것이다. 로만 윌리의 이야기를 소개한다.

윌리는 다국적 석유회사의 중간관리자다. 그의 말에 따르면 그는 '복지부동형' 인간이었다. 그러다 그는 자신의 인생을 마구 뒤흔들어 놓은 사건들에 부딪히게 된다. 두 명의 사랑하는 사람의 죽음도 그 사건들 중 하나다. 그는 당시의 상황을 이렇게 설명했다. "나는 마치 내 인생의 구경꾼 같다는 생각이 들었다. 관람하고 있는 연극의 내용이 싫은데 극본을 바꿀 힘이 나에게는 없는 것이다."

이 시점에서 윌리는 변화의 필요성을 알리는 신호를 인지하기 시작했다. 그러나 그 변화가 어떤 것인지에 대해서는 여전히 알지 못했다. 그래서 그는 워크숍에 참가해 인생을 어떻게 살아왔는가를 점검하고 딥 체인지의 원리를 살펴보기로 결정했다. 그 과정에서 그는 간절하게 변화를 원하고 있는 자신을 발견했다. 그는 자신의 인생이 외부 요인들에 의해 휘둘려왔다는 것을 깨닫고 변화해야만 한다는 결심을 하게 된다. 특히 그동안 윌리는 상사들을 불편하게 할 수 있는 질문을 하기를 꺼렸었는데 회사를 위해서는 자신의 이런 태도부터 바꿔야 한다고 느꼈다. 그는 '자존심과 내 자신의 위엄'을 우선순위에 두기로 했다고 말했다. 처음으로 그는 회사의 중요한 문제와 관련해 상사들과 맞서기 시작했다.

그 같은 결심을 한 후, 월리는 회사에서 해고 당하기는커녕 오히려 더 잘 나가게 되었다. 그는 상사들이 자신을 다르게 보기 시작했다고 전했다. 상사들은 월리를 불러 더 복잡한 문제들, 회사의 전략적인 문제들에 관한 조언을 구했다. 그는 또 회사의 핵심 과제를 마지못해 수행하고 있던 다른 중간관리자 그룹에 대한 이야기도 소개했다. 월리는 그 그룹에게 "당신들은 희생양처럼 행동하는군요. 당신들은 더 창조적인 길을 선택할 수 있어요"라고 제안하며 그들의 변화를 촉구했다고 한다. 놀랍게도 그 그룹은 월리의 제안을 거부하지 않고 변화하기 시작했다. 그 스스로 변화를 두려워했던 월리는 새로운 능력을 부여 받은 것처럼 달라졌다. 한때 수동적이었던 중간관리자가 조직에 다각적인 변화를 가져온 것이다. 그는 사람들에게 변화의 의욕을 불러일으켰고, 사람들은 이에 응했다.

월리는 조직의 변화를 책임지고 있는 상급관리자가 아니었다. 그는 중간관리자일 뿐이었지만 스스로 변화하는 과정에서 그의 영향력이 증대된 것이다.

우리가 흔히 리더십에 대해 생각하고 있던 개념들은 지금까지 소개한 사람들의 얘기와는 들어맞지 않는다. 또 앞으로 이 책에 소개될 사람들 —평범한 상태에서 벗어나 리더십의 근원적 상태에 도달한 사람들— 에게도 적용되지 않을 것이다.

그 누구도 리더십의 근원적 상태에 지속적으로 머물지는 못한다. 하지만 더 자주 그 상태에 도달하는 방법은 배울 수 있다. 이를 위해서는 딥 체인지에 헌신적으로 매달리려는 자세와 불확실성 —다리를 놓아가면서 다리를 건너는— 을 수용하려는 자세를 가져야 한다. 리더십이 일시적인 상태이고 역동적인 상태라는 것을 이해한다는 것은 우리가 그동안 리더십의 개념과 그 수행법, 개발방법에 대해 갖고 있던 개념을 근본부터 바꿔놓는 것이다.

우리는 대부분의 시간을 리더십의 근원적 상태에 있지 못하다는 것을 알게 될 것이다. 또 대부분의 사람들 —CEO나 대통령, 총리들까지— 도 리더십의 근원적 상태에 있지 못하다는 것도 알게 될 것이다. 같은 원리로 우리는 누구나 리더가 되어 사람들이 딥 체인지의 과정에 동참할 수 있도록 이끌 능력이 있다는 것을 알게 될 것이다. 우리는 사람들이 더 쉽게 리더십의 근원적 상태에 도달할 수 있도록 도움이 될 수 있는 원칙과 방법들이 있다는 것을 깨닫게 될 것이다. 마지막에는 우리 자신과 타인의 내면에 존재하고 있는 리더십을 개발할 수 있는 방법에 대해 다시 생각해봐야 한다는 것을 알게 될 것이다.

이 책의 나머지 부분은 이 같은 주제를 발전시켜 나간 것이다. 다음 장에서는 '리더십은 상태(leadership is a state)' 라는 것이 무엇을 의미하는지 심도 있게 살펴볼 것이다.

리더십의 근원적 상태에 도달하기 위한 준비

이 장이 당신에게 주는 의미에 대해 사색할 수 있는 조용한 시간을 선택하라. 최대한 진실할 수 있도록 노력하라.

명상을 위한 질문들

1. 간호부장이 생산적인 공동체를 만든 관리자들을 이해하기 위해서는 그들의 행동이 아니라 그들이 어떤 사람들인가에 초점을 맞춰야 한다고 한 것은 무슨 뜻인가? 이 말이 내포하고 있는 의미는 무엇인가?

2. 자아와 조직문화의 긍정적인 기능과 부정적인 기능은 무엇인가? 우리는 그 부정적인 기능에 일반적으로 어떻게 대응하는가?
3. 개인이나 조직이 딥 체인지의 필요성을 알리는 신호를 외면하는 것이 왜 일반적인 일인가? 관련 사례를 생각해보고 그것을 통해 당신이 깨달은 것은 무엇인지 설명해보자.
4. 왜 개인이나 조직은 결국 딥 체인지를 할 수밖에 없게 되는가? 관련 사례를 생각해보고 그 일을 통해 당신이 깨달은 것은 무엇인지 설명해보자.
5. 조직 내에서 두려움과 이중성은 자연스러운 현상이라는 사실에 동의하는가? 이것이 사실인 이유는 무엇인가? 사실이라면 이것이 변화를 이끄는 사람들에게 주는 의미는 무엇인가?
6. 제레미 피시가 경험했던 이중성은 어떤 형태였나? 그 이중성은 그가 이끄는 사람들에게 어떤 영향을 끼쳤는가?
7. 피시는 회피할 수 있는 통로를 차단해버린 후 놀라운 결과를 보게 됐다고 말하고 있다. 이 결과를 어떻게 설명하겠는가? 당신은 주변 사람들이나 상황을 바라보는 당신의 관점을 바꾸는 결정을 내려본 일이 있는가? 있다면 그 후에 어떤 일이 벌어졌는가?
8. 다음의 문장은 당신에게 어떤 의미를 갖는가? "다리를 놓아가면서 다리를 건너간다.", "불확실성의 세계에 벌거벗은 채 뛰어든다.", "지옥을 효과적으로 걷는 방법을 터득한다."
9. 윌리는 어떻게 자신의 상사들에게 성공적으로 문제를 제기할 수 있었는가? 이런 일은 왜 거의 일어나지 않는 것일까? 중간관리자들이 왜 윌리를 따랐다고 생각하는가?

자기발전

1. 불확실성과 딥 체인지를 수용했거나 거부한 사람들에 대해 읽었던

이야기를 바탕으로 최근 당신의 모습에 대해 설명하는 글을 작성해보자.
2. 변화를 이끌 수 있는 리더가 되기 위해 어떤 모습으로 바꾸고 싶은지 기술해보자.

통찰의 공유
위 질문에 답하면서 공유하고 싶은 중요한 통찰이나 의미있는 이야기가 있다면 딥 체인지 웹사이트(www.deepchange.com)를 방문해 게시판에 올려주기 바란다. 당신의 이야기는 많은 사람들에게 도움이 될 것이다. 다른 사람들이 올려놓은 이야기와 그들이 얻은 통찰을 참고하고 싶을 때도 이 사이트를 방문하면 된다.

2장
리더십의 근원적 상태

나는 직원들과 이사회 양쪽 모두에서 우리가 직면한 도전 과제들을 새로운 방식으로 보고 함께 해결책을 찾기를 원하는 '무시할 수 없는 다수(critical mass: 임계수준)'를 확보하게 됐다. 회의에는 새로운 에너지가 존재하고 있었다. 과거에 불가능해 보였던 일들이 이제는 너무 쉽게 이루어졌다. 나도 이떻게 이런 일들이 수월해졌는지, 또 어떻게 우리가 긍정적인 조직문화를 갖게 됐는지 궁금할 때가 있다.

-로버트 야마모토

1장에서 변화의 과정을 거친 사람들의 이야기를 살펴봤다. 여기에 또 다른 사람의 이야기가 있다.

로버트 야마모토는 4년간 L.A.의 청년상공회의소 임원으로 일해왔다. 그는 자신의 일에 항상 큰 성취감을 느꼈었다. 그런데 어느 날 신임 회장이 그에게 조직을 이끌 능력이 부족하다고 지적하면서 다른 자리로 옮기겠다고 통보했다.

상상할 수 있겠지만 신임 회장과의 만남은 야마모토에게 충격이었다. 책을 계속 읽어나가기 전에 잠시 이 충격적인 소식에 당신이라면 어떻게 반응했을지 생각해보기 바란다. 당신은 어떤 느낌이었겠는가? 또 어떻게 반응했겠는가?

로버트 야마모토의 이야기

야마모토가 받은 충격은 그가 자신을 발견하고 딥 체인지를 해나간 긴 여정의 시작일 뿐이었다. 그는 스스로를 돌아보는 일부터 시작했다. 야마모토는 자신을 돌아보면서 엄청난 고통을 겪었다. 그의 이야기다.

> 그 후 나는 몇 달간 성찰의 시간을 가졌다. 내 주변 환경, 같이 일하는 사람들을 불신하기 시작했고 내 경영능력이나 리더십에도 깊은 회의를 갖게 됐다. 그 어려운 시기에 나는 함께 일했던 임원진들도 나에 대해 비슷한 생각을 갖고 있다는 얘기까지 듣게 됐다. 이사회가 내 능력에 신뢰를 갖지 못하고 있다고 생각했고, 결국 나는 사표를 냈다. 그 과정에서 나는 굉장히 두려웠고 가족들도 걱정이 됐다. 나는 '일을 더 신속하게 잘 해낸다면 직업을 유지할 수 있지 않을까'와 같은 환상도 품게 됐다. 나는 채용 담당자들을 만났고 내 친구들에게도 도움을 청했다. 이 모든 일이 굉장히 힘들었다.
>
> 그런 와중에 나는 마지막이라고 생각한 이사회에 참석하게 됐다. 내가 사표를 냈다는 사실에 많은 이들이 놀랐고, 재미있는 사실은 임원진 일부에서도 상당히 놀랐다는 것이다. 이사회 사람들은 신임 회장을 만났고 상공회의소 회원 기업들과 내 동료들로부터 나를 지지하는 글을 받아주기도 했다. 조직 내에서 내 역할이 다시 고려되고 있는 것이었다.

굉장히 기분 좋은 반전이었을 것이다. 이 시점에서 야마모토가 좋지 않은 일을 겪게 된 것을 다른 사람의 탓으로 돌리더라도 이상한 일은 아니었을 것이다. 그랬다면 그가 자기 자신에 대해 성찰하는 과정도 끝이 났을 것이다. 그러나 그의 긴 여정은 여기서부터가 시작이었다. 그는 심도 깊은 성찰을 하고 새로운 관점을 갖게 된다.

이사회 모임 후 나는 여러 차례 성찰의 시간을 가졌다. 나는 내가 하는 일에 더 많은 관심을 쏟았다. 나는 내가 일과적인 업무들에 매몰돼 있는 경향이 강하다는 것을 깨달았다. 그것이 내 앞에 놓여 있던 덫이었던 것이다. 변화가 필요하다는 것을 깨달았다.

나는 다른 조직의 이사진으로 활동하고 있었고, 얼마 후 나는 이 모임에서 전략수립 수련회에 참석하게 되었다. 그 수련회에서 내게 변화가 찾아온 것이다. 나는 관리자처럼 생각하는 방식을 버리게 됐다. 나는 더 전략적으로 생각하게 됐다. 나는 더 큰 결과물을 얻기 위해 헌신적으로 매달리기 시작했다. 나는 정말로 내 조직을 이끌어야겠다고 결심하게 됐다. 내가 새로운 사람이 된 것 같았다. 그 같은 결심은 나를 위해서 내린 것이 아니었다. 나는 조직의 이익을 위해 그 일을 해야 한다고 생각했다.

얼마 후 나는 이사회장과 점심을 먹게 됐다. 나는 새로운 계획에 대해 말하기 시작했다. "이것이 내가 해야 할 일이고, 이것은 조직이 해야 할 일입니다. 만약 이사회가 이 일들을 마음에 들어 하지 않는다면, 나는 아무 미련 없이 조직을 떠날 것입니다." 딥 체인지의 언어로 표현하자면, 나는 갑자기 '불확실성의 세계에 벌거벗은 채 뛰어든 것'이다.

놀랍게도 그녀는 내 의견에 굉장한 지지를 보여줬다. 한 짐을 덜어낸 기분이었다. 나는 내 관점으로만 상황을 바라보지 않고 다각적으로 바라볼 수 있게 됐다. 나의 학습력은 급격하게 증진됐다. 나는 더 명확하고 깊은 이해력을 갖고 상황을 보게 됐다. 예전에는 목표점에 도달하기 위해서는 목표를 달성할 수 있는 단계들을 분명하게 이해하고 있어야 했다. 하지만 이제는 지도도 없는 변화의 여정 속에서 배워가면서 목표에 도달할 수 있을 것이라고 생각한다.

조직 내에서 가장 높은 위치에 있는 사람을 포함해 대부분의 사람들은 관리자의 마인드를 갖고 있다. 고위 임원진들을 보편적으로 '리더'라고 부르는 것은 단지 그들이 권한을 갖고 있는 자리에 있기 때문이다. 대부분의 임원들은 로버트와 비슷하다. 그들은 일반적인 상태에 살고 있다. 그들이 이 상태에 머무르는 한 그들은 관리자일 뿐이다. 그들은 관리자처럼 생각하고 행동한다. 관리자의 역할은 대체로 문제가 발생하면 이를 수동적으로 해결하고, 조직의 위계질서를 유지하며, 개인적 리스크를 최소화하는 것이다. 관리자들은 사람들을 새롭고 경험해보지 못한 영역으로 이끌려고 하지 않는다. 그렇지만 그렇게 하는 것이 리더가 되는 길이다.

로버트는 중대한 결정을 내렸다. 그는 더 이상 관리자의 마인드를 따르지 않았다. 그는 다리를 놓아가면서 다리를 건너기 시작했다. 그 결과는 굉장했다.

나는 변형적 변화(transformational change)에 많은 단계들이 있다고 믿는다. 분명히 인생에는 어쩔 수 없이 결단을 내려야만 하는 순간이 있다. 그렇지만 새롭게 용기와 믿음을 갖게 되면 이런 경험들은 서로 맞물려 전진하기 때문에 나는 지속적으로 변화를 추진할 수 있었다. 끝이 없는 여행을 시작한 것이다.

새로운 상태에서 나는 그동안 어떤 일이 벌어지고 있었는가를 깨닫게 됐다. 내 주변의 사람들은 자신에게만 관심의 초점을 맞춘 여행을 하고 있었던 것이다. 조직에는 통일된 목표가 없었다. 운영전략은 단순히 조직 내 강력한 인물들의 개인적 주관에 맞춰진 것들이었다. 각자의 역할은 기존 관례와 하는 일에 따라 나뉘어져 있었다. 사람들은 자주 서로를 비난했다. 그들 스스로 불안함을 느끼고 있었다. 리더십이 부족했기 때문이었다. 내가 변하자 이 모든 것들이 변하기 시작했다.

최근 나는 내 자신이 변화의 전도사가 된 것처럼 느낀다. 이사회는 내 리더십을 인정했다. 나는 직원들과 이사회 양쪽 모두에서 우리가 직면한 도전 과제들을 새로운 방식으로 보고 함께 해결책을 찾기를 원하는 '무시할 수 없는 다수(critical mass: 임계수준)' 를 확보하게 됐다. 회의에는 새로운 에너지가 존재하고 있었다. 과거에 불가능하게 보였던 일들이 이제는 너무 쉽게 이루어졌다. 나도 어떻게 이런 일들이 수월해졌는지, 또 어떻게 우리가 긍정적인 조직문화를 갖게 됐는지 궁금할 때가 있다. 이제 분명한 것은 내가 내 자신의 불안감, 이기심, 그리고 용기부족에 맞섰기 때문에 이런 일들이 가능해졌다는 것이다.

진정한 리더십은 신념을 갖고 전진하는 것이며, 이는 지혜와 마음을 모두 필요로 한다. 용기(courage)라는 말은 프랑스어 'corage' 에서 나왔다. 이 단어는 머리와 심장을 의미한다. 용기가 없다면 우리는 머리로만 생각하려고 하고, 마음은 뒤에 남겨놓는다. 용기를 내기 위해 무역센터로 뛰어든 구조대원들처럼 모두가 영웅적인 사람이 될 필요는 없다. 우리는 조용한 방법으로 일상 생활에서 용기를 실천할 수 있다. 눈송이들이 모두 제 각각의 모습을 갖고 있듯, 우리 각자도 독특한 재능을 갖고 있다. 그렇지만 이런 재능을 깨닫고 사용하려면 스스로 용기를 내야 하고 진정으로 봉사하려는 마음으로 전진해야 한다.

이 장 처음에 인용한 로버트의 질문에 대한 답이 여기에 나와 있다. 그는 왜 사람들이 긍정적으로 조직을 운영하고 있고, 어떻게 생산적인 공동체, 생산적인 조직문화를 갖게 됐는지 알고 있다. 우리 대부분은 그런 조직에 속하고 싶어하기 때문에 그의 대답을 관심있게 살펴볼 필요가 있다. 그렇지만

"이제는 내가 내 자신의 불안감, 이기심, 그리고 용기부족에 맞섰기 때문에 이런 일들이 가능해졌다는 것을 안다"는 그의 답에 거북해 하지 않을 사람은 많지 않을 것이다.

그 답은 매우 중요하다. 로버트는 모두가 찾고 있고 많은 경영 서적들이 약속하는 '고통 없고 신속한 해결방법'을 거치지 않았다. 그는 신속하지만 고통이 따르는 과정을 거친 것이다. 로버트는 자신을 변화시키기로 선택했다. 그는 리더십의 근원적 상태에 도달하기를 선택한 것이다.

리더십의 근원적 상태야말로 이 책의 핵심 주제다. 자신의 일반적인 상태와 이를 비교해볼 때 그 개념을 더 잘 이해할 수 있을 것이다. 일반적인 상태는 타인들이 내 인생의 대부분을 점령하고 있는 것이다. 이는 또한 우리가 대부분의 시간 동안 머무르고 있는 상태이기도 하다.

일반적인 상태

열역학이론 제2법칙에 따르면 모든 시스템은 엔트로피를 향해 간다. 엔트로피란 물질의 무질서한 정도, 또는 생산성을 낼 수 있는 에너지가 사라진 상태의 정도를 나타내는 개념이다. 엔트로피 이론을 요약하자면 폐쇄된 상태의 모든 시스템은 질서가 무너질 수밖에 없다는 것이다. 이 법칙은 자연현상에만 적용되는 것은 아니다. 개인과 조직에도 적용될 수 있다.

사람들과 조직은 진보하다가 멈추는 경향이 있다. 처음에 멈춰 있는 동안에는 굳건하게 통합되고 회복하는 시간을 갖게 된다. 그러나 후에 이 상태는 안전지대(comfort zone)가 되고 만다. 우리는 그 안전지대 안에서 통제력을 갖고 있다. 우리는 상황을 어떻게 관리해야 하는지, 그리고 우리가 해야 할 일들을 어떻게 해야 하는지도 잘 알고 있다. 이 모든 것들은 습관처럼 관례화돼버린다. 만약 우리 주변상황에 아무런 변화도 일어나지 않는 한 우리는 성공할 수 있을 것이다.

문제는 우주가 지속적으로 변화하는 시스템이라는 것이다. 외부로부터 우리는 변화가 필요하다는 신호를 받게 된다. 즉 매일매일의 쳇바퀴에서 벗어나 성장하고, 더 높은 차원의 복합적인 인간으로 나아가야 한다는 신호이다. 우리는 대체로 이런 신호를 외면한다. 일반적으로 우리는 아주 충격적인 일을 겪고 나서야 내 자신이 누구인지 돌아보는 중대한 변화의 기로에 서게 되는 것이다.

로버트 야마모토도 충격을 받기 전까지는 스스로가 뛰어난 경영자라고 여겼다. 그러나 한참 후에 그는 자신이 안전지대 속에서 머물고 있었음을 깨닫게 된다. 그는 일상적인 일들, 즉 그가 통제할 수 있는 일들에만 집착하는 경향이 있었다. 자신의 주변에서 벌어지고 있는 중대한 일들에는 관심을 두지 않았던 것이다. 분명 그는 조직의 리더는 아니었다.

그가 이런 사실들을 깨달은 후 자신의 조직을 어떻게 묘사하고 있는지 살펴보자. 조직 사람들은 각자의 관심사에만 얽매여 있었고, 조직에는 통일된 목표가 없었다. 운영전략은 영향력이 큰 사람들의 개인적 주관에 따른 것일 뿐이었다. 각자의 역할은 기존 방식을 답습하는 데 한정되어 있었고 서로에 대한 비난만 무성했다. 사람들은 안정감이 없었고 자신의 불안을 다른 사람에게 투사할 뿐이었다.

여기에 설명된 것들이 특이한 내용은 아니다. 일반적인 조직의 모습을 반영하고 있을 뿐이다. 포춘 지 선정 500대 기업들을 자세히 분석해보면 이런 모습은 자주 드러난다. 자기자신의 이해관계에 얽매인 교류관계, 능력 부족은 너무 자주 나타나는 일이라 우리는 으레 그러려니 하고 받아들인다. 그렇지만 대부분의 사람들은 자신들 모두가 능력발휘를 최대화하려는 것을 회피하는 공범자라는 사실은 제대로 보지 못한다. 이 사실을 직면한다면 책임감만 커지기 때문에 보지 않으려 하는 것이다.

로버트가 본인을 묘사한 내용도 역시 특이할 것은 없다. 그저 일반적인 모습이다. 그 역시 딥 체인지의 필요성을 느끼지 못하고 살아왔었다.

변화에 실패한다는 것은 소멸해가는 과정에 진입하는 것이다. 이는 변화를 알리는 신호에 응답하지 않게 되는 것을 의미한다. 마음의 문을 닫을수록 우리는 에너지와 희망을 잃게 된다. 우리는 부정적인 감정들 —두려움이나 위기감, 의심, 부정— 을 갖게 되고 변화하는 현실세계가 우리에게 보내는 신호를 무시해 버리게 된다. 우리는 현실과 더욱 괴리되며 점점 더 에너지를 잃게 된다. 즉 악순환에 빠지는 것이다. 우리는 생명력을 잃고 있다는 사실을 인정하지 않으려 한다. 안전지대에 계속 머물기 위해 일을 지속하지만, 우리가 할 수 있는 일들은 과거에 했던 일들을 반복하는 것뿐이다. 시시각각 변하는 현실에 우리 자신을 끼워 맞출 수가 없다.

조직에도 똑 같은 역학관계가 적용된다. 우리는 무의식적으로 자기 자신과 조직이 몰락하는 과정에 공모하게 된다. 집단이 함께 희망을 잃고 개인적인 이해관계에 관심의 초점을 돌리게 되며, 갈등이 깊어지는 것을 경험하게 된다. 조직 역시 단절되게 되고 에너지를 잃게 된다. 개인이나 조직 모두 혁신적으로 변화하는 대신 서서히 죽는 길을 택하는 것이다.

서서히 죽는 것은 일반적인 상태(normal state)에 머무른 결과다. 일반적인 상태라는 것은 외부요인에 휘둘리고 폐쇄적이며, 관심의 초점을 자기 자신과 안위에만 맞추고 있는 것(externally driven, internally closed, self-focused, comfort centered)이다. (〈그림 2-1〉 참조)

사람들은 본능적으로 안정지향적이기 마련이다. 우리는 예측가능한 환경 속에서 살기를 간절히 바란다. 그렇게 함으로써 우리는 예측가능한 환경 속에서 생존하기에 적합한 자아를 발전시켜나가는 것이다. 우리를 둘러싼 환경이 안정적일 때는 우리는 모든 것을 이성적으로 판단할 수 있는 안전지대에 머무르려 한다. 이곳에서 우리는 알아야 할 모든 것들을 알고 있다. 그렇지만 변화의 신호가 오기 시작하면 우리는 불확실성에 직면하게 되고 새로운 것을 배워야 한다. 이는 우리의 자아를 위협하고 부정적인 감정들을 불러일으킨다. 이때 변화가 필요하다는 상황 자체가 해결해야 할 과제로 인식된다. 우리는 현재의 균형을 유지하면서 이를 해결하려고 한다. 이것이 우리의

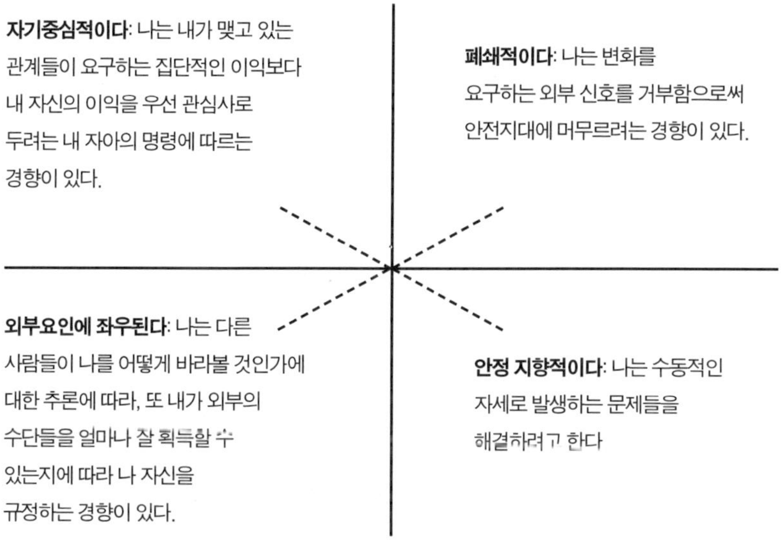

자기중심적이다: 나는 내가 맺고 있는 관계들이 요구하는 집단적인 이익보다 내 자신의 이익을 우선 관심사로 두려는 내 자아의 명령에 따르는 경향이 있다.

폐쇄적이다: 나는 변화를 요구하는 외부 신호를 거부함으로써 안전지대에 머무르려는 경향이 있다.

외부요인에 좌우된다: 나는 다른 사람들이 나를 어떻게 바라볼 것인가에 대한 추론에 따라, 또 내가 외부의 수단들을 얼마나 잘 획득할 수 있는지에 따라 나 자신을 규정하는 경향이 있다.

안정 지향적이다: 나는 수동적인 자세로 발생하는 문제들을 해결하려고 한다.

〈그림 2-1〉 일반적인 상태(The Normal State)

일반적인 모습이다.

　외부요인에 의해 좌우되는 것도 일반적인 행태다. 은연중에 우리는 사회적으로 주고받는 거래 관계 속에서 살아 남아야 한다는 사실을 알게 된다. 우리는 그룹에 속해 있다. 그룹을 통해 우리는 사회적, 물질적 자원을 얻어야 한다. 그래서 우리가 남들에게 어떻게 받아들여지는가가 중요해지는 것이다. 우리는 이를 정확하게 알 수 없기 때문에 다른 사람들이 나를 어떻게 생각할지를 추론해야 한다. 이 과정은 자아 이미지(self-image)를 결정하는 데 도움을 준다. 일반적으로 우리는 다른 사람들이 자신을 어떻게 평가하고 있는가에 대해 내린 추론에 따라 상당한 영향을 받는다. 그래서 사람들은 외부요인에 좌우되는 것이다. 이는 매우 일반적인 일이다.

　자기 자신의 욕구에 관심을 집중하는 것도 본능적인 것이다. 우리는 누구나 자기중심적이고 자기의식적인 경향이 있다. 그러나 이 경우 다른 사람들에게 전적으로 다가서는 일이 어려워진다. 자신이 처해 있는 상황에 매 순간 전심으로 다가서지 않는다면 나 자신과 현재 벌어지고 있는 상황과의 연계성이 어긋나게 된다. 또 나와 관계를 맺고 있는 사람들과의 직접적인 연계성도 느슨해진다. 우리는 우리가 관계를 맺고 있는 네트워크 내부의 사람들로부터 인정받기를 원하지만 원하는 것을 얻지는 못하게 될 것이다. 우리는 점점 더 혼자라는 느낌을 강하게 받게 되고 귀속욕구도 더욱 강해진다. 관심의 초점이 더욱더 자기자신에게 맞춰지고 우리는 더욱더 외부 요인들에 휘둘리게 된다. 이것이 일반적인 현상이다.

내면적으로 폐쇄적인 것도 일반적인 현상이다. 우리가 자아와 조직문화를 유지하려고 할수록, 다른 사람들에게 더 깊은 인상을 심어주려고 할수록, 그리고 자의식이 더 강해질수록 우리의 불안감은 커지게 마련이다. 그래서 우리는 방어기제를 동원해 변화가 필요하다는 신호를 무시해버리는 것이다. 그러나 이렇게 될 때 우리의 불안감은 더욱 커지게 된다. 우리가 가장 외부에 개방적이어야 하는 순간은 우리가 가장 내면적으로 폐쇄적이 되고 싶을 때다. 이것은 자연스러운 현상이다.

일반적인 상태에 머무는 것에 대한 대안이 딥 체인지다. 그러나 딥 체인지를 이루는 과정은 항상 두렵다. 현재 상황에 대한 통제력을 잃게 되기 때문이다. 그래서 우리는 변화를 피하고 현재 조직내의 균형상태와 자아를 유지하는 데 전력투구하게 된다. 우리 내면의 원초적인 본능은 안전지대에 머물고 싶은 것이지만 겉으로는 새로운 결과를 이룩하고 싶은 것처럼 주장한다. 1장에서 우리는 일반적인 상태에 머물던 세 사람의 이야기를 살펴봤다. 제레미 피시는 조직의 변화를 이끄는 임무를 부여받은 경영자였는데, 변화된 결과물을 얻기를 원한다고 주장했지만 그도 처음에는 자리보존에만 신경을 썼다. 군을 변화시키는 업무를 보조했던 마이크 알비스는 처음에는 전심을 바치지 않고 '몸과 머리'만 갖고 업무를 수행했다. 로만은 변화를 두려워하며, 그 두려움에 휘둘리는 타입이었다. 그리고 주체적으로 행동하기보다는 외부 요인에 좌지우지되는 사람이었다.

로버트는 이야기의 시작단계에서는 조직의 힘 있는 사람들이 제시한 의제에 따라 움직이는, 외부요인에 휘둘리는 사람이었다. 그는 스스로가 인정했던 것 이상으로 자기자신에게 관심의 초점을 맞추고 있었고 조직의 이익을 위해 전적으로 헌신하는 인물은 아니었다. 그는 안전중심주의에 빠져 현재 조직이 어떤 상태에 있는지, 어디로 나아가야 하는지에 대해서는 명확한 비전을 갖고 있지 못했다. 그는 또 대부분의 사람들과 마찬가지로 앞서 등장했던 세 사람이 그러했듯 폐쇄적이었다. 간단히 말해 그는 대부분의 사람들과 마찬가지로 대부분의 시간 동안 일반적인 상태에 머물고 있었다.

리더십의 근원적 상태

우리를 둘러싼 환경이 변화하고 있지만 변화를 거부하고 일반적인 상태에 머물고자 하는 것은 결과적으로 점진적인 죽음을 택하는 것이다. 리더십의 근원적 상태에 도달하고자 하는 것은 딥 체인지를 이룩함으로써 죽음으로 가는 길을 역행하는 것이다. 리더십의 근원적 상태는 일시적인 심리적 상태다. 이 상태에서 우리는 목적 중심적이고 주체적으로 행동하며 타인에게 관심을 기울이고 외부 상황에 개방적(purpose-centered, internally driven, other-focused, externally open)이다. (〈그림 2-2〉 참조)

리더십의 근원적 상태에 도달하면 우리는 안정지향적인 태도보다는 목적 중심적인 태도를 갖게 된다. 우리는 '내가 원하는 게 뭔가?'라는 질문은 더 이상 하지 않게 된다. 우리가 원하는 것은 '안정'이기 때문에 이 질문은 우리를 수동적 상태에 머물게 한다. 대신 우리는 자문하게 된다. '나는 어떤 결과를 얻고자 하는가?' 이 질문에 대해 진솔하게 답할 때 이루고자 하는 비전이나 이미지가 창조되고, 이는 우리를 안전지대에서 끄집어내 불확실성으로 가득찬 여정을 시작하도록 한다. 이것이 창조적인 상태다. 우리가 불확실성에 직면해 목적을 추구하기 시작할 때 우리는 희망과 에너지를 얻게 된다.

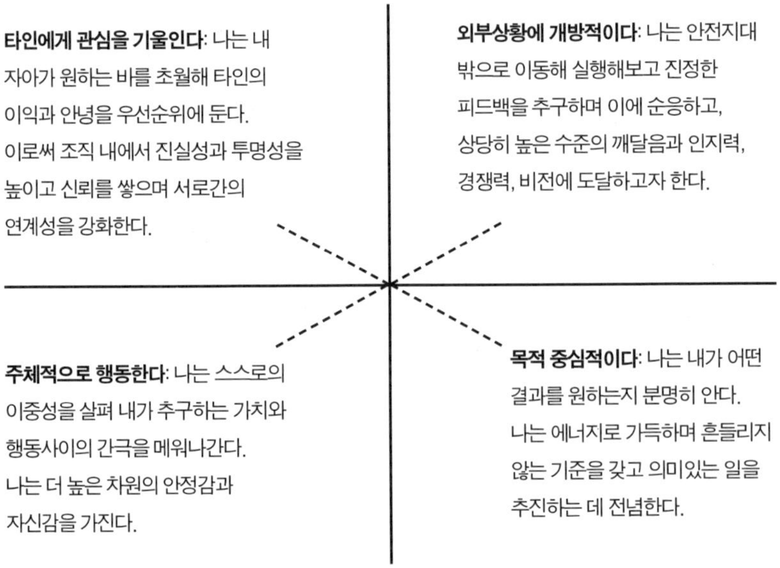

타인에게 관심을 기울인다: 나는 내 자아가 원하는 바를 초월해 타인의 이익과 안녕을 우선순위에 둔다. 이로써 조직 내에서 진실성과 투명성을 높이고 신뢰를 쌓으며 서로간의 연계성을 강화한다.

외부상황에 개방적이다: 나는 안전지대 밖으로 이동해 실행해보고 진정한 피드백을 추구하며 이에 순응하고, 상당히 높은 수준의 깨달음과 인지력, 경쟁력, 비전에 도달하고자 한다.

주체적으로 행동한다: 나는 스스로의 이중성을 살펴 내가 추구하는 가치와 행동사이의 간극을 메워나간다. 나는 더 높은 차원의 안정감과 자신감을 가진다.

목적 중심적이다: 나는 내가 어떤 결과를 원하는지 분명히 안다. 나는 에너지로 가득하며 흔들리지 않는 기준을 갖고 의미있는 일을 추진하는 데 전념한다.

〈그림 2-2〉 리더십의 근원적 상태(The Fundamental State of Leadership)

목적을 향해 나아감에 따라 우리는 자신의 내면이 더욱 긍정적인 감정들로 가득차며 그 의미를 느끼게 되는 경험을 하게 된다. 그러나 이처럼 완전히 목적중심적이 된다는 것은 무척이나 흔치 않은 일이다.

 리더십의 근원적 상태에서 우리는 또한 외부요인에 덜 휘둘리게 되고 주체적으로 행동할 수 있게 된다. 목적을 향해 나아가면서 우리는 스스로에 대해 더 자부심을 갖게 된다. 스스로의 이중성을 극복하고 우리가 생각하는 '현재의 자신'과 우리가 되어야 한다고 생각하는 '이상적 자신' 사이의 간극을 좁혀나가게 된다. 자기 자신을 이겨나가는 과정에서 우리는 스스로가 더욱 완전하다고 느끼게 된다. 우리의 가치와 행동은 더욱 일치를 이루게 된다. 우리 내부와 외부의 현실이 더욱 같아진다. 그렇지만 이처럼 주체적으로 행동하게 되는 것은 쉽지 않은 일이다.

 리더십의 근원적 상태에서 우리는 자기자신에게 향하던 관심의 초점을 돌려 타인에게 관심을 기울이게 된다. 성취감과 완전함에 대한 느낌이 커질수록 우리는 더욱 안전하다고 여기게 된다. 또 덜 이기적인 사람이 되며, 자기 자신을 보호하는 것보다 공공의 선을 우선시하려는 경향이 강해진다. 우리가 스스로에 대해 자부심이 커질 때 우리는 더 순수한 마음으로 타인을 염려할 수 있게 된다. 우리는 더 자주 솔직해지고 진실해진다. 우리가 맺는 인간관계도 그 의미가 확대되고 신뢰와 염려하는 마음이 커진다. 관심의 초점을 타인에게 둔다는 것도 쉬운 일은 아니다.

리더십의 근원적 상태에서 우리는 내면의 폐쇄성을 줄이고 외부에 더 개방적이 된다. 우리가 성취도와 완전성, 귀속감을 높이려는 욕구를 충족하려고 할 때 불확실하고 변화하는 세상으로 나아가는 과정에서 배울 수 있다는 우리 내부의 자신감이 증대된다. 우리가 이와 같은 순응적 자신감을 갖게 될 때 우리는 모든 종류의 피드백에 순수하게, 열린 사고로 반응할 수 있게 된다. 그리고 역동적인 세상의 진실을 더 잘 수용할 수 있게 되는 것이다. 이렇게 함으로써 우리는 배우고 순응한다. 그런 후에 우리의 인지력과 경쟁력, 비전이 확장되는 것이다. 그렇지만 외부에 개방적이 되는 것은 쉬운 일이 아니다.

우리가 리더십의 근원적 상태에 있을 때는 일반적인 상태에 있을 때의 모습과는 상당히 달라진다. 우리는 새로운 에너지의 흐름을 끌어당기기 시작한다. 우리는 엔트로피와 점진적인 죽음을 극복한다. 우리의 생동감이 커진다. 더 나아가 다른 사람들을 리더십의 근원적 상태로 끌어들이기 시작한다. 로버트처럼 우리는 비범한 존재가 되고 우리가 속한 조직도 변화하기 시작한다. 시스템은 긍정적으로 조직화하기 시작하고, 그 모습은 에너지와 헌신과 역량이 강화된 생산적인 공동체에 더욱 가까워진다.

제레미, 마이크, 로만은 모두 리더십의 근원적 상태에 도달했다. 예를 들어 제레미의 경우 회피전략의 필요성에 대해 더 이상 염려하지 않아도 됐다. 그는 자신의 두려움을 직면하기로 결심하고 앞으로 전진했다. 그는 그 결심이 인생을 통틀어 자신의 역량을 가장 강화시켜준 것이었다고 고백했다. 그는 결과에 헌신적으로 매달렸고, 주체적으로 행동했으며, 타인에게 관심의 초점을 맞추고 개방적인 사고로 외부상황을 받아들였다. 마이크는 신세키 장군의 도덕적 힘에 점점 더 빠져들었고 그 스스로가 변화과정을 더 깊이 받아들이게 됐다. 그가 더욱 목적중심적으로 바뀌면서 그는 사람들을 다른 시각으로 바라보게 됐다. 그는 '그들이 처해 있는 상황 그 자체'를 받아들이게 됐다. 그는 개방적으로 외부상황을 받아들이는 단계로 사람들을 이끌어 군의 변화 과정을 더 원활하게 하기 위해서는 많은 지원이 필요하다는 것을 이해했다.

이 책에 제시된 많은 사적인 이야기들은 기본적인 사항을 기술하고 있다. 우리가 어떤 상태에 있는가에 따라 우리가 바라보는 주변 상황도 달라진다는 것이다. 우리가 딥 체인지를 통해 리더십의 근원적 상태에 도달하게 되면 우리는 다른 세상을 보게 된다. 우리의 행동양식 또한 달라진다. 그렇게 되면 세상도 다르게 반응하기 시작한다.

로버트는 그 과정을 상당히 깊이 있게 서술했다. 그는 '능력이 충분치 않다'는 말을 듣고 받은 충격 때문에 자기 자신의 행동양식을 더 면밀히 살펴보게 됐다. 생전 처음으로 그는 자신에게 관례적인 일과에 집착하려는 경향이 있다는 것을 깨닫게 됐다. 이 같은 자기반성의 과정 속에서 그는 자신이 속한 조직을 더 전략적인 시각으로 바라보는 경험을 하게 된다. 그는 차이를 만들고, 그의 조직을 이끄는 데 헌신하기로 한다. 주목할 만한 것은 그가 자신의 동기가 변했다고 한 부분이다. 이후 그는 '조직의 이익'을 위해 일하기 시작한다. 그는 더 이상 수동적인 인간이 아닌 것이다.

만약 그 전에 우리가 로버트에게 '당신은 조직의 이익을 위해 일하고 있지 않다'는 피드백을 줬더라면 그는 이를 기분 나쁘게 받아들이면서 반박하는 주장들을 준비했을 것이다. 나는 이와 같은 사례들을 많이 봐왔기 때문에 이를 잘 안다. 우리는 시스템의 이익은 제쳐놓고 자기를 기만하는 차원에서는 믿을 수 없을 정도로 뛰어나다는 점에서 모두 로버트와 비슷하다. 간단히 말해 우리는 모두 이중적이라는 것이다. 일반적인 상태는 이중적인 상태이다. 그 안에서 우리는 서서히 죽어가면서도 그로 인해 나타나는 현상들을 외면한다.

여기에 놀라운 점이 있다. 우리의 이중성을 인식하는 것이 힘의 원천이다. 우리가 스스로의 이중성을 기꺼이 바라보려 할 때 우리는 스스로 수치스러움을 느끼게 된다. 그 수치스러움이 커지면서 우리는 부족한 완전성을 채우려고 든다. 이중성을 있는 그대로 받아들이는 것이 우리 자신과 타인을 변화하도록 이끄는 것이다.

우리의 비겁함과 이중성이 채우고 있던 자리를 용기와 완전성이 대신하면서 다른 사람들도 변화하게 된다. 새로운 '나'는 집단의 변화에 촉매제가 된다. 로버트가 이사회 의장에게 "자신의 새로운 계획을 실행할 것이고, 그것이 이루어지지 않는다면 미련 없이 떠나겠다"고 말했을 때 어떤 일이 발생했는가를 떠올려보자. 흥미로운 것은 처음에 그를 해고하려고 했던 여성이 이제는 그를 지지하고 있다는 것이다. 이 책에 나오는 개인들의 변화과정에서도 비슷한 효과를 볼 수 있을 것이다. 우리가 딥 체인지를 할 때 우리 주변의 사람들이 보여주는 반응도 달라진다. 우리 자신이 변화할 때 사람들이 우리를 바라보는 방식과 우리에게 반응하는 방식이 변하게 된다. 우리 스스로가 변화할 때 세상을 바꾸는 것이다. 이는 리더십의 근원적 상태에 있었던 사람들이 이룬 주요 업적이다.

로버트는 헌신하는 자세와 새로운 비전을 갖추게 되었고 더 이상 수동적이거나 자기기만적인 상태에 머무르지 않게 됐다. 그는 더 주체적으로 행동했고, 그가 추구하는 고차원적인 가치에 더 부합하는 삶을 살게 됐다. 그는 더 목적중심적이 됐다. 이로 인해 그는 더 이상 조직내의 영향력 있는 인사들이 제시한 의제에 휘둘리기보다는 자신이 속한 조직이 원하는 성과를 내기 위해 나아가야 하는 방향으로 조직을 이끌게 됐다. 이 과정에서 그는 더욱 더 타인에게 관심을 기울이게 됐다. 그는 더 이상 자신의 안전지대에 머물고 자신의 자아를 지키기 위해 일하는 것이 아니라 "조직의 이익을 위해" 일하게 됐다. 결국 그는 더욱 열린 사고로 외부상황을 받아들이게 됐다. 그는 이제 각본 없는 여정을 떠나게 됐다. 그리고 그는 기하급수적인 속도로 배우고 발전했다. 이 모든 것은 리더십의 근원적 상태에 도달한 사람들이 얻게 되는 전형적인 결과이다.

역동적인 세계와 궤를 같이 하기

우리가 지식이나 통제력을 갖지 못한 채로 원하는 결과를 명확히 한 후, 목표를 향해 매진해 나아갈 때 우리의 집중력은 더욱 높아지고 기하급수적인 속도로 배워나가는 상태에 들어가게 된다. 마치 로버트나 다른 사람들이 그러했듯이 이 같은 일이 발생하는 한 가지 이유는 우리가 마음 속으로는 정확한 피드백을 원하지도 않으면서 피드백이 필요하다고 주장하기를 멈췄기 때문이다. 리더십의 근원적 상태에서 우리는 자아를 보호하는 것보다는 성취하고자 하는 일에 더 신경쓰게 된다. 우리는 일을 추진하는 데 도움이 될 만한 정보를 구하는 데 필사적이 된다. 우리는 스스로의 성공과 실패 모두에 대한 피드백을 구하게 된다. 그 결과 제레미 피시처럼 우리는 스스로와 조직을 완전히 다른 방식으로 통찰하게 된다. 우리가 스스로의 두려움을 인지하고 공공의 이익을 수용하려고 할 때 "지위와 역할은 눈 녹듯 사라져 버린다." 제레미처럼 우리는 "나 자신만 바꿨을 뿐인데 조직이 새로워지는 것을 보게 되는 것이다."

로버트는 기하급수적인 속도로 배워가는 시기에 대해 설명하고 있다. 그는 개인적인 변화를 이루기 전에는 조직과 개인의 가역적인 역학관계를 명확하게 보지 못했다. 그러나 이후 그는 더욱 분명하고 깊이 있게 상황을 볼 수 있게 됐다. 그의 완전성과 복합성은 증대됐다. 그는 역동적이며 복합적인 이 세계와 더 비슷해진 것이다. 로버트는 "예전에는 목표점에 도달하기 위해서는 목표를 달성할 수 있는 단계들을 분명하게 이해하고 있어야 했다. 하지만 이제는 지도도 없는 변화의 여정 속에서 배워가면서 목표에 도달할 수 있을 것이라는 내 능력을 믿게 됐다"고 말한다.

우리가 지도도 없는 변화의 여정을 시작할 때 우리는 간디의 표현대로 이루고자 하는 변화 그 자체가 된다. 우리는 지속적으로 변화하는 우주와 역동적으로 연계돼 있는 창조적이며 순응적인 시스템이다. 우리는 기하급수적인 속도로 배우면서 에너지를 끌어당기고 인지력을 확장해나간다. 그 순간 우리가 이루고자 하는 결과가 무엇인지를 안다. 목표점에 도달하는 방법을 알지 못하지만 우리는 그 지점을 향해 전진한다. 완전성과 용기, 에너지가 증진되는 순간에 우리는 우리가 할 수 있는 가장 강력한 방법으로 스스로를 이끌게 된다. 우리는 목적과 메시지를 분명히 갖고 있고, 그 목적의 살아있는 상징이 된다. 더 나아가 다른 사람들을 리더십의 근원적 상태로 이끌고 다리를 놓아가면서 다리를 건너가는 과정에 동참하도록 한다. 새로운 사회적 움직임이 일어나는 것이다. 다음 장에서 우리는 이러한 역동성이 어떻게 작용하는지 여러 가지 사례를 통해 살펴볼 것이다.

리더십의 근원적 상태에 들어가기 위한 준비

이 장이 당신에게 주는 의미에 대해 사색할 수 있는 조용한 시간을 선택하라. 최대한 진실할 수 있도록 노력하라.

명상을 위한 질문들

1. 로버트는 4년간 조직의 높은 자리에 있었고, 굉장히 믿을 만하게 일해왔다. 그렇다면 그는 왜 그의 조직을 '정말로 이끌기로' 결심하게 됐는가? 그 의미는 무엇인가? 당신은 조직 내에서 높은 자리

에 있는 사람 중에 진정한 리더가 아닌 경우를 알고 있는가? 그들은 누구인가? 당신은 그들에 대해 어떻게 생각하는가? 이러한 내용들은 당신이 리더로서 최근에 보인 노력에 어떤 의미를 갖는가?
2. 로버트는 또 자신의 결심을 통해 자신이 '기하급수적인 속도로 배울 수 있게' 됐다고 말했다. 왜 이런 일이 일어났다고 생각하는가? 사람은 언제 기하급수적인 속도로 배우는 것을 경험하게 되는가?
3. "자기 자신의 이해관계에 얽매인 교류관계, 능력 부족은 너무 자주 나타나는 일이라 우리는 이 같은 사실을 제대로 보지 못한다. 사실에 직면한다면 책임감만 커지기 때문에 안 보려 하는 것이다." 이 문장은 당신에게 어떤 의미를 갖는가?
4. 다음의 문장이 묘사하는 것과 관련된 사례를 당신 자신의 경험에서 생각해보자. "우리는 무의식적으로 자기 자신과 조직이 몰락하는 과정에 공모하게 된다."
5. "일반적인 상태는 이중적인 상태다"라는 개념에 대해 당신은 어떻게 생각하는가? 안전지대에 머물고 싶으면서도 겉으로는 변화의 필요성을 주장하는 것과 같은 이중적인 상태를 보여주는 당신만의 독특한 경우를 설명해볼 수 있는가?
6. 당신은 자신의 이중성을 인지하고 그 부족한 완전성을 채우려는 행동이 갖는 힘을 경험한 적이 있는가? 어떤 일이 발생했는가?
7. 리더십의 근원적 상태의 4가지 특성을 생각해보자. 당신이 이 각각의 특성을 증진시킨다면 당신의 모습은 어떻게 달라지겠는가?

자기발전

1. 일반적인 상태와 리더십의 근원적 상태에 대한 설명에 근거해 지금 당신의 모습을 묘사해보자.
2. 당신은 어떤 모습으로 변화하고 싶은지 기술해보자.

통찰의 공유

위 질문에 답하면서 공유하고 싶은 중요한 통찰이나 의미 있는 이야기가 있다면 딥 체인지 웹사이트(www.deepchange.com)를 방문해 게시판에 올려주기 바란다. 당신의 이야기는 많은 사람들에게 도움이 될 것이다. 다른 사람들이 올려놓은 이야기와 그들이 얻은 통찰을 보고 싶을 때도 이 사이트를 방문하면 된다.

3장
리더십의 근원적 상태에 진입하기

"그 심오한 깨달음의 순간 나는 내 자신의 안위는 내가 책임지고 있다는 사실을 받아들였다. 그리고 그 순간 나는 깊고 근원적인 변화를 체험했다. 내 안의 변화는 내가 스스로를 바라보는 방식을 완전히 바꿔놓았으며 그(남편)가 나를 대하는 방식도 완전히 바꿔 놓았다."
-게일 파커

우리는 제레미 피시, 마이크 알비스, 로먼 윌리, 로버트 야마모토의 사례를 읽었다. 이들은 전문적인 용어로 자신을 표현하지는 못했다. 하지만 이들은 모두 평범한 상태에서 리더십의 근원적 상태로 변화하기를 선택한 사람들이다. 이들은 딥 체인지가 세상을 바라보는 시각과 세상에 대응하는 행동양식을 바꿔놓았다고 말한다. 우리는 그들의 변화가 어떻게 다른 사람을 변화시켰는지를 보았다.

이 책의 또 다른 공통적인 주제는 새로운 삶을 향해 용감하게 결단을 내린 순간에 관한 것이다. 이 같은 결단은 리더십의 근원적 상태에 진입하기 위한 핵심이다. 게일 파커가 이 특별한 변화의 순간을 묘사하는 대목을 들어보자.

게일의 이야기

게일은 내가 진행했던 임원교육 과정에서 종종 나와 함께 작업을 했던 심리학 연수생이었다. 이 교과 과정에서 우리는 정기적으로 전문 도우미(facilitator)가 진행하는 브레이크아웃(breakout) 세션을 가졌는데 게일은 이들 도우미 가운데 하나였다.

그 과정은 진실한 커뮤니케이션(authentic communication)을 체험하기 위해 짜여졌다. 처음 두 시간은 준비과정으로 참가자들이 자신의 세 가지 내밀한 이야기를 발표하는 시간이었다. 사람들은 이 첫 번째 세션을 가장 어렵게 느낀다. 그래서 첫 번째 브레이크아웃 과정에서는 먼저 전문 도우미들이 자신의 솔직한 이야기 세 가지를 먼저 꺼내는 것으로 수업을 시작해 사람들에게 어떤 식의 진실한 이야기를 해야 하는지 시범을 보이게 된다. 다음은 게일에게 일어났던 일이다.

수업 첫째 날 우리는 몇몇 작은 그룹으로 나뉘어 우리 자신에게 특별하게 영향을 준 일상 생활 속 중요한 사건을 이야기 하도록 지시 받았다. 그룹 도우미로서 내 일은 세션을 진행하기 위해 내 경험을 먼저 털어놓는 것이었다. 나는 미리 이야기를 준비해놓지 않았다. 그래서 (지금은 기억 못하지만) 사적인 이야기 하나를 들려주었다. 그 이야기는 다른 사람에게 해도 부담 없는 수준의 것이었다.

우리는 사람들에게 세 차례에 걸쳐 발표를 하게 하고 그때마다 어떤 변화가 일어났는지 관찰하는 임무를 수행했다. 별로 놀랄 만한 일도 아니지만 이야기가 진행되면서 우리는 더 깊숙한 이야기까지 하게 됐다. 그 과정에서 우리는 무방비 상태로 빠져들고 있다는 느낌을 받았다. 우리의 방어기제가 허물어지고 있었다.

그날 오후 세션이 다시 시작됐을 때 퀸 교수는 직장에서 성공한 한 여성의 이야기를 들려주기 시작했다. 그녀는 남편의 학대로 얼룩진 결혼생활에서 벗어나는 데 성공했으며 이후 데이트 상대를 더욱 분별력 있게 선택하는 법을 배우게 됐고 결국 그녀는 재혼을 통해 성공적인 관계를 새롭게 맺을 수 있었다. 이 이야기를 통해 토론 주제는 '개인의 변화가 자신을 학대하는 상대에게 어떤 영향을 주는가' 로 모아졌다. "당신이 변화함으로써, 당신은 개인적으로나 조직 속에서 학대받는 관계를 사랑과 존중의 관계로 바꿔 놓을 수 있는가?" 라는 질문이 던져졌다.

애기를 꺼내려고 계획했던 것은 아니지만, 개방적이고 진실한 자세를 유지해야 하는 역할에 충실하다 보니 나도 모르게 다음의 이야기를 꺼내게 됐다.

내 첫 남편은 말 그대로 정서적으로 그리고 육체적으로 가학적인 남자였다. 나는 그의 학대 대상이었다. 그의 가학성에는 특별한 이유가 없었다. 나는 점점 그를 두려워하게 됐고 그를 화나게 하지 않으려고 최대한 조심했다. 항상 살얼음판을 걷는 것 같았다. 신혼 초기 우리는 맞벌이 부부였으며 차 하나를 서로 같이 사용했다. 나는 저녁 퇴근길에 남편을 항상 데리러 갔다. 어느날 퇴근 시간 때 나는 직장에서 인터뷰를 하다가 그에게 15분 가량 늦을 것 같다는 연락을 미처 못했다. 내가 그의 회사에 도착했을 때 그는 없었다. 내 심장은 무너져 내렸다. 그는 나를 기다리지 않고 폭풍우 속에서 버스를 타고 집에 갔다.

나는 그가 격분해 있다는 것을 직감했다. 집에 도착했을 때 그는 아파트 현관에서 손에 가죽 혁대를 들고 나를 기다리고 있었다. 내가 문 안으로 들어가자 그는 욕을 하며 나를 때리기 시작했다. 여느 때와 마찬가지로 나는 그의 공격에 완전히 무방비였다. 내 자신을 방어할 수가 없었다. 나는 다른 때와 마찬가지로 그저 희생자에 지나지 않았다.

그의 폭력이 극으로 치달았다는 점 외에도 이번에는 평소와는 뭔가가 달랐다. 나는 얼마나 맞았는지 정확히 기억은 못하지만, 갑자기 어느 순간 무언가가 말 그대로 딱 떠오르는 것을 느꼈다. 시간이 점점 느려지기 시작했고, 거의 정지상태에 도달하려는 순간이었다. 그때 나는 내 안에서 어떤 목소리가 들렸던 것을 기억한다. 마치 그 곳에 누군가 나에게 말하는 것처럼 분명했다. "그는 지금 정상이 아니다. 하지만 이 상황을 참고 있는 너 또한 제 정신이 아니다." 그 깨달음의 순간에 나는 폭력적인 남편의 희생양에서 스스로 선택할 수 있는 권리를 갖고 있는 여성으로 변했다. 나는 정서적으로 재정적으로 준비돼 있지 않았지만 그 관계를 결국 청산하기로 결정했다.

나는 그에게 한마디도 하지 않았다. 손을 들어 내 자신을 방어하지도 않았다. 하지만 정말 놀라운 일이 일어났다. 이 같은 깨달음, 그에게서 떠나야겠다는 결심 직후에, 아마 그 순간일지도 모르지만, 그는 더 이상 욕하거나 나를 때리지 않았다. 그리고 혁대를 손에서 놓고 물러섰다. 우리는 이후 그 일에 대해 서로 한마디도 꺼내지 않았다. 그리고 그 일 이후로 그는 내게 소리를 지르거나 때리려고 주먹을 휘두르지 않았다. 마치 그는 나를 더 이상 과거처럼 다루지 못할 것이라는 사실을 깨달은 것 같았다.

그 심오한 깨달음의 순간 나는 내 자신의 안위는 내가 책임지고 있다는 사실을 받아들이게 됐다. 그 순간 나는 깊고 근원적인 변화를 체험했다. 내 안의 변화는 내가 스스로를 바라보는 방식을 완전히 바꿔놓았으며 그(남편)가 나를 대하는 방식도 완전히 바꿔 놓았다. 이후 한 달도 안 되어 나는 대학원에 등록했으며 아파트를 나왔다. 그리고 이혼 서류에 서명했다. 나는 내 자신을 변화시켰으며 세상도 변화시켰다.

리더십의 근원적 상태에 진입했을 때의 영향력

결단의 순간에 대한 게일의 이야기는 놀랍기 그지 없다. 언뜻 보면 이 이야기는 리더십이나 조직과는 아무 상관이 없는 듯하다. 지위의 고하를 막론하고 내가 함께 일했던 임원들은 종종 필수불가결한 딥 체인지를 받아들이기를 거부했다. 그 같은 저항의 순간에 그들은 희생자 근성에 빠진다. 그들은 변화가 필요하지만 이를 왜 받아들이고 있지 않은지, 그들이 왜 어쩔 수 없는 상황인지 변명거리를 준비해놓고 있다. 그들은 자신이 덫에 걸려 있다고 말한다. 결국 그들은 패배자가 된다.

게일도 그녀가 이야기했던 순간 속에서는 덫에 걸려 있는 사람처럼 보인다. 그녀는 통제 할 수 없는, 힘을 쓸 수 없어 보이는 상황에 처해 있었다. 그녀는 순순히 복종해야만 했다. 그리고 심오한 깨달음의 순간에 게일은 결심했다. 그녀는 임원도 아니었고 어떤 직위나 추종자도 없었지만 리더십의 근원적 상태로 첫발을 내딛은 것이다. 그녀는 자신이 추구하고자 하는 결과를 얻기 위해 가야 할 길을 선택했다. 그녀는 주체적으로 행동하는 인간이 됐다. 그녀는 스스로에 대해 책임감을 갖게 됐다. 그 순간 그녀는 근본적으로 변하게 된다. 그 결정으로 그녀는 스스로를 바라보는 관점을 바꾸게 됐다.

그녀가 변하기로 결단하면서 다른 사람들이 그녀를 대하는 방식에도 변화가 생겼다. 이 놀라운 영향력에 주목해보자. 그녀가 변화를 결심한 순간 남편은 욕설을 멈췄으며 혁대를 내려 놓고 물러났다. 게일은 아무 말도 하지 않았다. 하지만 그는 멈췄다. 그리고 더 이상 어떤 방식으로도 그녀를 학대하지 않았다. 이 특별한 효과를 어떻게 설명할 수 있을까?

나는 우리 각각의 내면에는 두 가지 무의식 시스템이 있다고 생각한다. 이 무의식 시스템 중의 하나는 암묵적인 메시지를 내보내는 것이고, 다른 하나는 타인의 암묵적 메시지를 받아들이는 것이다. 우리는 항상 우리 자신에 대해 얘기한다. 우리가 리더십의 근원적 상태에 들어서면 그 메시지는 변화한다. 말로 표현하지 않아도 우리는 자신이 더욱 목적 중심적이고 주체적으로 행동하며, 외부 상황을 개방적으로 받아들이고 타인에게 관심의 초점을 맞춘 인간이 됐다는 의사를 전달할 수 있게 된다. 마치 마이크 알비스가 신세키 장군에게 반응했던 것처럼 다른 사람들도 우리의 변화에 반응하게 된다.

여기서 헨리 데이빗 소로우가 「시민의 불복종(Civil Disobedience)」에서 한 이야기를 떠올려 보자. "원칙에 입각한 행동, 정의에 따라 인식하고 실천하는 것은 사물과 관계를 변화시킨다. 그것은 본질적으로 혁명적이다. 과거의 것들과는 철저히 다르다. 그것은 정부와 교회뿐 아니라 가정을 해체한다. 그렇다. 그것은 개인을 해체하면서 개인 안의 악을 선으로부터 분리시킨다."(1993, p. 7)

나는 "과거의 것들과 철저히 다르다"는 이 문장을 좋아한다. 왜 원칙에 입각한 행동, 정의에 따라 지각하고 실천하는 것이 급진적인 변화를 가져오는가? 원칙에 입각해 사는 것-미래를 창조하는 것은 우리의 관계를 독립시키고 분리하고 변화시킨다. 우리가 완전해지기를 원한다면, 그리고 리더십의 근원적 상태에 들어서려는 용기를 발휘한다면 우리는 현재 모든 사회 관계 양식을 벗어나게 된다. 정상분포 곡선의 중간 범주를 벗어나는 것이다. 우리는 진정으로 특별한 존재, 즉 근본적으로 새로운 무언가를 만들어내는 창조적인 능동체가 되는 것이다.

이처럼 게일은 근원적인 상태로 옮겨갔다. 그 순간 그녀는 남편으로부터 벗어나기로 결정했다. 그녀는 남편과의 비정상적인 관계를 파괴했다. 그녀는 자기 자신을 파괴했던 과거 문화와 과거 자아(ego)를 더 이상 받아들이지 않았다. 그 대신 그녀는 과거에는 아무 가치가 없다고 믿었던, 그리고 폭력을 감수해야만 한다고 생각했던 평범한 자아(normal self)를 재창조하는 길을 선택했다. 그녀는 그녀만의 특별한 자아, 최고의 잠재가능성을 지닌 자아를 주장하는 길을 선택했다. 그녀는 "정의에 따른 실천"의 길을 선택했다. 이것은 항상 혁명적이다. 왜 그런가? "그것은 과거의 것들과 철저히 다르다"는 점 때문이다. 이 같은 결정은 과거로부터 벗어나는 결정이다. 수동적인 자세에서 벗어나 창조적인 자세로 돌아서는 것이다. 간디의 말처럼 우리는 우리가 이루고자 하는 변화 그 자체가 된다. 새롭고 한층 발전된 자아로 옮겨가면 우리는 더욱 고결한 존재가 된다. 우리는 가치 있는 것들을 더 많이 실행하게 된다. 우리는 다른 사람들도 그러한 존재를 향해 나아가도록 이끌게 된다. 우리는 변화의 촉진제가 된다. 진정한 자기자신이 되고자 할 때 우리는 미래와 현재의 경계선, 즉 현재에서 가장 강력하고 창조적인 상태에 도달하게 된다.

소로우는 원칙에 입각한 행동이 새로운 조직을 만든다고 믿었다. 왜 그러한가? 내 자신이 최상의 모습이 돼서 활동하고자 할 때, 우리는 더 나은 삶을 위해 변화한다. 다른 사람들은 여기에 반응할 수밖에 없다. 자신을 더 개선시키고 복합적인 존재로 발전시킴에 따라 우리는 기존의 사회적 질서를 일부 무너뜨리게 된다. 미하이 칙센트미하이(1997)*는 이 같은 행동을 고결함(virtue)의 개념과 연결짓는다. 그는 모든 시스템이 엔트로피 혹은 하위 단계의 조직을 향해 이끌리게 된다는 사실을 깨달았다. '선(Good)'은 이 같은 엔트로피에 대항하는 행위라고 그는 주장한다. 선은 질서를 유지하되 경직되는 것은 막아준다. 그것은 창의적이며 미래지향적인 행위인데, 이는 가장 진화된 시스템이나 우리가 속해 있는 시스템의 확대된 상태에 대한 요구를 고려하게 된다. 그것은 공공의 선과 다른 사람의 안위를 염려한다. 그것은 원칙에 입각한 행동이며, 우리의 의식이 진보할 수 있도록 이끈다. 그런 행위는 새로운 차원의 조직을 형성시킨다. 칙센트미하이는 이와 같은 행위에 몰두하는 것이 매우 힘든 일이며, 이런 행위를 할 수 있도록 하는 능력이 바로 고결함의 본질이라고 주장한다. 이 점을 되새기면서 게일에게 이후 무슨 일이 일어났는지 살펴보자.

---

*미하이 칙센트미하이(Mihaly Csikszentmihalyi)   미국의 심리학자로 현재 시카고대학교 심리학과 교수이다. 활발한 저서활동의 전세계적인 주목을 받고 있다. 저서로 「몰입」「몰입의 즐거움」「창의성의 즐거움」「자아의 진화」 등이 있다.

그 이후의 이야기

최근에 게일은 카페테리아에서 나를 만나 그 뒤의 이야기를 들려주었다. 그녀는 수업에서 남편과의 사건을 이야기하면서 또 다른 변화의 순간을 경험하게 됐다. 그녀의 이야기는 폭력적인 결혼에서 벗어나기로 결심한 순간부터 시작된다.

그 사건은 30년 전에 발생한 것이었다. '세상을 바꾸자' 라는 과정에서 공동 동우미로 참석하기 전까지는 나는 누구에게도 이 이야기를 한 적이 없다. 심지어 부모님과 현재 남편은 물론 내 가장 친한 친구들에게조차도. 나는 모욕과 수치심으로 그 사건을 기억 속에 묻어 버렸다.

내가 그 이야기를 한 뒤 공개적인 포럼에서 학생과 동료들 앞에서 그런 이야기를 했다는 사실에 당혹감을 느끼고 후회하기도 전에 퀸 박사는 굉장히 놀라운 말을 했다. 그는 "이 이야기야말로 진정 믿을 수 없을 정도로 강력한 이야기입니다. 그 이야기를 함께 나눌 수 있도록 한 것에 대해 정말 감사 드립니다"라고 말했다.

믿을 수 없을 정도로 힘있는 이야기라고? 2년간 폭력을 견뎌야 했던 불쌍한 희생자의 이야기가 아니라? 평생 비밀로 해야 했던 수치스러운 이야기가 아닌가? 내가 늘 내 허약함의 상징으로 여겼던 이야기를 꺼냈을 때 나는 "불확실성의 세계에 벌거벗은 채 뛰어든 것"이나 다름 없었다. 나는 이 이야기가 힘과 용기에 대한 이야기로 변모하는 것을 보았다. 큰 용기가 필요했던 이야기를 하면서 나의 관점은 변했고 나는 힘과 용기가 무엇인지 깨달았다.

그 수업에 참여한 지 벌써 1년이 흘렀다. 나는 감히 말하건대 과거에는 흠으로 여겼던 내 안의 여러 부분들을 진심으로 사랑하고 포용하는 근원적 변화를 경험하게 됐다고 말할 수 있다. 나의 이야기를 나누고 그 공유의 감정을 확인했을 때 내 안의 근원적 변화는 내 결점과 연약함을 강점으로 바꿔 놓았다.

이 같은 관점의 변화는 세상을 바라보는 시선과 태도까지 변화시켰다. 확실히 내 고객들은 나의 이 같은 변화로부터 도움을 받았다. 나는 그들이 자신의 허약함과 결점을 포용할 수 있도록 도와주었고 역설적이지만 그들의 결점과 허약함을 강점으로 바꿀 수 있게 했다. 내가 이전보다 덜 방어적이고 덜 보호적이면서 상처받는 것을 감내할 수 있다는 자세로 개방적이 됐고, 내 자신을 더 존중하게 됨으로써 내 가족들과 친구들도 얻은 것이 많았다. 이 같은 변화는 나를 그들과 더 친밀하고 가깝게 만들어주었다.

내게 일어난 변화로 인해 기존에 수치스럽게 여겨 비밀로 묻어두었던 경험은 오히려 다른 사람들을 가르칠 수 있는 용기와 힘을 가진 이야기로 바뀌었다. 나는 사려 깊고 개방적이며 애정어린 인간으로 변화했다. 나는 내 자신이 가치 없는 인간이라는 뿌리깊은 생각에서 벗어났다. 굳게 닫혀 있던 마음의 문을 열어놓았으며 나를 완전한 나로 자유롭게 했다. 그리고 내가 하는 모든 일에 더 많은 능력을 발휘할 수 있었다.

독특한 자아가 갖는 결속력

게일의 두 번째 이야기를 통해 우리는 근원적 상태에 들어서면 우리 자신에 대한 관점과 다른 사람과의 관계가 어떻게 바뀌는지 볼 수 있었다. 게일은 남편의 폭력에 시달려왔던 일에 수치심을 느꼈고, 30여 년간 이 이야기를 마음 속에만 담아왔다. 이것이 일반적인 행동이다. 이 이야기를 사람들과 공유하기 직전까지 그녀는 진솔한 이야기를 통해 자기 자신을 다른 사람들에게 있는 그대로 내보이지 못하고 있었다. 하지만 얼마 후 그녀는 다른 사람들이 변화의 결정적 순간을 이해하도록 돕는 과정에서 가장 수치스럽게 여겼던 이야기를 털어놓는 용기를 발휘하게 됐다. 이 이야기를 함으로써 그녀가 겪은 일들은 완전히 다른 사건이 돼 버렸다. 예전에는 어두운 과거였지만 그녀는 처음으로 그 안에서 위대함을 찾아낸 것이다.

게일이 다른 사람들에게 그녀의 경험을 털어놓았을 때 일어난 변화에는 중요한 교훈이 담겨 있다. 내 수업 첫 시간에는 늘 자신에 관한 진실을 이야기하는 과정이 있는데, 이는 단순한 원칙에 근거하고 있다. 우리는 자신만의 독특한 경험이라고 생각하는 것을 숨긴다. 우리가 일반적인 상태에서 일반적으로 대화를 나눌 때는 보편적이고 겉으로 드러난 자기 자신에 대한 이야기만 하게 된다.

하지만 자기자신에게만 해당하는 독특한 경험이라고 생각한 것에는 우리를 결속시키는 위대한 잠재력이 있다. 우리가 그 독특한 경험을 이야기할 때, 우리는 우리 모두에게 해당하는 위대함 속에 담겨 있는 보편성을 찾아내게 된다. 이 단순한 행위가 참가자들을 변화시키고, 개인과 집단을 변화의 길로 이끈다.

게일은 용감하게 자신의 이야기를 털어놓음으로써, 자신만의 독특한 자아를 나누고 이해하는 과정이 '나는 부족한 인간이다' 라는 감추어진 공포를 떨쳐 내도록 도와주는 변화의 행위였다는 것을 깨달았다. 그 결과 그녀는 보다 완전한 삶을 살 수 있게 됐다. 그녀는 또한 다른 사람들이 각자의 부정적인 이미지를 다시 생각해보도록 하는 데 도움을 줬다. 그녀가 보다 내부 지향적이고 보다 타인에 관심을 기울이는 인간으로 변모하면서 그녀는 더 목적 중심적이고 개방적인 사고로 외부상황을 받아들일 수 있는 인간으로 변했다. 그녀는 리더십의 근원적 상태로 진입하게 됐다. 그리고 이제 새로운 사람이 됐다. 다른 사람도 그것을 느끼게 되고 거기에 반응하게 됐다.

게일이 닫혀진 마음의 문을 여는 순간, 다른 사람들도 더 쉽게 자신의 문을 열었다. 이는 아주 일반적인 현상이다. 만약 우리가 리더십의 근원적 상태에서 충분히 머무른다면 그리고 목적 중심적이고 타인에 관심을 기울이는 인간으로 변하게 된다면 우리는 다른 사람들이 밝히길 두려워하는 이야기를 하는 데 예전보다 덜 머뭇거리게 될 것이다. 그리고 그 이야기를 함으로써 우리는 다른 사람들을 리더십의 근원적 상태로 이끌 수 있게 된다. 우리가 자기 자신의 최상의 자아를 만나고 이를 공유할 때, 우리가 보다 고결한 상태로 들어설 때, 우리는 더욱 고결한 세상을 창조하게 된다. 이런 개념은 소로우와 칙센트미하이 외에 윌리엄 블레이크*에게서도 찾을 수 있다.

당신이 보는 대로 이루어지고 이룬 대로 보게 된다

18세기 말에서 19세기 초에 활약했던 위대한 시인이자 화가였던 윌리엄 블레이크는 변화의 개념에 깊은 관심을 보여주고 있다. 블레이크는 당시의 사회가 단지 개혁만이 아니라 딥 체인지를 필요로 하고 있다고 확신했다는 점에서 진정 혁명적이라 할 수 있다. 당시 다른 사회 비평가들과 그가 달랐던 점은 ―당시가 미국 혁명과 프랑스 혁명 시기였다는 점을 기억해야 한다― 그의 깊은 심리학적인 통찰에 있다. 그는 정치적인 행동만으로 근본적인 변화를 이룰 수 있다고 믿지 않았다. 혁명은 그들이 전복하려는 전제 군주제로 다시 복귀하려는 경향이 있기 때문에 ―흥미롭게도 혁명이라는 단어에는 바퀴를 뒤집는다는 이중의 의미가 있다― 오히려 혁명은 먼저 사람들의 생각과 존재 자체에서부터 이루어져야 하며, 진정 의미 있는 변화는 사람들이 자기 안의 무한한 잠재 가능성을 깨울 때만 이루어질 수 있다고 보았다.

블레이크의 영적인 표현에 의하면 우리가 일반적으로 살고 있는 세상 ―나는 이를 평범한 상태의 세계로 규정했다― 은 타락한 세상이다. 블레이크가 말한 타락한 세상은 평범한 세상이다. 그와 같은 세상은 자신만을 염려하고, 인습적, 복종적, 이중적이다. 그와 같은 세상은 가능성이 제한돼 있고, 우

---

*윌리엄 블레이크(William Blake) 영국의 시인이자 사상가로 존 번즈와 함께 영국 낭만주의의 선구자 역할을 한 것으로 평가받는다. 「델의 서」「경험의 노래」 등의 시집이 있다.

리가 염원하는 세상과 괴리가 크다는 점에서 우리는 세상이 타락했음을 알 수 있다. 우리가 더 고결한 세상을 열망한다는 것은 더 나은 세계가 가능하다는 것을 알려주는 신호이기도 하다.

하지만 우리 대부분은 이 타락한 세계를 수긍해야 하고 인정해야 하는, 당연한 상태로 간주한다. 마치 게일이 암묵적으로 그녀 남편의 폭력을 받아들였던 것처럼 말이다. 우리가 피동적으로 받아들이는 상태에 있을 때, 평범한 세계 또는 안위의 지역에 머무를 때 우리는 자기자신에 대한 관점을 잃어버리게 된다. 블레이크에 따르면 우리를 둘러싼 세계와 우리의 관계는 상호적이기 때문에 이런 현상이 나타나는 것이다. 우리가 지각하는 현실과 우리가 우리 자신을 바라보는 관점은 함께 작용하며 서로에게 영향을 미친다.

블레이크는 이 같은 관계를 묘사하는 아주 흥미로운 문장을 남겼다. "그들은 그들이 보는 대로 됐다."(블레이크, 1965, p. 175) 만일 우리가 세상을 있는 그대로 받아들인다면 —우리가 일반적인 상태에 있을 경우— 우리는 더 나은 것을 보려는 자신의 내재적인 능력, 더 나아질 수 있는 능력을 부인하는 것이다. 우리는 자신이 바라보는 대로 될 뿐이다. 다른 혁명적인 사상가들은 그저 전제군주와 부당한 법 체계를 비난할 뿐이지만 블레이크는 더 심오한 것을 지적하고 있다. 우리를 묶고 있는 쇠사슬은 "마음이 제조해낸 수갑(mind forg'd menacles)"일 뿐이다. 우리가 이 세계의 질서를 변하지 않는 '실제'로 받아들인다면 우리는 자신이 창조한 노예제의 공범이 될 뿐이다. 같은 이유로 만일 우리가 자신의 관점을 바꾼다면 우리가 추구하는 더 나은 세계는 바로 우리 안에 있는 것이다.

그대 가슴에 그대의 하늘과 땅,
그대가 바라보는 모든 것을 담았으니;
마치 그대 밖에 있는 것 같으나 그것은 그대 안에 있도다
(블레이크, 1965, p. 223)

우리는 게일의 이야기에서 좋은 예를 찾을 수 있다. 게일이 자신의 첫 남편을 저항할 수 없는 가학적인 인간으로 간주하는 한 그녀는 자신을 무기력한 희생양으로 여길 수밖에 없었다. 그녀가 보는 실제 세계도 그녀의 이런 사고방식과 차이가 없었다. 하지만 게일이 희생양에서 능동적이고 힘있는 개체로 자기 자신을 변화시키기로 결심했을 때 세계는 그녀와 함께 변했다. 그녀 남편의 폭력은 영원히 변할 수 없는 사실이 아니었다. 이 '사실'은 그녀의 낡은 관점과 함께 사라졌다. 그녀가 바라보는 대로 현실로 이루어졌다. 희생양이 사라지면 그녀를 괴롭히는 폭력자도 없는 것이다.

블레이크는 우리 존재의 깊은 변화를 묘사할 때 계시적인 표현(apocalyptic imagery)에 의지했다. 왜냐하면 우리 자신의 근원적 변화는 우리를 둘러싼 세계를 상호적으로 변화시키기 때문이다. 낡은 현실은 사라지고 새로운 것, 즉 우리의 새로운 상태를 반영하는 무한대의 가능성이 그 자리를 대신한다. 블레이크가 말했듯, 오류는 "인간이 더 이상 그것을 바라보지 않는 그 순간 불타 없어진다." (블레이크, 1965, p. 555)

이것들은 은유에 그치는 얘기가 아니다. 그녀가 평범한 상태에서 벗어나기로 했을 때 게일의 남편이 폭력을 멈췄던 바로 그때가 세계가 변하는 순간이다. 당신은 이 책에서 앞으로 리더십의 근원적 상태에 첫걸음을 내딛는 용기를 발휘할 때 우리를 둘러싼 세계가 어떻게 변화하는지 다양한 경험들을 만날 수 있을 것이다.

리더십의 근원적 상태에 들어가기 위한 준비

이 장이 당신에게 주는 의미에 대해 사색할 수 있는 조용한 시간을 선택하라. 최대한 진실할 수 있도록 노력하라.

명상을 위한 질문들

1. 게일 이야기의 전반부는 폭력에 시달린 여성이 남편을 떠날 결정을 내리는 이야기다. 당신에게 있어 이 이야기가 조직의 리더십과 어떤 연관성을 지니는가?
2. 게일의 남편이 그녀를 더 이상 때리지 않고, 또 가학적으로 대하지 않은 이유를 당신은 어떻게 설명하겠는가?
3. 과거와 근원적인 단절을 시도한다면 그것은 미약한 행위라 하더라도 혁명적이다. 당신의 경험 속에서 "원칙에 입각한 행동, 올바른 인식과 올바른 실천은 과거의 것들과는 철저히 다르다"는 것을 보여주는 사례를 떠올릴 수 있겠는가?
4. 게일은 후반부의 이야기에서 자신이 "부족한 사람이다"라는 생각에 얽매어 있었다는 사실을 설명했다. 당신도 이 같은 생각의 포로가 됐던 적이 있었는가? 또 그 같은 생각에서 탈출한 적이 있었는가? 만약 그랬다면 어떤 일이 일어났는가? 그렇지 않다면 게일의 이야기는 당신에게 다른 방식의 시도를 하도록 격려하고 있는가?
5. 당신만이 지닌 독특한 장점은 무엇인가? 그 독특함을 다른 사람과 공유한 적이 있었는가? 어떤 두려움이 다른 사람과 공유하는 일을 방해하는가? 당신만의 그 독특한 장점을 타인과 나눔으로써 당신은 타인에게 어떤 도움을 줄 수 있게 될까?
6. "그들은 그들 자신이 보는 대로 될 것이다"라는 말이 당신에게는 어떤 의미를 지니는가? 당신은 타인과 세계에 대한 당신의 시각을 근본적으로 바꾼 순간이 있었는가? 그 결과 당신은 어떻게 달라졌는가? "현실"이 어떤 방식으로 달라졌는가?
7. 당신이 희생자 처지에 놓였던 때를 기억해보라. 무슨 일이 일어났는가? 그로부터 벗어나려고 시도했는가? 결과는 어땠는가? 당신의 이야기가 리더십의 근원적 상태에 도달하는 것과 어떤 연관성이

있다고 생각하는가?

자기발전

1. 리더십의 근원적 상태에 들어가는 것이 무슨 의미인지 이 장의 설명을 써보아라. 당신의 현재 상태를 설명하는 글을 써보자.
2. 당신은 어떤 모습으로 변화하고 싶은지 기술해보자.

통찰의 공유

위 질문에 답하면서 공유하고 싶은 중요한 통찰이나 의미 있는 이야기가 있다면 딥 체인지 웹사이트(www.deepchange.com)를 방문해 게시판에 올려주기 바란다. 당신의 이야기는 많은 사람들에게 도움이 될 것이다. 다른 사람들이 올려놓은 이야기와 그들이 얻은 통찰을 보고 싶을 때도 이 사이트를 방문하면 된다.

4장
개인에게 활력 불어넣기

"나는 인생의 여정에서 중대한 기로에 서 있었다. 나는 내가 하리라고는 생각지도 못했던 결정을 내렸다. 이 결정은 내 삶을 변화시켰다. 나는 새 목표 의식을 갖게 됐다. 이 행동은 내 삶은 물론 나를 둘러싼 관계를 재충전시켰다."
-마크 실베버그

지금까지의 이야기들은 리더십의 근원적 상태에 들어섰을 때 발생하는 딥 체인지, 그리고 이것이 개인과 세상에 어떤 영향을 미치는지를 보여준다. 리더십의 근원적 상태는 일반적인 상태, 즉 안정 지향적인 상태와는 반대이다. 그래서 사람들은 이 같은 삶의 방식에 대해 매우 부담스러워하는 경향이 있다. 우리 자신의 자아를 초월하는 것, 불확실성에 뛰어드는 것, 개방적이면서 인지력을 확장하는 것, 우리 자신의 이중성에 도전하는 것, 목적 중심적인 것 등 이 모든 것을 지속하는 것은 무척 힘들고 어려워 보인다.

이와 같은 상태로 존재한다는 것은 실제로 힘든 일이다. 리더십의 근원적 상태에 들어선다는 것은 우리가 최상의 활동 상태에 있다는 것을 의미한다. 우리는 쉽게 지치고 종종 일반적인 상태로 돌아가려 한다. 리더십의 근원적 상태를 유지하는 것은 어려워 보인다. 하지만 리더십의 근원적 상태에 있다는 것은 늘 새롭다는 것을 의미한다. 오히려 일반적인 상태에 머물러 있으면 에너지가 소진되고 궁극적으로 점진적인 죽음에 빠지게 된다. 이것이 일반적인 상태가 갖고 있는 역설적인 측면이다. 우리가 안락과 안전에 집착하는 순간 우리는 자신이 지키고자 하는 것을 잃게 된다.

만일 우리가 감히 안전지대를 떠나 딥 체인지를 추구한다면 우리는 인생 한 부분에만 국한되지 않고 삶 전반이 다시 소생하는 경험을 하게 된다. 직장에서 리더십의 근원적 상태에 들어서면 가족관계에도 활력이 생긴다. 가정 내에서 리더십의 근원적 상태에 들어서면 직장 내의 관계에서도 활력을 얻게 된다. 마크 실베버그와 로저 뉴턴의 이야기를 살펴보자.

새로운 활력 얻기

마크 실베버그는 클리블랜드에 위치한 회사의 사장이다. 몇 년 동안 그는 자신의 모든 것을 회사에 쏟아 부었고 이제는 완전히 탈진상태에 빠졌다. 50세가 됐을 때, 그는 삶의 균형이 완전히 어긋났고 빠르게 삶의 의미를 잃어가고 있다는 것을 깨달았다. 결국 그는 10일간의 안식 휴가를 얻기로 했다. 이런 결정을 내렸을 때 그의 친구는 「딥 체인지」를 읽어볼 것을 권했다. 다음은 마크의 이야기다.

나는 그 책을 읽은 게 아니었다. 나는 그 책에 완전히 몰입해 버렸다. 나는 그 책에 밑줄을 긋고 형광펜으로 중요 부분을 표시하면서 읽었다. 또 집안에서 아내를 쫓아다니면서 그녀에게 해당하는 내용들을 흥미롭게 비교하면서 읽었는데, 그 부분은 책에서 가장 흥미진진한 부분이었다. 이 책은 의심할 바 없이 나의 삶을 완전히 뒤바꿔 놓았다. 이 책은 내 가치 체계를 명백하게 하도록 자극했다. 내 삶의 목적은 무엇인가?

나는 내 행동을 평가해야만 했다. 업무상 내 과업의 가치는 어느 정도였을까? 나는 내 언행에서 불일치하는 부분을 따져봤다. 결과는 그다지 좋지 못했다. 내 행동은 내가 진정으로 성취하고자 했던 것과 일치하지 않았다.

나는 가정생활도 관심 있게 살펴봤다. 나는 내가 가족에게 어떤 존재였는지를 떠올렸다. 20년이 넘는 결혼생활을 다른 관점으로 바라보기 시작했다. 아내와 나는 점점 멀어지고 있었다. 나는 내 아내는 물론 내 스케줄, 딸의 사춘기 시절 등 뭐든지 간에 잔소리하는 일에 만족하고 있었다. 나는 내 가족과 어떤 식으로 함께 살고 싶어하는지 되새겨봤다. 그 결과 나는 이제 가족들과 더 알찬 시간을 보내고 있다. 나의 이중성은 줄어들었고 더 풍요로우며 행복한 삶을 살게 됐다.

직장생활에서도 생각해봐야 할 문제들이 몇 가지 있었다. 중소기업의 사장으로 있는 동안 나는 사실상 미쳐 날뛰는 관리자처럼 행동했고 위기와 위기를 넘나들며 나 자신은 물론 다른 사람까지 지치게 만들었다. 나는 직장에서의 내 행동을 되돌아보기 시작했다. 이제까지는 훌륭한 의사 결정 과정이란 내가 올바른 결정을 내리고 다른 사람들이 이에 동의하도록 만드는 것이라고 생각했었다. 하지만 나는 그런 생각을 버렸으며, 새로운 의사 결정 과정에 눈을 떴다. 나는 직원들의 관심사와 지식, 흥미에 관심을 갖기 시작했다. 그 같은 능력이 내게 있을 것이라고는 나는 생각지도 못했다. 또한 나의 근본적인 욕구가 무엇인지 살폈다. 나는 8살 이후부터 취미인 사진에 굶주려 있었다. 나는 또 중동평화를 위한 지역 공동체 활동에도 더 이상 나가지 않고 있었다. 사진과 공동체 활동에 열정을 바칠 수 있는 시간이 없다고 생각하고 있었다. 나는 짬을 내기로 결심했다. 이 결정은 내게 새로운 활력을 불러일으켰다. 그 결정을 하면서 나는 오랫동안 외면해왔던 내 안의 목소리에 응답했다. 결과는 극적이었다. 나는 생기를 찾았다. 나는 새로운 차원의 행복과 충만함을 갖게 됐다.

내 인생의 여정에서 나는 중대한 기로에 서 있었다. 나는 내가 하리라고는 생각지도 못했던 결정을 내렸다. 이 결정은 내 삶을 변화시켰다. 나는 새 목표 의식을 갖게 됐다. 이 행동은 내 삶은 물론 나를 둘러싼 관계를 재충전시켰다.

마크는 문제가 있었다. 그는 지나치게 열심히 일했다. 사장으로서 열심히 일한다고 해서 그가 리더십의 근원적 상태에 있었다고 볼 수는 없다. 오히려 리더십의 근원적 상태와는 거리가 멀었다. 너무나도 분주했던 이 사장은 일반적인 상태에 있었을 뿐이다. 그는 점진적으로 죽어가고 있었다.

무자비한 영웅의 신화

아마 그토록 열심히 일한 마크에게 '안위 중심적'이며 '자기에게만 관심의 초점을 두고 있는' 인간이라는 평가를 내린다는 것이 부당하게 여겨질지도 모른다. 그는 회사의 이익을 위해 그 자신의 편안함과 스스로를 희생하지 않았던가?

우리가 일반적인 상태에 놓여 있을 때는 상황이 그런 식으로 파악될 것이다. 우리는 '추진력 있고' 일 외의 자기 삶을 등한시하면서 자신을 희생하는 리더에게 존경심을 갖는다. 하지만 실제로는 이 같은 사람은 외부요인에 휘둘리고 내면은 닫아놓고 있는 사람들이다. 개인적인 딥 체인지 과정을 거쳐 자신의 완전함을 회복하려는 시도보다 열심히 일하는 것이 훨씬 쉬운 일이라는 점에서 그들은 안위 중심적이다. 만약 그들이 정말로 솔직해진다면 그들은 자신들이 보여준 '희생'이 실제로는 그들의 자아, 그들이 만들어낸 현재 자신의 모습과 정체성을 지키려는 시도일 뿐이었다는 것을 인정할 수밖에 없을 것이다. 그들이 만약 진정한 조직의 대의에 관심을 둔다면 그들은 자신이 스스로의 삶은 물론 주위 사람들을 기진맥진하게 하면서 손실만 입히고 있을 뿐이라는 사실을 깨닫게 될 것이다.

여기서 나는 "무자비한 영웅(ruthless hero)"(칙센티미하이, 1997)의 이미지를 떠올려 본다. 칙센티미하이는 무자비한 영웅이 겪는 좌절에 관해 훌륭하게 기술하고 있다. 그는 작은 발상의 전환이 어떻게 강박 관념을 변화시키는지, 또한 성취 불가능하다고 하는 것들을 어떻게 이뤄내는지 상세히 묘사했다.

키스는 승진을 위해 상사에게 좋은 인상을 주려고 10년 아니 그 이상의 수고를 마다하지 않는 흔하디 흔한 관리자의 표본이었다. 그는 업무 과정에서 만약 필요하다면 자신의 개인적인 발전이나 가정생활을 포기하면서까지 1주일에 70시간 이상을 거뜬히 일하는 그런 사람이었다. 키스는 자신의 능력을 부각시키기 위해 모든 업적을 자신의 공으로 돌렸다. 이것이 다른 동료와 부하직원이 나쁜 평가를 받게 되는 일이어도 상관하지 않았다. 하지만 이런 노력에도 불구하고 그는 중요한 승진 건수에서 매번 배제됐다. 그는 자기 경력의 한계점에 도달하게 됐고 결국 다른 곳에서 보상을 찾기로 했다. 그는 가족과 보내는 시간을 늘렸다. 취미를 가졌으며 지역 사회 활동에 참여하기 시작했다. 더 이상 투쟁하듯 기를 쓰지 않게 되자 일을 대하는 것이 예전보다 편안해졌다. 그의 이기적인 행동이 줄었고, 자신만을 생각하지 않는, 보다 객관적인 사람이 됐다. 결국 그는 개인적인 목적보다는 회사의 성장을 앞세우는 리더처럼 행동하기 시작했다. 이제는 총지배인이 그를 눈여겨 보기 시작했다. 그는 바로 우리가 지도자로서 필요로 하는 사람이었다. 그가 자신만의 야망을 버리게 되자 그는 승진에 성공했다. 이 같은 사례는 그리 드문 것이 아니다. 리더의 위치에서 신뢰를 받으려면 자신의 목적만이 아니라 다른 사람의 발전에도 도움을 줘야 하는 것이다.(칙센티미하이, 1997, p. 113~114)

키스가 무자비한 영웅의 역할을 계속 추구하는 이상 그는 권력 투쟁의 덫에서 벗어날 수 없었다. 그가 세상을 대하는 방식대로 세상도 그를 대했다.

그가 창조하려고 매달렸던 시스템은 그를 공정하게 대하지 않았고, 그는 권력의 사다리를 오를 수가 없었다. 그의 관점에서 볼 때, 그는 시스템을 위해 모든 것을 희생했지만 정당한 보상을 받지 못했다. 그가 좌절하고 포기한 순간 희망이 나타났다. 그가 집착을 버리고 타인에게 관심의 초점을 맞춘 인간으로 변하자 조직은 그에게 이전과 다르게 반응했다. 키스는 이제 자기 자신은 물론 각 개인들의 능력이 인정받는 새로운 세계를 함께 창조해나가고 있었다. 그가 변했을 때 세계도 변했다. 세상에는 키스와 같은 사람들이 수없이 많다. 몇몇은 높은 직위로 올라가기도 한다. 그들은 자신이 리더라고 주장한다. 그리고 자신이 할 수 있는 모든 것을 하고 있다고 말한다. 아마도 그들은 자신이 가진 모든 에너지를 쏟아 붓고 있을 수는 있다. 그렇지만 이것이 그들이 할 수 있는 모든 일을 하고 있다는 것을 의미하지는 않는다. 아마 그들은 주위 사람들에게 큰 영향력(나쁜 영향력인 경우가 많다)을 행사할 것이다. 하지만 이런 점 때문에 그들이 리더십의 근원적 상태에 있다고 말할 수는 없다.

마크 실베버그는 자기 회사의 사장이었다. 하지만 그는 자기 내면의 목소리를 듣고 스스로의 이중성을 직시했을 때, 그리고 자신이 불가능하다고 여겼던 결정을 내리기 시작했을 때에야 비로서 리더가 될 수 있었다. 그는 가족이나 자기자신의 관심사에 더 많은 시간을 보냈다. 이런 모습이 실패로 향하는 행보로 보이겠지만 사실은 그 반대다. 그는 '허송세월 하는 것' 이 아니라 참된 삶을 선택했기 때문에 가정과 직장에서 새 활력을 얻게 됐다. 우리를 소진 시키는 것은 우리의 이중성과 자기자신에게만 관심의 초점을 맞춘 태도다. 우리가 목적 중심적이고 주체적이며 타인에게 관심을 두고 열린 사고로 외부상황을 받아들이면 우리는 자신도 모르는 내적인 에너지를 발견하게 된다.

마크에게 일어난 일은 누구에게나 일어날 수 있는 일이다. 오늘날의 기업조직에서는 더 많은 시간을 투자해야 한다는 압박감이 크다. 시간은 돈이고 직원들에게서 더 많은 시간을 뽑아내면 조직이 더 잘 돌아갈 것이라는 게 보편적인 문화적 전제가 됐다. 그래서 사람들은 완전히 균형을 잃어버렸다. 그들은 '무자비한 영웅'이거나 소모된 희생양이 된다. 그래서 회사에는 더 이상 진전이 없게 된다.

그 같은 상황에서 나는 많은 사람들이 마크와 똑같은 결론을 내리는 것을 지켜보았다. 두려운 일이지만 그들은 직장에서 더 이상 힘든 일을 하지 않기로 결심한다. 그들의 결심은 일을 덜하고 자신의 삶 다른 부분에 더 많은 시간을 보내는 것으로 귀결된다. 이것은 그들에게는 자기 내면의 목소리가 이끄는 대로 행동한 근원적 변화일 수 있다. 만약 그들이 그 목소리에 응할 용기를 발휘한다면 그들은 변화가 필요하다는 외부의 신호를 더 이상 외면하지 않았다는 점에서 근원적 상태의 리더십에 들어서게 된다. 그들은 더 이상 폐쇄적이지도, 외부요인에 휘둘리지도, 안위중심적이지도 않게 된다. 이들은 일을 덜 하게 됐지만 오히려 리더로서의 역량이 발전하는 역설적인 결과를 보여주곤 한다. 왜 그럴까? 마크가 답을 내린다. "이제까지는 훌륭한 의사 결정 과정이란 내가 올바른 결정을 내리고 다른 사람들이 이에 동의하도록 만드는 것이라고 생각했었다. 하지만 나는 그런 생각을 버렸으며 새로운 의사 결정 과정에 눈을 떴다. 나는 직원들의 관심사와 지식, 흥미에 관심을 갖기 시작했다. 그 같은 능력이 내게 있을 것이라고는 생각지도 못했다."

이 점을 우리가 2장에서 만난 로버트 야마모토와 비교해보자. 로버트는 그가 어떻게 그렇게 긍정적인 문화를 갖게 됐는지 의아해 했다. 그가 스스로에게 물었던 답에 대해 내린 결론을 상기해보라. "내가 내 자신의 불안정성과 이기심, 용기 부족에 정면으로 맞섰기 때문에 모든 것이 가능할 수 있었다." 리더십의 근원적 상태에 들어서면 우리는 주위의 사람들을 변화시킨다. 관계는 변하고 새로운 가능성과 새로운 패턴이 나타나게 된다. 자신의 완전함을 추구할 때 이전에는 우리 속에 존재하리라고는 도무지 믿을 수 없었던 자신을 발견하게 된다.

삶의 모든 영역에 새로운 활력을 불어넣기

로저 뉴턴은 마크와 비슷한 결정을 내려야 했다. 그는 큰 제약회사의 과학자였다. 물론 평범한 과학자가 아니었다. 그는 당대 최고의 판매고를 올릴 수 있는 약을 개발하는 팀을 이끌고 있었다. 그는 자신이 속한 회사에 막대한 부를 안겨줄 뿐 아니라 수백만 명의 삶을 개선시키는 일을 해왔다. 그는 안정적인 삶을 영위하는 것처럼 보였을 것이다. 하지만 로저는 당시 자신의 직장 내 상황에 대해 엄청난 불안감을 느끼고 있었다. 그는 다음과 같은 이야기를 들려주었다.

나는 직장생활에서 가장 큰 변화의 기점에 놓여 있었다. 나는 대다수 사람들이 원하지 않고 지지하지도 않는 구조조정 대상이었다. 우리는 신약을 개발하고 연구하는 기본적인 업무 범위를 심장 질환 치료에 집중하는 것으로 합의를 보게 됐다. 자신의 분야에 열정을 지닌 전문가들에게 이 같은 조직구조 및 업무범위의 변화는 그다지 반가운 일이 아니다. 불행하게도 '능력의 횡포(the tyranny of competence)'가 조직을 뒤덮었다. 우리는 점진적인 죽음의 과정을 받아들이느냐 아니면 딥 체인지를 위한 변혁적 순환구조로 들어가느냐를 놓고 몇몇이 모이거나 때로는 그룹이 함께 토론을 벌였다.

나는 당시 동료 과학자들과 꽤 든든한 관계를 맺고 있었다. 이들 동료와의 팀워크로 콜레스테롤 관련 연구 성과의 지평을 한 단계 넓힐 수 있었을 뿐 아니라 관련 기초 지식을 응용한 신약까지도 발견할 수 있었다. 구조조정 직후 나는 덫에 걸린 기분이었으며 배신감을 느꼈다. 그와 같은 조직적 변화를 어떻게 그와 같은 일방적인 명령으로 강제하는지, 조직의 리더십에 대한 의사 소통 부재에 나는 절망했다. 내가 「딥 체인지」라는 책을 접한 것은 바로 이때였다. 변화의 개념이 내 머릿속에서 공명하기 시작했다.

당시 나를 좌절시켰던 딜레마는 "조직을 어떻게 변화시키느냐, 그 변화 속에서 나는 어떤 역할을 할 것이냐"였다. 변화를 시도하려는 나의 노력 때문에 내가 이 회사를 떠나 새로운 직장을 구하거나, 어쩌면 새 회사를 공동으로 창업해야 할지도 모른다는 경고 신호는 무엇이었을까?

나는 항상 기업가 정신을 갖고 있긴 했지만 여태까지는 조직의 위계 질서 속에서 상부 관리조직의 지원 때문에 성공할 수 있었다는 점을 깨달았다. 이젠 더 이상 그 같은 지원이 없다. 내가 참여했던 프로그램들은 쪼개져 버리거나 아니면 비중 없는 부서로 합병될 위기에 처해 있었다. 나는 우리 회사에 딥 체인지를 시도할 수 있는 때가 오려면 몇 개월, 또는 몇 년이 걸릴 수 있다는 것을 깨달았다. 내가 과연 조직의 변화를 위해 희생양이 될 수 있을까? 변화를 원치 않은 조직을 변화시키기 위해 과연 지원을 받을 수 있을까? 더 이상 내가 믿음을 갖지 못하는 몇몇 리더들을 위해 내가 많은 피와 땀과 눈물을 흘릴 수 있겠는가?

간단히 말해 나는 큰 제약회사에서 안정적이지만 더 이상 희망이 없는 점진적인 죽음을 맞느니 불확실하지만 흥분되고 도전적인 진짜 기업인이 되기로 했다. 거기에는 「딥 체인지」라는 책과 많은 조언자들, 또 내 이야기에 귀를 기울여준 사람들, 그리고 내 공동 창업자들의 도움이 바탕이 됐다. 나는 1998년 5월 그 직장을 떠났다. 두 달 뒤인 7월 나는 '에스페리온(Esperion Therapeutics, Inc.)'이라는 회사를 창업했다.

로저는 '딥 체인지, 또는 점진적인 죽음'의 딜레마에 직면해 리스크를 안고서도 변화를 선택했다. 그는 거대하고 안정적인 위계조직의 안전지대를 떠날 시간이 됐다는 신호를 무시하지 않았다. 그는 미지의 세계를 두드렸다.

그는 자신의 회사를 시작하는 힘든 결정을 내렸다. 이 행위로 그는 리더십의 근원적 상태에 들어갔다. 로저의 그 이후의 이야기는 그 같은 결정을 내렸을 때 어떤 일이 일어나는가를 보여준다.

다른 세 명의 공동 창업자도 모두 「딥 체인지」를 읽었으며 이 책의 개념을 그들의 리더십 철학으로 받아들였다. 나는 모든 동료에게 이 책을 나눠줬고 조직 전체에 워크숍을 진행하면서 이 책의 교훈들을 활용했다. 그 결과 우리는 세 가지 중요한 가치에 바탕을 둔 조직 문화와 비전을 세웠다. (1)개인의 존엄 (2)과학부문에서의 탁월성 (3)활기 넘치는 팀 워크. 우리 회사의 목적은 '탐구하고 창조하고 제조하는 것'이었다. 우리 회사의 이름, 'Esperion'은 'esprit de corps(팀 워크)', 'esperance(희망)' 와 'ion(활동 혹은 근원)'의 의미를 내포하고 있다. 우리의 사명은 다음과 같다: "활기 넘치는 팀워크로 심장질환, 신진대사 질환 치료에 희망을 주는 신약을 발견하자."

지금까지 이 비전은 실현 가능한 것으로 보인다. 우리 회사는 이제 창립 5주년을 맞았다. 우리는 벤처캐피털과 나스닥 상장(나스닥 종목명:ESPR), 공모 펀드사의 투자, 2차 스톡옵션 등을 통해 총 2억 달러의 자금을 유치했다. 우리는 70여 명의 뛰어난 직원들의 노력으로 혈관 질환과 혈 지방질 장애 치료에 효과적인 네 가지 임상 후보 물질을 만들었다.

「딥 체인지」가 없었다면 나는 새로운 사업을 시작하지도, 더 나아가 내 배우자와 자녀들 친구들 간의 관계를 개선시킨 개인적 변화를 시도하지도 않았을 것이다. 나는 이 책이 내 인생에 가져다 준, 그리고 또한 내가 매일 함께 일하는 보물과 같은 동료들에게 가져다준 변화에 감사한다.

로저의 이야기는 직장상황에 대응해 변화를 시도한 내용이다. 특히 그의 놀라운 명제를 주목해보자. "(그 같은 변화는) 나의 배우자 자녀 친구들과의 관계를 개선시켰다." 우리는 인생에서 언제라도 리더십의 근원적 상태에 도달하기 위한 변화를 시도할 수 있다. 폭력적인 관계 속에서 깊은 변화의 순간을 겪은 게일을 상기해보자. 로저의 경우 그 같은 변화는 직장 속에서 일어났다. 하지만 두 사람 모두 한 분야에서의 변화가 자기 삶의 다른 부분에까지 영향을 미친 것이다.

우리는 머릿속에 직장과 가정생활 사이에 두터운 경계를 만들어 놓는 경향이 있다. 그러나 이 경계는 인공적인 구조물이다. 우리의 삶은 하나로 이루어졌다. 우리가 만약 직장에서 점진적인 죽음의 상태에 빠지면 그 영향은 직장 동료에게도 미친다. 배우자와 자녀에게도 마찬가지다. 반대로 우리가 활기를 되찾고 생동감 넘치는 삶을 산다면 우리는 조직 내의 사람뿐 아니라 중요한 관계를 맺고 있는 다른 모든 사람들에게도 영향을 미치는 것이다.

리더십의 근원적 상태에 도달하기 위한 준비

이 장이 당신에게 주는 의미에 대해 사색할 수 있는 조용한 시간을 선택하라. 최대한 진실할 수 있도록 노력하라.

명상을 위한 질문들

1. 직장에서의 리더십에 대해 마크는 원래 어떻게 정의내리고 있었는가? 그의 생각은 일반적인 것인가? 그가 기존의 정의를 버렸을 때 어떤 일이 벌어졌는가? 이 같은 일을 당신의 삶에 어떻게 적용할 수 있겠는가?

2. 마크가 자신의 가족과 그가 염원했던 것들에 이전보다 많은 시간

을 보내기로 결정했을 때 더 효율적인 리더가 됐다. 이 점을 어떻게 설명할 수 있는가?
3. "나는 그런 생각을 버렸으며 새로운 의사 결정 과정에 눈을 떴다. 나는 직원들의 관심사와 지식, 흥미에 관심을 갖기 시작했다. 그 같은 능력이 내게 있을 것이라고는 생각지도 못했다." 이 말이 리더십에 대한 당신의 관점과 어떻게 다르고 또 어떤 의미를 주는가?
4. 마크가 직장 외의 일에 더 많은 시간을 보내기로 결정한 반면 로저는 창업이라는 부담이 큰 일에 도전하기로 결정했다. 하지만 두 사람 모두 가정과 직장에서 한층 발전된 리더십을 경험했다고 기술하고 있다. 이를 어떻게 설명할 수 있겠는가?
5. 마크와 로저가 내린 결심은 리더십의 근원적 상태에 도달한다는 것의 의미를 어떤 방식으로 보여주고 있는가?
6. 당신이 스스로에게 활력을 주는 일을 했던 경험을 써보아라. 그 같은 경험에서 지금 무엇을 배울 수 있겠는가? 그 경험이 리더십의 근원적 상태와 어떤 관계가 있는가?

자기발전

1. 개인에게 활력을 불어넣는다는 것이 점진적인 죽음과 비교해 어떤 의미를 갖는지 설명해보자. 그리고 당신의 현재 모습을 묘사하는 글을 써보자.
2. 당신은 어떤 모습으로 변화하고 싶은지 기술해보자.

통찰의 공유

위 질문에 답하면서 공유하고 싶은 중요한 통찰이나 의미 있는 이야기가 있다면 딥 체인지 웹사이트(www.deepchange.com)를 방문해 게시판에 올려주기 바란다. 당신의 이야기는 많은 사람들에게 도움이 될 것이다. 다른 사람들이 올려놓은 이야기와 그들이 얻은 통찰을 보고 싶을 때도 이 사이트를 방문하면 된다.

5장
인지력과 진실성 높이기

"나는 내 관점으로만 상황을 바라보지 않고 다각적으로 바라볼 수 있게 됐다. 나의 사고력은 급격하게 증진됐다. 나는 더 명확하고 깊은 이해력을 갖고 상황을 보게 됐다."
-로버트 야마모토

미시건대학교 학부과정에서 방문교수로 강의했던 때의 일이다. 하루는 수업 중 학생들에게 가장 자주 드는 의문이 무엇인지를 물었다. 그때 맨 앞줄에 앉아 있던, 유난히 작은 여학생이 손을 들고 말했다. "저는 이제 곧 대학을 졸업해요. 하지만 전 12살처럼 보여요. 어떻게 하면 다른 사람들이 제 말에 관심을 갖고 들을 수 있도록 하죠?"

모두가 웃었다. 그건 비웃음이라기보다는 애정이 담긴 유쾌한 웃음이었다. 그녀는 다른 모든 사람들이 항상 던지고 있는 질문들 ―어떻게 하면 다른 사람들에게 신뢰를 얻을 수 있을까? 어떻게 하면 다른 사람들에게 주목받을 수 있을까? 어떻게 영향력을 가질 수 있을까? 나에게 다른 사람들과 차별화를 시도할 만한 영향력이 있을까? 어떻게 하면 내 주변에서 일어나고 있는 변화에 영향을 줄 수 있을까?― 을 그녀 나름의 방식으로 명확하게 표현한 것이다.

이 질문들은 타인을 이끌고 싶어하는 인간의 욕망을 반영한다. 지금까지의 이야기를 통해 어떤 사람이 조직 내에서 차지하고 있는 직위와 근원적 리더십과는 아무 연관이 없다는 것이 분명해졌을 것이다. 리더십의 근원적 상태에 도달하는 것은 누구나 선택할 수 있는 것이고 또 일단 그 상태에 도달하면 크나큰 영향력을 발휘할 수 있는 역량을 갖게 된다. 그러나 나는 남녀노소를 불문하고 대다수의 사람들이 조직 내에서 자기 목소리를 거의 내지 못하고 있다고 확신하며, 심지어 자기 의견을 갖는 것조차 불가능한 경우도 있다고 생각한다. 뭔가 해보려고 노력했지만 오히려 나쁜 결과만 초래하는 경우도 있다. 그들은 조직이 속성상 침묵을 강요하는 것이라고 생각할 것이다. 그래서 자기들의 행동에 대해서도 끝없는 변명을 늘어놓으며 정당화할 수 있을 것이다. 1장의 로먼 윌리처럼 사회생활에서 그 어떤 파장도 만들지 않는 삶을 선택하는 것이다.

그런데 이런 사람들에게 문제는 꼭 예외의 인물이 있다는 것이다. 최근 내 동료 중 한 명은 '조직이 어떻게 여성을 침묵하게 하는가'에 대해 심도 있게 비판한 적이 있다. 그녀는 "여자가 조직에서 제 목소리를 내려면 꼭 '나쁜 여자'가 돼야 한다"고 주장했다. 그래서 나는 우리가 둘 다 알고 있는 한 여성을 거명했다. 그 여성은 조직 내에서 자기 주장을 제대로 펴고 있었고 아무도 '나쁜 여자'라고 헐뜯지도 않는 사람이었다. 내 동료는 잠시 생각하더니 "그 여자는 특별 케이스"라고 답했다.

내 동료의 말은 맞다. 내가 말한 여성은 남들과는 분명 다른 점이 있다. 그녀는 유달리 긍정적이고, 그런 예외적인 측면이 '조직은 여성을 침묵하게 한다'는 법칙을 깨는 것이다. 그런데 그녀만 그런 것이 아니다. 모든 조직에는 소수이긴 하지만 자기 의견을 발전시켜나가는 사람들이 있다. 이들은 외향적인 사람도 있고 내성적인 사람도 있다. 그런데 무엇인가가 이 사람들로 하여금 리더십의 근원적 상태를 추구하도록 노력하게 한다. 그들은 자기자신에게만 맞춰진 관심의 초점을 외부로 넓히게 된다. 결과적으로 그들은 다른 대부분의 사람들이 보지 못하는 것을 보게 된다. 인지력이 넓어지면 새로운 차원의 진실성을 추구하고픈 욕구가 생긴다. 그들은 서서히 죽어가는 대신 딥 체인지를 선택한다. 그리고 새로운 유형의 영향력을 갖게 되며 새로운 목소리를 내게 된다.

인지력과 진실성의 확장

우리는 제니퍼라는 젊은 여성의 이야기를 통해 인지력이 확장된다는 것이 무엇을 의미하는지, 진실성을 갈구하고 자신의 의견을 펼쳐나가는 것이 무엇인지를 배울 수 있을 것이다. 제니퍼의 이야기다.

> 2년 전(서른 살이었을 때) 나는 회사에서 변화 관리자 임무를 맡게 됐다. 아주 새로운 직책이었고 회사 경영진에게 직속으로 보고하게 되는 자리였다. 나는 변화관리에 대한 책을 몇 권 읽어보긴 했지만 관리자로서의 경험은 전무했다. 나는 내가 그 직책을 수행하기에는 경험부족이라고 여겼다. 그래도 나는 회사가 제안한 그 임무를 기꺼이 받아들였다.
> 처음 몇 달간은 모든 직급에 있는 10여 명의 사람들과 개인적으로 면담을 했다. 면담 과정에서 나는 내가 함께 일하게 될 사람들에 대해 많은 것을 깨닫게 됐고, 각 업무의 역사와 현안에 대해 배울 수 있었다. 그건 내가 이제까지 느껴보지 못했던 벅찬 경험이었고 생각의 지평을 넓혀주는 기회였다.

이 글에서 우리는 제니퍼가 이미 근원적 상태의 리더십으로 움직이기 시작했다는 조짐을 포착할 수 있다. 제니퍼는 리스크를 떠안을 준비가 돼 있었다. 그녀는 외부 요인들에 마음의 문을 열었고 그건 '이제까지 느껴보지 못했던 벅찬 경험이며 생각의 지평을 넓혀주는 기회'가 된 것이다. 그녀의 변화는 이보다 더 심도 있게 이루어진다.

> 그건 내 인생에서 중대한 변화의 순간이었다. 관리자가 되면서 나

는 예상치 못했던 관점의 변화를 겪게 되었다. 갑자기 퍼즐의 그림을 좀 더 높은 데서 볼 수 있게 된 것에 비유할 수 있을 것이다. 나는 내가 갖고 있던 비즈니스와 경영에 대한 몇몇 신념들을 재고해보게 됐다. 운이 좋게도 나에게는 믿을 만한 동료들과 얼마 전 관리자로 진급한 몇 친구들이 있었다. 우리 사이에서 공감대가 형성됐고 새로운 직무를 맡게 되면서 겪는 좌절이나 두려움, 또 성공의 경험들을 공유할 수 있게 됐다. 내가 안고 있었던 가장 큰 어려움은 자신감이 없다는 것이었다. 나는 어리고 경험이 부족하기 때문에 사람들이 내가 하는 말을 우습게 들을까 겁이 났다.

그러던 중 미시건대학교에 개설된 로버트 퀸 교수의 리딩 체인시 세미나(Leading Change Seminar)에 참가하게 됐다. 그건 나에게 중대한 전환점이 된다. 다른 참가자들은 내가 부족하다고 생각하는 것들 -경험과 조직 내 영향력- 을 갖고 있었다. 나는 스스로가 어린애같이 느껴졌다. 그렇지만 그런 상황에 처하면 항상 그래왔듯 나는 태연한 척 수업에 참가했다. 수업이 끝날 때쯤에는 내가 생각보다 경험이 풍부한 사람이라고 느끼게 됐다. 물론 그 경험들은 기존에 생각했던 것과는 다른 개념들이다. 그렇지만 그런 경험도 관리자로서의 경험 못지않게 중요하다는 것을 알게 됐다. 지난 몇 년간 나는 많은 변화 과정을 겪었었고 그런 상황에 어떻게 하면 유연하고 신속하게 잘 대처할 수 있는지를 배웠던 것이다. 또 수업과정에서 우리는 자기 자신과 타인들에게 마음을 열고 솔직해질 것을 독려받기도 했다. 나는 진심에서 우러나 행동할 때 다른 사람들이 내 얘기에 귀를 기울인다는 것을 배웠다. 내가 두려워하고 있더라도 말이다.

더 중요한 것은 수업을 통해 내 인생을 더 많이 이해하도록 이끈 개념을 알게 된 것이다. 그것은 변화형 인간에 대한 개념이다. 이 개념에 대한 설명을 들었을 때 나는 내가 그 개념을 온전히 이해하고 있다는 사실을 깨달았다. 나는 어린애였을 때조차도 변화를 이끄는 사람에 대한 이야기에 관심을 가졌고 그들의 행동에 매혹되곤 했다. 다만 이 수업 전까지는 내 스스로가 변화 관리자가 될 수 있을 것이라고는 미처 생각하지 못했다. 나는 수업을 통해 그 사실을 깨닫게 됐고 지금까지 중요한 결정을 내릴 때마다 지침으로 삼아왔다.

나는 내가 조직의 변화를 촉진할 수 있다는 것을 알게 됐다. 그리고 새로운 경험과 의견들을 열린 마음으로 마주하는 것이 내 스스로의 능력에 회의감을 갖는 것보다 훨씬 더 효과적이라는 것도 알았다. 이는 내가 다른 사람들의 변화를 이끌 수 있다는 사실뿐 아니라 그 방법론까지도 제시해줬다. 세미나가 끝나고 회사로 복귀했을 때 나는 여러 가지 면에서 다른 사람이 돼 있었다. 내 권위에 더 이상 의문을 품지 않았다. 내가 부여받은 임무를 더 편안하게 수행할 수 있게 된 것이다.

역설적이게도 제니퍼는 자기 자신에 기울이던 관심의 정도를 낮춤으로써 오히려 자신의 새로운 면모를 발견하게 됐다. 그녀는 자의식을 조금 줄임으로써 더 자신감을 갖게 됐다. 그렇지만 리더십의 근원적 상태에 도달한다고 해서 우리가 안고 있는 많은 문제와 현안들이 해결될 것이라고 생각하는 것은 착각이다. 반대로 우리는 고뇌에 찬 수많은 밤을 보내야 할 것이다. 중요한 것은 우리가 그런 문제들에 어떻게 대응하는가이다. 안전지대에 머물 것인가, 아니면 열린 마음으로 다리를 놓아가면서 그 다리를 건널 것인가를 선택하는 것이다. 제니퍼의 이야기가 이어진다.

그렇지만 언제나 순풍에 돛단 듯 문제가 해결됐던 것은 아니다. 세미나 과정이 끝나고 얼마 안 돼서 나는 초기에 나를 많이 도와줬던 동료 한 사람과 사이가 멀어지게 됐다. 그건 내게 끔찍한 충격이었고 난 마치 어두운 곳에서 갈 길을 잃은 것 같았다. 우리는 여전히 함께 일하고 있지만 과거처럼 경험을 공유하거나 아이디어를 주고받는 일은 더 이상 없다. 그건 내가 바꿀 수 없는 일이기에 받아들일 수밖에 없는 상황이었다. 나는 무엇인가를 잃었다고 생각하지 않기로 했다. 대신 그 경험이 고통스러웠던 만큼 분명 전화위복의 결과가 나타날 것이라고 믿었다. 그런 확신이 내가 그 고통을 이겨나가는 데 도움이 됐다.

믿음이 깨져버렸을 때조차 열린 마음을 유지하기란 정말 힘든 일이었다. 그렇지만 열린 마음으로 무엇인가를 추구할 때 더 많은 것을 얻게 된다는 것을 깨달았다. 처음에는 너무 괴로워서 내 마음을 추스르기가 힘들었다. 그렇지만 나는 사람들을 멀리 하기보다는 내 주위에 있는, 나를 지지해줄 수 있는 동료들을 찾았다. 의기소침해지거나 내가 상처받을 수 있는 상황을 아예 차단하기보다는 사람들을 계속 믿기로 한 것이다.

내가 더 개방적인 마음을 가지려고 노력한 것이 업무를 추진하는 데 굉장한 도움이 됐다. 우리 회사가 추진하고 있는 변화를 이해하고 있었고 그 변화가 조직원들에게 어떤 영향을 미칠 것인지를 잘 알고 있었기 때문에 나는 변화에 영향을 받게 될 사람들과 많은 시간을 보냈다. 나는 그 사람들이 변화를 앞두고 느끼는 두려움이나 희망을 편하게 얘기할 수 있는 상대가 되어야 했기 때문에 그들의 신뢰를 얻어야만 했다. 여러 차례 만남을 가지는 동안 내 외향적인 성격이 빛을 발하기 시작했다. 나는 내가 다른 사람들과 친해지려는 성향이 강하다는 것을 알게 됐다. 난 나의 이런 성격을 억누르지 않았다. 대신 사람들과 내 감정이나 경험을 더 많이 공유했다. 그 결과 사람들도 나를 더 열린 마음으로 대하게 됐다. 또 사람들이 자신의 이야기를 나에게 더 많이 할수록 나는 사람들과의 관계에서 비롯되는 더 많은 책임감을 느끼게 됐다. 사람들을 대하는 인내심이나 배려하는 마음도 예전보다 커졌다. 마음을 열면 열수록 다른 것들도 자연스럽게 더 많이 변화하기 시작한다는 것을 깨닫게 됐다.

믿었던 사람과의 관계가 틀어지는 아픈 경험에도 불구하고 제니퍼는 마음의 문을 닫는 대신 더 진실한 마음으로 사람들을 대했다. 그녀는 직장 내에서 개인적 변화를 겪었고 삶의 다른 부분들에서도 변화를 경험하기 시작했다.

이런 변화를 경험한 것은 직장뿐이 아니었다. 가족과의 관계에도 변화가 생기기 시작했다. 작년에 나는 부모님들이 급격한 변화를 겪던 시기를 함께 지냄으로써 그들과 더 가까워지게 됐다. 예전이었다면 내 가족들은 스트레스가 커지면서 신경이 예민해져 아마도 함께 지내기가 어려웠을 것이다. 그렇지만 작년은 상황이 달랐다. 그건 내가 새롭게 배운 것들 덕분이었다. 처음으로 나는 부모님들을 대하면서 과거에는 느낄 수 없었던 힘과 인내심을 가지게 됐다. 그분들이 기대하는 게 무엇인가를 생각하기보다는 지금 필요로 하는 것이 무엇인가를 기준으로 부모님들을 대했다.

인간관계가 좋아지는 것을 느끼면서 내 변화과정에 더욱 고무됐다. 내게 필요한 것들을 더 적극적으로 찾았고, 과거라면 절대 시도해보지 않았을 일도 용기있게 추진할 수 있었다. 나는 완전히 개조되고 있었고 내 잠재력을 꺾을 만한 요인들은 제거했다. 그러면서 나는 다른 사람들에게 더 효과적으로 문제의 해결방향을 제시해줄 수 있게 됐다. 과거의 내 모습을 떠올릴 때면 다시는 그때로 돌아가고 싶지 않다는 생각을 한다.

제니퍼의 이야기는 딥 체인지나 리더십의 근원적 상태에 도달하더라도 우리가 계속 높은 수준의 인지력과 진실성, 에너지를 유지하지는 못한다는 것을 보여준다. 리더십의 근원적 상태에 도달한다고 실패나 의심, 고통 등으로 괴로워하는 일이 사라지는 것도 아니다. 때때로 우리는 일반적인 상태로 돌아갈 것이다. 그렇지만 우리가 '변화' 라는 여정을 계속하기로 한 이상 변화는 영구적이 되어 다시 과거의 모습으로 돌아가는 걸 상상조차 할 수 없게 된다.

인식 확장에 관한 7가지 교훈

제니퍼가 그녀의 이야기에서 얼마나 '인식의 변화' 라는 개념을 강조하고 있는지 주의 깊게 살펴보라. 그녀는 처음 변화를 시작했을 때는 본인의 능력이 불충분하다고 느꼈다. 그 후 그녀는 생각을 바꿔놓는 사건들을 겪게 된다. 처음에는 단지 그녀의 역할이 바뀌었을 뿐이었다. 관리자가 되면서 제니퍼는 더 높은 자리에서 조직을 바라보게 됐고 자신이 갖고 있던 신념을 재고하게 됐다. 신념을 재고한다는 것은 새로운 현실을 본다는 것이다. 새로운 역할을 맡게 되는 것은 제니퍼로서는 상상도 못한 일이었다. 그렇지만 계속되는 그녀의 변화과정에서 우리는 최소한 7가지의 인식변화 요인들을 찾아볼 수 있다.

첫째, 제니퍼는 지원이 필요하다는 것을 인식하게 된다. 그녀는 한 명의 믿을 만한 동료가 갖는 중요함을 깨닫는다. 제니퍼와 동료는 모두 조직 내에서의 역할에 변화가 생기면서 좌절감이나 두려움, 희망 같은 감정들을 함께 나누게 된다. 여기에 중요한 교훈이 있다. 변화의 과정을 걷는 것은 고독한 일이다. 친한 사람 중에서 자신을 도와줄 수 있는 사람을 찾는 것이 중요하다. 많은 사람들이 멘토나 코치, 지원군을 찾는 걸 주저하지만 이것은 우리가 반드시 해야 할 일이다.

둘째, 제니퍼는 중요한 발견을 한다. '나는 내가 생각했던 것보다 더 많은 경험을 갖고 있었다'는 것이다. 그녀는 회사 경력 이외에도 많은 경험이 있다는 것을 깨닫는다. 대부분의 사람들처럼 그녀는 참고할 만한 과거의 경험들이 있었다. 그녀는 자신의 인생에서 변화의 과정을 겪었던 일들을 다시 점검해봤다. 그녀는 그런 상황들에서 '어떻게 하면 유연하고 신속하게 잘 대처할 수 있는지를 배웠던' 사례들을 떠올렸다. 제니퍼는 내가 '순응적 자신감(adaptive confidence)'이라고 부르는 개념을 수행했던 적이 있다. 이는 결과가 불확실하더라도 계속 변화를 추진해나갈 수 있는 신념을 의미하는 것으로, 목표를 지속적으로 명확하게 세우고 계속 변화를 추진하며 피드백을 열린 마음으로 받아들이는 것이 더 좋은 결과를 온다는 것을 확신하는 것이다.

그녀는 또 세미나를 통해 중요한 개념을 알게 됐다고 말했다. 그녀는 변화형 리더십의 개념을 알게 된다. 그녀는 그 이미지에 항상 매료돼 있었다고 고백했다. 그리고 그녀는 "내 스스로가 변화 관리자가 될 수 있을 것이라고는 미처 생각하지 못했다"고 말하게 됐다.

제니퍼의 이 말은 의미가 크다. 나는 지난 10년간 세계 각국, 다양한 조직의 상하직급에 있는 많은 사람들을 만나 이 개념을 설명해왔다. 대부분의 사람들은 내 얘기의 타당성에 시비를 걸지는 않는다. 다만 내 얘기가 자신들과 관련이 없다고 지적한다. 사람들은 딥 체인지가 영웅들에게나 해당하는 것으로 여길 뿐 일반인들이 수행할 수 있는 행위로는 생각하지 않는 게 공통적인 반응이다.

나는 이런 반발을 접할 때마다 제니퍼가 했던 것처럼 과거 그들이 경험했던 변화의 순간들을 묘사하게 한다. 제니퍼가 자신이 변혁을 주도하는 리더십(transformational leadership)을 가질 수 있다고 생각하게 된 것은 그녀 과거의 경험에서 '순응적 자신감'을 발견했기 때문이다. 제니퍼가 특별한 사람은 아니다. 우리 모두 은행계좌에 거래내역이 있는 것처럼 변화와 관련된 경험을 갖고 있다. 나는 사람들이 절대 아니라고 믿는 일 —자신이 이미 리더십의 근원적 상태를 경험했다는 사실— 을 깨닫도록 하는 데 많은 노력을 기울이고 있다. 많은 사람들은 이미 어떤 식으로든 딥 체인지를 경험했다. 제니퍼처럼 평범한 사람들이 자신에게서 최상의 모습을 발견했을 때는 놀라곤 한다. 그들은 여기서 얻은 통찰력을 바탕으로 스스로의 역량을 강화하게 된다. 결국 영웅이란 점진적인 죽음으로 가는 길을 과감히 떨쳐버리고 리더십의 근원적 상태에 도달한 평범한 사람인 것이다.

셋째, 변화주도 세미나를 듣고 난 후 제니퍼는 더욱 진솔한 사람이 된다. 그녀는 개방적이고 신뢰감을 주는 분위기로 커뮤니케이션을 이끌어가게 된다. 이 같은 분위기에서는 더 많은 것들을 배울 수 있게 된다.

넷째, 제니퍼는 자신이 상황을 통제할 수 없다는 사실을 깨닫는다. 그녀의 역할은 '촉매제'였다. 대부분의 사람들은 조직의 변화를 주도하면서 촉매역할을 한다는 것이 무엇인지 잘 이해하지 못한다. 흔히 변화를 주도하기 위해서는 통제력을 가져야 한다고 생각할 것이다. 특히 어느 정도의 상위직급에 있는 사람들에게는 촉매역할을 한다는 것이 권력을 포기하고 위축되는 것처럼 여겨질 수도 있다. 그렇지만 사실 촉매역할은 엄청난 영향력을 갖고 있다. 우리가 공적으로 얼마의 권력을 갖고 있건 간에 결코 변화를 통제할 수는 없다. 이런 개념은 일반적인 상태에 있는 사람들을 두려움으로 움츠리게 할 것이다. 그렇지만 리더십의 근원적 상태에 도달해 있다면 이는 전혀 다르게 받아들여진다. 이 경우 서로가 더 신뢰하는 관계를 쌓아가는 법을 배우고 타인과 함께 다리를 놓아가면서 그 다리를 건너는 데 동참하게 된다. 만약 변화의 과정을 통제하고 사람들을 원하는 방향으로 억지로 밀어붙이려 한다면 다리를 놓는 작업은 더 이상 진전을 보지 못할 것이다. 사람들이 움직이는 것처럼 보이긴 하지만 실제 나타나는 결과는 아무것도 없게 된다.

다섯째, 제니퍼는 효과적으로 '지옥을 통과하는 법'을 배웠다. 불확실성의 세계로 뛰어든다는 것은 기분 좋은 일은 아니다. 종종 번민에 휩싸이기도 할 것이다. 제니퍼 역시 처음에 그녀의 가장 좋은 동료를 한 명 잃었다는 사실을 상기하기 바란다. "그건 내게 끔찍한 충격이었고 난 마치 어두운 곳에서 갈 길을 잃은 사람같이 느껴졌다." 제니퍼는 덫에 걸렸던 것이다. 그녀는 어떻게 그 난관을 헤쳐나왔는가? 다음의 말을 깊이 새겨듣기 바란다. "그건 내가 바꿀 수 없는 일이기에 받아들일 수밖에 없는 상황이었다. 나는 무엇인가를 잃었다고 생각하지 않기로 했다. 그 경험이 고통스러웠던 만큼 분명 전화위복의 결과가 나타날 것이라고 믿었다. 그런 확신이 내가 그 고통을 이겨나가는 데 도움이 됐다."

제니퍼는 변화에 대해 신념을 갖고 있었기 때문에 지옥을 무사히 걸어 나올 수 있었다. 이런 상황에서는 대부분의 사람들이 두 가지 경우 중 하나를 택하게 된다. 하나는 비참하게 느끼거나 분노에 차서 상대를 비난하거나 변화를 포기하게 되는 것, 또 하나는 파문을 일으킬 수 있는 상황 자체를 만들지 않는 것이다. 이런 경우 우리는 더 이상 무엇을 시도하지 않게 되고 따라서 깨닫는 것도 없게 된다. 앞이 보이지 않는 불확실한 상황에서 중요한 것은 무엇을 해야 할지 몰라도 계속 전진하는 것이다.

앞으로 나아가다보면 깨달음의 순간이 온다. 제니퍼는 당혹스러운 상황을 받아들였을 뿐 아니라 오히려 기회로 생각했다. 그녀의 믿음이 깨졌지만 여전히 마음의 문을 열고 믿음을 주기로 했던 것이다. 그리고 그럴수록 그녀는 다른 사람들을 변화시켰다. 사람들은 믿음과 열린 마음을 갖고 그녀를 대하기 시작했다. 그녀가 "감정적으로 통제가 힘들었던 순간" 조차도 사람들은 그녀의 지원군이 돼줬다.

여섯째, 제니퍼는 사람들과의 관계를 더 풍성하게 만드는 법을 배우게 된다. 직원들과의 면담 과정에서 제니퍼는 그녀 조직의 본질에 대해 새로운 시각을 발전시키게 된다. 그녀는 사람들에 대해 더 많이 알게 됐고, 그들이 어떤 방식으로 연결돼 있거나 어긋나 있는지를 깨닫게 됐다. 그녀는 진짜 도전이 무엇인지를 알게 됐다. 그녀는 처음으로 자신이 속해 있는 시스템에 대해 더 깊이, 더 넓은 차원에서 볼 수 있게 됐다. 그 과정에서 그녀는 사람들과의 연계감이 더 깊어졌다. 이후 제니퍼는 사람들이 자신을 더 지원해줬다고 말한다. 그들은 왜 그랬을까?

그녀 자신을 바꿈으로써 제니퍼는 변화의 촉매제가 됐다. 그녀가 사람들에게 지지를 보내고 있었기 때문에 그녀는 다른 사람들의 지지를 끌어낼 수 있었다. 리더십의 근원적인 상태에 도달함으로써 그녀는 시스템에서 사람들과의 연계 방식에 변화를 주게 된 것이다. 그녀는 사람들과 어떻게 연계돼 있는가가 중요하다는 것을 깨달으면서 이를 더 윤택하게 하기 위해 노력했다. "내가 더 개방적인 마음을 가지려고 노력한 것이 업무를 추진하는 데 굉장한 도움이 됐다. 우리 회사가 추진하고 있는 변화를 이해하고 있었고 그 변화가 조직원들에게 어떤 영향을 미칠 것인지를 잘 알고 있었기 때문에 나는 변화에 영향을 받게 될 사람들과 많은 시간을 보냈다. 나는 그 사람들이 변화를 앞두고 느끼는 두려움이나 희망을 편하게 얘기할 수 있는 상대가 돼줘야 했기 때문에 그들의 신뢰를 얻어야만 했다."

일반적인 상태에서 제니퍼가 명시하고 있는 교훈을 귀담아 들으려는 고위 경영자들은 많지 않다. 그들은 '진짜 업무'를 보느라 너무 바쁘다. 사실 그들은 자신들이 할 줄 아는 일들을 하느라 바쁜 것이다. 이것이 그들의 안전지대가 갖는 본질적인 특성이다. 그들은 변혁을 이끌어가면서도 시스템 내의 사람들과 인적 연계를 강화해야 하고, 인적 연계를 강화하려면 사람들의 진솔한 이야기를 듣고 나누는 데 더 많은 시간을 투자해야 한다는 이야기를 들으려고 하지 않는다.

제니퍼는 진실성과 연계성에 대해 중요한 깨달음을 얻는다. 첫째, 그녀는 자신이 그것을 할 수 있다는 것을 알게 됐다. 그런 후 그녀는 자신이 본능적으로 사람들과의 관계를 만들어가려는 욕구가 있다는 것을 알게 됐다. 결국 그녀는 정서적으로 사람들과 공유할 수 있는 여지를 확장시킬 수 있는 역학 관계를 발견하게 됐다. 그녀가 남을 의식하는 자세를 버리고 자신의 본능대로 다른 사람들과 자신의 감정이나 경험을 더 많이 공유하게 됐을 때, 그녀는 사람들이 그녀에게 마음을 더 열 수 있는 여지를 갖추고 있었다. 그녀는 말한다. "사람들이 자신의 이야기를 나에게 더 많이 할수록 나는 사람들과의 관계에서 비롯되는 더 많은 책임감을 느끼게 됐다. 사람들을 대하는 인내심이나 배려하는 마음도 예전보다 커졌다. 우리가 마음을 열면 열수록 다른 것들도 자연스럽게 더 많이 변화하기 시작한다는 것을 깨닫게 됐다."

일곱번 째, 제니퍼는 우리가 4장에서 마크 실베버그와 로저 뉴턴에게서 배웠던 교훈을 깨달았다. 우리가 리더십의 근원적 상태에 도달할 때 진실한 자기 자신이 깨어나 모든 분야에서 변화의 촉매 역할을 하게 된다. 마크는 직장 외의 삶과 관련해 근본적인 결심을 내렸고, 그로 인해 자신의 직장생활이 개선됐다. 로저처럼 제니퍼는 자신의 직장생활과 관련된 근본적인 결정을 내렸고, 그로 인해 가족과의 관계가 개선됐다. 그녀는 자기 가족과의 관계가 달라졌고 그들과 더욱 가까워지게 됐다고 기술하고 있다.

마지막으로 제니퍼는 "내가 안고 있었던 가장 큰 어려움은 자신감이 없다는 것이었다. 나는 내가 어리고 경험이 부족하기 때문에 사람들이 내가 하는 말을 우습게 들을까 겁이 났다"는 말로 이야기를 시작했다. 제니퍼는 그러나 조직에 있는 사람의 대부분이 깨닫지 못하는 심오한 발견을 하게 된다. "나는 진심에서 우러나 행동할 때 다른 사람들이 내 얘기에 귀를 기울인다는 것을 배웠다. 내가 두려워하고 있더라도 말이다."

사람들은 노력을 했음에도 조직 내에서 자기 주장을 펴는 것이 불가능하다고 말하곤 한다. 나는 그런 사람들이 제니퍼처럼 리더십의 근원적 상태에 도달하지 못했고 그들 마음의 핵심에서 우러난 커뮤니케이션을 시도하지 않았다고 생각한다. 인지력과 진실성이 커질 때 조직 내에서 자신의 주장도 설 자리가 생기는 것이다.

일부 사람들은 내 얘기를 잘못 이해하곤 한다. 그들은 제니퍼나 로만 월리 같은 사람들의 역량이 커지게 된 사례를 듣고는 "바로 그거야. 회사로 돌아가면 상사에게 하고 싶은 말을 다 하겠어"라고 말한다. 그러면 나는 그들의 시도가 확실히 실패할 것이라고 말해준다. 이 말을 들으면 그들은 혼란스러워 한다. 리더십의 근원적 상태에 도달한다고 와일드 카드를 손에 쥐게 되는 것은 아니다. 진실해진다는 것이 마음속에 쌓아뒀던 좌절감을 밖으로 쏟아낸다는 의미는 아니다. 진실해진다는 것은 목적 중심적이고 주체적으로 행동하며 관심의 초점을 타인에게 기울이고 열린 사고로 외부상황을 받아들이는 것이다. 즉 상사에게 공격을 퍼붓는 것이 정답이 아니라는 것이다. 리더십의 근원적 상태에 도달한다는 것은 그보다는 훨씬 어려운 일이다. 우선 우리 스스로가 바뀌어야 한다. 리더십의 근원적 상태에 도달하게 되면 상사와 대면하는 일이 우리가 상상했던 것보다 훨씬 도전적인 과제가 될 지도 모른다. 그것은 우리가 예전보다 상사와 조직, 또 우리 스스로에 대해 더 많이 염려하고 생각하기 때문이다. 우리가 상사에게 공격을 퍼붓는 것은 화가 나서일 수도 있고 애정이 있기 때문일 수도 있다. 이 두 가지 상반된 마음 자세는 같은 행동이라 해도 전혀 다른 결과를 가져온다.

지금까지 살펴본 이야기들에서 우리는 제니퍼가 발견한 것과 유사한 사실들을 찾을 수 있다. 제니퍼처럼 리더십의 근원적 상태에 도달한 사람들은 종종 자신이 인지력과 진실성이 급격하게 커지는 것을 경험하곤 한다. 이는 타인과의 관계에 엄청난 영향을 끼치게 된다. 게일 파커의 이야기다.

> 이 같은 관점의 변화는 세상을 바라보는 시선과 태도까지 변화시켰다. 확실히 내 고객들은 나의 이 같은 변화로부터 도움을 받았다. 나는 그들이 자신의 허약함과 결점을 포용할 수 있도록 도와주었고, 역설적이지만 그들의 결점과 허약함을 강점으로 바꿀 수 있게 했다. 내가 이전보다 덜 방어적이고 덜 보호적이면서, 상처받는 것을 감내할 수 있다는 자세로 개방적이 됐고, 내 자신을 더 존중하게 됨으로써 내 가족들과 친구들도 얻은 것이 많았다. 이 같은 변화는 나를 그들과 더 친밀하고 가깝게 만들어주었다.

게일은 조셉 캠벨이 주장했던 "영웅이 여정을 마치고 돌아왔을 때 그의 역량은 강화됐고 조직의 역량도 강화시켰다"는 주장을 몸소 보여주고 있다. 로버트 야마모토 역시 비슷한 감정을 느끼게 된다. "나는 내 관점으로만 상황을 바라보지 않고 다각적으로 바라볼 수 있게 됐다. 나의 학습력은 급격하게 중진됐다. 나는 더 명확하고 깊은 이해력을 갖고 상황을 보게 됐다."

이 주장은 중요하다. 리더십의 근원적 상태에 도달하게 되면 우리는 전에는 볼 수 없었던 것들을 보게 된다. 전에는 사용하지 않던 렌즈를 끼게 되기 때문이다. 일반적인 상태에서 흔히 하는 '이것 아니면 저것'이라는 식의 생각은 줄어들고 양쪽을 두루 보게 되면서 기존의 낡은 카테고리나 정의를 뛰어넘게 된다. 이런 종류의 비전은 우리의 진실한 모습을 드러내 보일 수 있는 용기를 갖게 되는 것과 분리되지 않는다. '사람들은 그들이 바라보는 대로 자신의 실체가 형성된다(As a man is, so he sees)'는 윌리엄 블레이크의 시구처럼 인지력과 진실성은 함께 오는 것이다.

리더십의 근원적 상태에 들어가기 위한 준비

이 장이 당신에게 주는 의미에 대해 사색할 수 있는 조용한 시간을 선택하라. 최대한 진실할 수 있도록 노력하라.

명상을 위한 질문들

1. 제니퍼가 자신의 과거를 돌아봤을 때 그녀는 자신도 몰랐던 본인의 자산을 발견하게 된다. 그 자산은 무엇이었는가? 당신의 과거에는 어떤 자산이 있는가? 자신이 갖고 있는 자산을 발견하는 것이 당신을 더 진실해지도록 하는가?

2. 변혁적 리더십의 개념과 관련해 제니퍼는 "수업을 듣기 전까지, 나는 내가 변화 전도사가 될 수 있으리라고 생각하지 못했다"고 기술했다. 사람들이 변화의 전도사가 되는 것을 가로막는 요인은 무엇인가? 무엇이 당신을 주저하게 하는가?

3. 왜 많은 사람들이 변화의 전도사가 된다는 것이 변화 과정을 통제(주도)한다는 것과는 반대의 개념이라는 것을 제대로 이해하지 못하는 것일까? 당신은 변화의 전도사를 직접 만났던 경험을 회상해 볼 수 있는가? 그 사례를 돌이켜 볼 때 당신은 변혁적 리더가 되려고 시도하는 과정에서 어떤 것을 배울 수 있었는가?

4. 제니퍼가 동료와의 신뢰가 깨졌을 때 어떻게 대응했는가를 살펴보자. 누군가 당신의 믿음을 저버렸을 때 당신은 어떻게 할 것인가? 당신이 관심을 본인에게 쏟기보다는 일의 목적에 집중했다면 당신은 다르게 대응했겠는가?

5. 제니퍼는 "내가 진심에서 우러나 행동했을 때 사람들은 내가 두려워하고 있었음에도 불구하고 내 이야기에 귀를 기울였다"고 말했다. 당신은 어느 선까지 솔직하게 행동할 수 있는가? 어떻게 하면 당신이 진실한 마음으로 사람들을 대하는 빈도를 늘릴 수 있겠는가?

6. 조직 내에서 사람들과의 연계를 강화하는 데 당신은 얼마나 많은 시간을 투자하는가? 당신은 최근 자신의 얘기를 다른 사람들과 공유하고 다른 사람의 얘기를 듣는 과정에서 무엇을 배웠는가?

7. 당신은 상처받을 것을 감수하고 솔직해짐으로써 당신의 인지력이 확장되는 것을 경험한 적이 있는가? 그렇다면 그 경험을 통해 당신은 무엇을 배울 수 있었는가?

자기발전

1. 당신이 어느 정도나 솔직하다고 느끼는지 생각해보고, 그로 인해 당신이 주변 현실을 인지하는 능력에 어떤 영향을 받고 있는지 숙고해보자. 오늘날 당신의 모습을 글로 써보자.
2. 당신은 어떤 모습으로 변화하고 싶은지 기술해보자.

통찰의 공유

위 질문에 답하면서 공유하고 싶은 중요한 통찰이나 의미 있는 이야기가 있다면 딥 체인지 웹사이트(www.deepchange.com)를 방문해 게시판에 올려주기 바란다. 당신의 이야기는 많은 사람들에게 도움이 될 것이다. 다른 사람들이 올려놓은 이야기와 그들이 얻은 통찰을 보고 싶을 때도 이 사이트를 방문하면 된다.

6장
나를 변화시켜 타인까지 변화시키기

'영웅의 여행'을 떠나 미래의 전도사가 될 각오가 됐는가? 아니면 현재의 능력에 지나치게 의존하고 있거나 기존의 구조에 매몰된 나머지 어떤 수준의 변화든지 선택사항으로 놓고 있는 것은 아닌가?

-톰 존스

변화를 겪은 사람들의 이야기를 통해 우리는 리더십의 근원적 상태에 도달한 사람들의 삶이 어떻게 달라졌는지를 생생하게 확인할 수 있었다. 그들의 이야기는 개인의 변화가 조직에까지 어떤 변화를 가져오는지를 시사해주기도 한다. 여기에서 더 발전시켜 6장과 7장에서는 개인의 변화가 조직의 딥 체인지에 어떤 식으로 중요한 역할을 하는지를 살펴보고자 한다. 이를 통해 우리가 평소 생각하고 있던 리더십과는 완전히 다른 방식으로 접근하게 될 것이다.

리더십의 근원적 상태에 도달한다는 것은 점진적 죽음으로 이르는 악순환을 끊는 것이라고 앞서 설명했다. 목적 중심적이고 타인에게 관심의 초점을 맞추며 주체적으로 행동하고 개방적으로 외부상황을 받아들이는 태도를 갖기 위해 노력하면 희망이 커지고 다른 긍정적인 감정들이 솟아나게 된다. 긍정적인 감정들은 인지력을 확장시키고 사고력과 비전, 이해력을 증진시킨다는 연구결과도 있다(카메론, 더튼, 퀸, 2003). 긍정적인 정서와 긍정적인 사고가 상호교류를 하면서 에너지가 증진되고, 이는 시너지 효과를 내게 된다.

리더십의 근원적 상태에 도달한 사람들의 에너지와 품성은 전염된다. 우리는 스스로 변화하면서 변화의 살아있는 상징이 된다. 채터지(Chatterjee)의 표현에 따르면 우리는 "변화를 야기하는 메타포(metaphors that bring about metamorphosis)"가 된다. 우리 주변에 있는 사람들은 우리에게 이끌려 역량을 강화한다. 이런 과정을 통해 '발생적 조직화(emergent organizing)'가 이루어진다. 발생 조직화란 전통적인 개념의 리더 한 사람이 변화를 이끄는 것이 아니라 여러 명이 조직을 구성해나가는 과정을 이끄는 것이다.

발생적 조직은 어려운 개념이다. 우리는 계급 사회에 너무나도 익숙해 있기 때문에 발생 조직화를 겪으면서도 이를 잘 설명하지 못한다. 리더십 연구가인 위틀리와 켈너-로저스는 연구논문(1996)에서 발생조직을 자가조직(self-organization)으로 표현한다. 이는 시스템이 스스로 조직을 만들어나간다는 의미다.

자가조직의 예를 멀리서 찾을 필요는 없다. 우리 모두 이 과정을 자주 경험하게 된다. 우리는 필요한 경우가 생기면 타인과 힘을 모은다. 그리고 중요한 정보나 수단을 구한다. 우리는 창조적으로 생각하고 신속하고 행동한다. 그런 후에 효과적인 해결방법을 찾아내게 된다. 그렇지만 우리가 무엇을 했는지 어떻게 설명할 수 있는가? 명확치 않았던 과정들이나 예기치 못했던 결과들, 창조적인 통찰력이 갑자기 떠올랐던 일들을 설명할 수 있는가? 아니면 우리가 매 단계에서 누군가의 통제를 받았다고 할 수 있는가? 우리가 그 놀라운 과정들을 말로 표현했는가, 아니면 단지 계획을 실행에 옮겼을 뿐인가? 우리가 개척한 것을 자랑했는가, 아니면 단지 우리가 예측한대로 결과가 나왔다고 말하고 마는가? 분석을 중시하는 문화 때문에 우리는 많은 부분을 그냥 덮어버리게 되고 우리 자신에 숨어 있는 자가조직의 가능성을 보지 못하게 된다.

우리는 1장의 마이크 알비스가 군대조직에서 겪었던 변화의 사례에서 발생적 조직화의 과정을 살펴볼 수 있었다. 군대는 그 어떤 조직보다도 명령에 의해 변화될 것으로 여겨진다. 그러나 이는 사실이 아니다. 신세키 장군은 변화의 촉매제가 됐다. 장군 스스로 용감하게 변화했고 이는 마이크처럼 조직 내 다른 사람들의 변화를 유도했다. 예상치 못한 방식으로 변화에 동참하는 사람들이 늘었고 변화를 막을 수 없는 지점에 이르게 됐다.

이것이 발생적 조직화의 핵심이다. 리더들이 변화를 이끌어갈 것이라는 우리의 생각과 달리 조직 내의 딥 체인지는 관리되거나 통제될 수 있는 것이 아니다. 변화는 전염병처럼 비선형적인(nonlinear) 방식으로 퍼져나간다. 변화를 주도한다는 것은 사회적 변혁의 리더가 되는 것이다. 다른 사람들을 리더십의 근원적 상태로 이끌게 되고, 그들은 다리를 놓아가면서 다리를 건너가는 일에 동참하게 된 것이다. 랠프 네이더는 "나는 리더십의 기능이 더 많은 리더를 만드는 것이라는 전제로 일을 시작했다. 추종자를 만드는 것이라고는 생각하지 않았다"고 말했다. 이 말은 변화를 효과적으로 주도하고자 하는 사람에게 중요한 조언이다.

저항적 조직

지금까지 내가 제시한 변화에 대한 설명은 일반적 상태에서 보는 것과는 대조적이다. 일반적인 상태에서 우리는 균형을 유지하기 위해 위계에 따라 수직적으로 통제할 수 있는 시스템을 만든다. 위계에 따라 통제하게 되면 사람들은 변화가 불가피한 상황에서도 딥 체인지를 거부하게 된다. 일반적인 상태에서는 변화를 주도하기보다는 변화를 관리하고자 한다. 이는 점진적인 죽음으로 이르는 길이다.

이 같은 내부적인 저항 때문에 조직의 변화를 이끄는 일은 누구에게도 반가운 업무가 아니다. 이는 변화를 이끈 경험이 있었던 사람에게도 마찬가지다. 여기에 변화를 주도한 리더로서 경험이 많은 톰 존스의 이야기가 있다.

그는 변화를 원치 않는 조직을 변화시켜야 하는 일을 맡았었다.

　나는 성인이 된 후 조직을 성공적으로 변화시키는 일을 해왔고 그 변화과정에서 비중있는 역할을 했다고 생각해왔다. 하지만 그런 자부심은 1995년 CIGNA의 개인보험부문 사장으로 선임되면서부터 사라지기 시작했다.
　개인보험은 회사의 간판 사업 중 하나였고 130년의 역사를 통해 끊임없이 혁신적인 상품으로 성장을 거듭한 성공적인 사업 부문이었다. 하지만 그 시기에 회사는 중대한 갈림길에 서게 됐다. 사업은 성장을 계속하긴 했지만 선두 기업들의 성장 속도에 비하면 뒤떨어지고 있었다. 우리의 사업규모나 시장 접근법에 문제가 있었다. 시장의 관심은 CIGNA의 사업방향과 맞지 않았다. 소비자들은 직장 내 근로환경 개선에 더 큰 관심을 가졌고, 개인상품과 서비스보다는 종합적인 재무관련 솔루션을 원했다.
　분명 변화가 필요한 조직인데 조직원들 사이에서는 변화에 대한 거부감이 만연해 있었다. "과거 방식으로도 잘 하고 있는데 왜 새로운 방식의 사고와 행동이 필요한가, 이미 검증된 방식으로 성장도 하고 수익도 나는데 왜 불확실한 시도를 하는가?" 하는 의문이었다.

　톰의 이야기에서 변화과정에 나타나는 일상적인 요소들을 찾아볼 수 있다. 첫째는 자만이다. 나는 과거에 조직의 변화를 성공적으로 이끈 수많은 경영자들을 알고 있다. 그들은 새로운 과제에 직면했을 때 자신감을 갖고 일을 시작하지만 곧 난관에 빠지게 된다. 이들이 좌절을 겪는 이유 중 하나는 모든 조직들은 다 제 각각의 특징이 있다는 것 때문이다. 또 다른 이유는 경험 있는 변화 관리자들은 그들이 과거 왜 성공할 수 있었는가를 제대로 이해하지 못하고 있기 때문이다. 처음 변화를 이끌면서 그들은 나름대로의 지식을 습득하게 된다. 그들은 이 지식이 성공 요인이라고 여기게 된다. 그래서 다음에 변화를 이끌게 됐을 때는 그 지식을 적용만 하면 된다고 생각한다.

우리가 과거 경험으로부터 얻은 지식은 자산임에는 분명하다. 그러나 성공적인 변화를 이끄는 요소는 실제 직면하고 있는 상황에서 배워나갈 수 있는 능력이다. 지식은 유용하긴 하지만 변화 과정에서 핵심적인 사항은 학습 능력인 것이다. 과거 이들이 성공할 수 있었던 것은 리더십의 근원적 상태에 도달하기로 결심했기 때문이다. 목적중심적이고 관심의 초점을 타인에게 맞추고 있으며, 주체적으로 행동하며 개방적으로 외부상황을 받아들이는 과정을 통해 그들은 기하급수적인 속도로 배우게 되고 타인들이 변화 과정에 동참하도록 이끌게 된다. 과거의 성공을 재현하려면 그들은 다시 리더십의 근원적 상태에 도달해야 한다. 사람들은 불확실성의 세계에 들어갈수록 정확한 피드백을 구하게 된다. 그 과정에서 사람들은 자신들이 속한 자신들만의 시스템이 어떻게 변화해야 하는지에 대한 독창적인 이론을 정립하게 된다. 성공이 따르게 되면 사람들은 변화를 어떻게 이끌어야 하는지를 알게 됐다는 결론에 이르고 다음 조직을 어떻게 변화시켜야 하는지에 대해 가정을 설정하게 된다.(이 과정에 대한 자세한 사례는 9장에서 볼 수 있다.)

톰의 이야기 역시 '딥 체인지 또는 점진적 죽음'의 핵심적인 단면을 보여준다. 회사에서는 문제점이 대두된다. 성장률은 선두에 있는 경쟁 기업들보다 뒤처진다. 회사의 일부 조직은 회사 전체의 방향에서 분리되고 있다. 그러나 조직은 여전히 성장한다. 성장은 성공의 지표다. 변화가 필요하다는 톰의 주장은 새로운 전략을 세우자는 것이고 이는 여태까지 조직을 성공으로 이끌어왔던 모든 것들을 버리자는 것이나 다름없다. 이는 사람들에게 안전지대에서 벗어나기를 요구하는 것이다. 그들은 다리를 놓아가면서 다리를 건너기를 요구받고 있는 것이다.

다리를 놓아가면서 다리를 건넌다는 것은 굉장히 불안한 상황이다. 실시간으로 배워나가야 하기 때문이다. 그것은 현재의 나 자신을 버리고 새로운 자아를 받아들이는 것을 의미한다. 이런 도전에 직면하는 것을 사람들은 거부한다. 사람들은 그들이 기존에 알고 있는 것에 집착한다. 과거에 그들이 성공을 했던 방식에 매달리는 것이다. 그들은 현재의 상태를 유지하기 위해 지푸라기라도 잡는 심정으로 변명을 늘어놓는다. 그 같은 상황에서 사람들은 톰이 지적했던 사람처럼 항변한다. "이미 성공이 입증된 방법이 있는데 왜 불확실한 모험을 해야 하는가?" 하고 말이다.

마이크 알비스가 깨달았던 것처럼 이렇게 항변하는 사람들은 적이 아니다. 사실 그들은 결정적으로 성공을 이끄는 숨어 있는 요소들이다. 그들은 먼저 자신이 처한 위치를 깨달아야 한다. 시간이 흐르면 대부분의 사람들은 딥 체인지를 할 수 있는 능력을 갖게 된다. 다만 도움이 필요한 것이다. 톰의 이야기다.

나는 우리 조직의 새로운 성장 전략을 위한 지원과 조직원들의 열의를 얻어내기 위해 내 자신의 말과 행동, 그 이상의 것이 필요했다. 특히 리스크를 감수하는 만큼 경영진들을 설득하기 위해서는 나와는 관련이 없는 독립적인 승인이 필요했다. 때마침 내가 접하게 된 책이 「딥 체인지」이다.

책은 개인보험 조직이 당면하고 있던 과제들뿐 아니라 조직이나 개인들이 선택해야 하는 것들에 관해 명확히 제시해주고 있었다. 나는 이 책의 내용을 다른 직원들과 논의했다. 변화는 천천히 이루어졌고, 회의적인 반응도 나왔지만 개인보험 조직과 관계된 사람들이 모두 동조하기 시작했다. 그것은 마치 전등에 불이 들어오는 것과 같았다.

책을 읽고 주제를 논의하면서 조직원들은 개인보험조직이 전형적인 '딥 체인지 또는 점진적인 죽음'의 딜레마에 놓여 있다는 것을 깨달았다. 그들은 지난 몇 년간 이룩한 성과가 사실은 실패를 향한 동력이 됐다는 것을 알았다. 또 많은 조직 구조가 현재의 안정상태를 유지하는 것을 조장하고 있고 전략적 변화를 거부하게끔 하고 있다는 것을 깨닫게 됐다. 이런 새로운 시각은 우리도 새로운 조직을 창조할 수 있다는 비전으로 발전했다.

개인적인 차원에서도 책은 내 자신을 포함해 조직원들에게 변화를 향한 열의를 시험하는 자극제가 됐다. '영웅의 여행'을 떠나 미래의 전도사가 될 각오가 됐는가? 아니면 현재의 능력에 지나치게 의존하고 있거나 기존의 구조에 매몰돼 있어 어떤 수준의 변화든지 선택사항으로 놓고 있는 것은 아닌가?

일부 사람들은 이런 자기평가 과정을 거쳐 적극적으로 사태를 회피하는 경우도 있다. 그러나 대부분은 한 사람이 전체 시스템을 비꿀 수 있고 팀이 변화를 이끈다면 우리의 과거 모습처럼 미래 역시 역동적이고 설득력 있게 바뀔 수 있다는 점을 이해하게 된다.

나는 임원들과 함께 변화에 헌신적인 모습을 보여 다른 조직원들에게 모범이 되기로 했다. 우리는 새로운 전략방향에 열정을 보였고 적극적인 지원을 보냈다. 해가 지나면서 '딥 체인지'는 우리가 새로운 전략을 수립하고 리스크를 과감히 떠안는 데 지침이 됐고 영감을 줬다. 그리고 우리는 다리를 놓아가면서 다리를 건너는 일에 편안함을 느끼게 됐다.

이 이야기는 예상과 다른 결론을 맺는다. 일부 독자들은 개인 보험팀이 새로운 전략을 성공적으로 적용해 CIGNA에서 없어서는 안 될 조직이 됐다고 예상했을 것이다. 그러나 이 이야기에는 반전이 있다. 1996년 후반 CIGNA는 새로운 전략에 따라 개인보험부문을 다른 생명보험사에 매각했다. 조직에는 물론 충격이었다. 하지만 조직을 마비시키고 파괴시키는 사건은 아니었다.

개인보험부문의 매각은 조직 변화과정의 일환으로 받아들여졌다. 변화의 중요성(변화를 향한 여정의 가치)은 조직의 문화가 됐다. 이 같은 발전은 성공적인 미래를 위한 발판이 됐다. 개인보험 부문의 직원들은 여전히 훌륭했고 그들은 장기적인 성공을 위해 근원적으로 변화를 추구하는데 헌신적이었다. 이것이 1995년의 상황과 다른 점이다.

발생적 프로세스로서의 조직적 변화

리더십의 근원적 상태에 도달하는 것은 다른 사람들을 딥 체인지의 과정에 초대하는 것이다. 이것이 톰의 이야기의 핵심이다. 톰은 「딥 체인지」라는 책을 나눠줌으로써 첫걸음을 내디뎠다. 그는 조직이 필요로 하고 있는 변화의 의미를 논의하는 데 요구되는 언어와 개념을 다른 사람들에게 제공했다. 그는 조직 구성원들을 변화의 과정으로 초대한 것이다. 결과적으로 조직 구성원들은 조직 구조의 문제점과 변화의 필요성을 거부하는 본인들의 태도를 깨닫게 됐다.

톰의 이야기에서 특히 중요한 것은 '우리가 비전을 만들어갈 수 있다'는 사실을 새로 깨닫게 된 것이다. 우리는 톰의 조직에 처음에는 구체적인 비전이 없었다는 것을 발견할 수 있다. 대신 그들에게서 '우리가 비전을 만들 수 있다'는 비전이 떠오른 것이다.

많은 책들은 리더들이 명확한 비전을 가져야 하는 필요성에 대해 쓰고 있다. 그와 같은 견해는 종종 리더의 비전이 하늘에서 내려온 반드시 지켜야 하는 의무사항인 것으로 들리기도 한다. 변혁적 프로세스에는 대체적으로 사람들이 원하고 있는 일반적인 결과, 즉 이루어내야 하는 결과가 있다. 그러나 이런 종류의 비전은 시간이 지나야 나오는 것이다. 우리가 원하는 결과를 추구하는 과정에서 어떻게 새로운 조직으로 거듭날 것인가에 대한 비전이 나오는 것이다. 그것은 미리 선언될 수 있는 성격의 것이 아니다. 그것은 발생적인 것이다. 즉, 다리를 놓아가면서 다리를 건너가는 과정의 일부인 것이다.

결과적으로 톰과 그의 조직원들은 사건의 본질에 접근하게 된다. 그들은 변화에 대한 그들의 의지를 점검해야 했다. 비록 톰이 기업 변화에 경험이 있었지만 그 역시 자기변화에 관한 성찰을 다시 해야만 했다. 그와 조직 구성원들은 불확실성의 세계에 벌거벗은 채 뛰어들 용기가 있는가? 그들은 리더십의 근원적 상태에 도달하는 과정의 전형이 되기를 원하는가?

조직의 상부에 있던 일부 사람들은 이 질문에 '아니다' 라는 결론을 내렸다. 그리고 조직을 떠나야 했다. 이 부분 역시 주목할 가치가 있다. 변화의 시기에 상부 경영진 중에 강력한 저항세력이 있는 것은 일반적인 현상이다. 대부분은 변화할 수 있는 능력이 있지만 일부는 그렇지 않다. 이들은 일반적으로 조직 내에서 강력한 영향력을 지닌 유능한 사람들이다. 그렇기 때문에 우리는 이들 영향력 있는 저항자들을 제쳐두고 변화를 추진하려는 유혹에 빠지기 쉽다. 실제로 이런 변화과정에서 종종 발견하게 되는 문제점은 최고 경영진들이 '능력의 횡포' 에 직면하기를 꺼려한 나머지 변화과정에 동참하기를 거부하는 사람들을 제거하는 것을 원치 않는다는 데 있다. 톰이 '한 사람이 시스템을 변화시킬 수 있다' 고 기술했듯 한 명의 반대 의지를 가진 고위임원은 참담한 영향력을 행사할 수 있다. 이런 사람들은 드러내놓고 그들의 반대의사를 주장하지 않는다. 대신 그들은 의식적으로 또는 무의식적으로 변화 과정을 거부한다.

변화를 이끄는 리더는 뜻을 함께하는 팀을 발전시킬 필요가 있는데, 그 팀은 최고 경영진이 아닌 경우가 많다. 오히려 공식적인 구분을 뛰어넘는 네트워크로 구성될 때가 많다. 시간이 흐를수록 변화는 더욱 많은 사람에게로 확산되고 결국 변화를 결정짓는 다수의 사람들이 구성된다.

2장에서 언급했던 로버트 야마모토의 이야기를 되짚어볼 수 있다. 로버트는 그 자신을 변화 주도자로 여겼다. 그는 '새로운 방식으로 도전을 받아들이고 함께 해결책을 찾아가려는 결정적인 다수' 에 대해 얘기했다. 이것이 바로 사회적 변혁이 이루어지는 방식이다. 우리는 모든 사람을 바꿀 수 없다. 또 그럴 필요도 없다. 조직을 필요한 방향으로 이끄는 데는 결정적인 다수만 필요할 뿐이다.

결정적인 다수를 확보하게 되면 조직에 엄청난 영향력을 가질 수 있게 된다. 로버트는 회의에서 "새로운 에너지가 솟아올랐다"고 표현했다. 새로운 에너지로 그룹은 새로운 견해와 능력을 갖게 된 것처럼 보였다. "과거에 상상할 수도 없었던 일이 이제는 너무 쉽게 이루어지는 것처럼 보였다"고 그는 말했다.

우리 자신이 변할 때 조직도 변한다

로버트는 자신의 조직에서 일어난 엄청난 변화에 대해서 언급하면서 과거에는 불가능하게 느껴졌던 일이 왜 쉬워 보이고 어떻게 긍정적인 조직문화가 생겨났는지 의아해했다. 그런 후 여기에 스스로 답을 내린다. "불안정한 상황과 이기적이고 용기가 부족한 내 자신에 대항했기 때문에 이 모든 일들이 가능해졌다."

로버트는 이 책의 핵심 내용, 즉 우리는 스스로를 변화시킴으로써 조직을 변화시킬 수 있다는 것을 설명하고 있다. 이는 사람들이 받아들이기 어려워하는 개념이다. 우리는 실패하거나 역량이 줄어들 때 다른 사람들과 주변 여건 때문에 나쁜 일들이 일어난다고 생각한다. 사실 이것은 맞는 말이다. 우리 주변의 사람들은 일반적인 상태에 있다. 그들은 관심의 초점을 자신에게만 맞추고 있다. 이와 같은 분위기가 집단적으로 작용하면 불신을 확대하고 역량을 떨어뜨리는 요인으로 작용한다. 불행스럽게 우리도 이와 같은 상태에 머물고 있다. 우리는 세상을 있는 그대로 받아들이고, 우리가 보는 방식대로 변화하게 된다. 일반적인 상태에서 우리는 자기변화를 통해 조직을 변화시킨다는 개념이 넌센스라고 생각한다. 그러므로 우리는 "난 내가 할 수 있는 건 다 했지만 시스템을 바꿀 수 없었다"고 말하게 된다.

이와 같은 발언들은 우리가 조직을 움직일 수 있는 역량이 얼마나 되는가를 반영한다. 왜냐하면 우리가 받아들일 수 있거나 심지어 생각해 볼 수 있는 변화의 이론은 우리가 어떤 상태에 있는가에 따라 결정되기 때문이다. 이 점을 설명하기 위해 우리가 변화를 이끌어낼 수 있는 다양한 방법들을 살펴보겠다.

인간관계에서 변화를 이끌어내는 3가지 일반적인 방법

일반적인 상태에서 우리는 균형을 추구한다. 이 상태에서 우리는 안정지향적이고 외부요인에 휘둘리며 관심의 초점을 자기 자신에게 맞추고 폐쇄적으로 사고한다. 우리는 사회적 교류와 경제적 거래관계로 이루어진 세상에 살고 있다. 이 같은 시스템에서 중요한 목표는 사회적 지위와 자산을 확보하고 고통과 형벌을 피하는 것이다. 새로운 현실이 우리가 움켜쥐고 있던 가치를 위협하고 미지의 세계로 나아가도록 요구할 때 우리는 저항하게 된다. 우리는 자기기만적인 태도로 변하기도 한다. 왜냐하면 우리 스스로 변화가 필요하다고 말하지만 우리가 가진 것을 잃을까 하는 두려움 때문에 사실은 우리를 크게 위협하지 않는 범위 내에서만 변화를 시도하기 때문이다.

일반적인 상태에서 우리는 대체로 변화를 이끌기 위해 두 가지 전략을 쓴다. 하나는 변화에 대해 논리적인 주장을 하는 '말하기(Telling)'이고, 다른 하나는 해고나 배척 등 위협적인 수단을 쓰는 '강제하기(Forcing)'이다. 자주는 아니지만 때로는 세 번째 전략인 '참여하기(Participating)'를 사용하기도 한다. 참여하기는 개방적인 대화를 하고 윈-윈 전략을 추구하는 것이다. (이 3가지 전략은 친과 벤이 1969년 발표했던 이론을 단순화한 것이다.)

말하기 전략은 사람들이 이성에 의해 움직인다는 가정을 전제로 한다. 만약 사람들이 변화하는 것이 자신의 이익에 가장 부합한다고 판단한다면 그들은 기꺼이 변화할 것이다. 이 경우 변화에 대한 저항은 무지에서 비롯된 것이다. 이 같은 저항에 맞서려면 변화를 이끄는 사람은 사람들에게 진실을 알려줄 필요가 있다. 그러면 사람들의 저항도 사라질 것이다. 그러나 우리 대부분이 알고 있듯이 이는 그리 간단치가 않다.
　말하기 전략은 사람들이 크게 노력을 투입해도 되지 않는 상황일 때 가장 효과적이다. 어떤 사람이 내게 자동차 타이어에 구멍이 날 것 같다고 말해준다면, 나는 타이어를 점검함으로써 그 말의 진위 여부를 확인해볼 수 있다. 그리고 나는 '내 차에 좋은 타이어가 필요하다'는 가장 효율적인 판단을 내릴 수 있을 것이다. 타이어를 바꾸는 것은 상대적으로 쉬운 일이다. 나는 타이어를 바꾸는 일에 정서적으로 개입돼 있는 것도 아니고, 또 타이어를 바꾸고 나면 더 안전하게 운전할 수 있다는 확신도 있다. 나는 무엇을 해야 하는지 알고 있고, 이를 위해 배워야 할 것도 거의 없다. 이는 자연스럽게 일어나는 변화이고, 상대적으로 쉬운 일이다.
　만약 누군가 내 운전습관이 잘못돼 있어 차가 쉽게 마모되고 손상되기 때문에 운전하는 방식을 바꿔야 한다는 지적을 했다고 가정해보자. 그리고 운전습관을 바꾸는 것은 좋은 투자가 될 것이고, 단지 주말에 강의를 듣기만 하면 된다는 제안을 받았다고 생각해보자. 이제 나는 내 근본적인 태도를 변화시킬 것을 요구받게 된 것이다. 그 지적이 옳은지 그른지 즉각적으로 판단할 방법도 없다. 게다가 나는 수업을 들어야 하고 내 운전방식 자체를 바꿔야 하는 것이다. 그 같은 지적은 좋게 들리지 않는다.
　말하기 전략은 중대한 행동의 변화가 필요한 순간에는 효과적이지 못하다. 왜냐하면 이 전략은 인간의 편협한 인지능력에 의존하고 있기 때문이다. 말하기 전략은 사람들이 갖고 있는 가치나 태도, 감정과 결부될 때 효과적이지 못하다. 사람들은 변화의 이유를 이해하고 있다고 하더라도, 변화를 위해 고통이 수반되는 과정을 겪기를 원치 않는다. 변화 대상이 변화를 거부할 때 변화를 이끄는 사람은 좌절감을 맛본다. 그리고 두 번째 전략으로 넘어가게 된다.
　강제하기 전략은 권력을 이용해 사람들을 변화하도록 하는 것이다. 일반적으로 정치적·경제적 권력이 사용된다. 그 방법은 교묘하게 뒤에서 조종

하는 것부터 물리적인 힘을 가하는 것까지 포함한다. 강제하기 전략은 때로 분노나 저항을 불러일으키고 근본적인 관계 자체를 파괴하기도 한다. 그러므로 이 전략은 건전하고 열정적인 변화(시스템을 유지하고 톰의 설명에 따르면 '문화 자체가 되는' 변화)에 필요한 자발적인 헌신을 이끌어내지는 못한다.

일반적인 상태에서 우리는 타인의 변화를 이끌어내기 위해 두 단계의 과정을 거친다. 첫째, 왜 변화가 필요한가를 알려주고, 실패할 경우 그들을 강제로라도 변화시킬 수 있는 방법을 궁리하게 된다. 이 두 과정은 너무나도 일반적이어서 소위 전문가로 불리는 나 같은 사람조차도 매번 반복하게 된다. 우리 스스로를 변화시키는 데는 거의 관심이 없기 때문에 이 과정을 반복하게 된다. 그러면서 우리는 인간관계를 망치고 우리가 원했던 장기적인 결과물도 얻지 못하는 것이다.

참여하기 전략은 더 협력적인 접근법을 따른다. 이 방법은 사람들이 자신의 언어, 습관, 규범, 기업의 정책이나 문화에 의해 영향을 받는다는 것을 인지하고 있는 것이다. 이 방법으로 변화를 이끄는 사람은 변화과정에서 다른 사람들을 동등하게 바라보며 그들의 노력을 환영한다. 참여하기 전략은 말하기 전략처럼 단순히 정보를 제공함으로써 변화를 일으키려는 것이 아니라 변화의 전도자가 사람들의 가치를 파악해 명시해주고 가려져 있는 갈등 요인들을 해결하고 사람들의 가치를 재정립하는 노력을 기울이는 것이다. 주안점은 윈-윈 할 수 있는 방법을 찾기 위한 커뮤니케이션과 협력에 있는 것이다. 사람들은 조직의 변화과정을 신뢰하면서 전진하게 된다.

이 전략의 강점을 알고 있는 사람들은 '프로세스를 믿으라'는 구절을 자주 쓰곤 한다. 어떤 사람들은 이 구절이 전혀 앞뒤가 맞지 않는 불합리한 내용이라고 생각한다. 일반적인 상태에서 사람들은 발생적으로 나타나는 프로세스를 신뢰할 만한 역량이 부족하다. 그들은 자신들이 모든 상황을 통제하고 있다고 느껴야 하는 것이다. 다음은 스티븐 코비로부터 들은 얘기다.

한 CEO가 코비에게 "나는 윈-윈 전략을 시도할 때마다 항상 손해를 봅니다"라고 불평했다고 한다. 코비의 대답은 다음과 같다. "그렇다면 당신은 윈-윈을 한 것이 아니군요."

이 같은 오류가 나타나는 것은 참여하기 전략이 상황을 통제하려는 태도는 감소시키지만 개인들이 고수하고 있는 가치와 의도는 더욱 분명하게 인식하도록 하기 때문이다. 참여하기 전략과 경청하기는 모두 다른 사람들에게 나의 진실을 들어줄 것을 강요하면서 다른 사람들의 진실을 들어주는 것이다. 이 같은 교환과정은 새롭고 더욱 복합적인 진실이 나오도록 한다.

수년간 참여하기 전략을 옹호하는 것이 대외적으로 타당한 것으로 인식되었다. 이 전략이 효과가 있다고 믿는 사람은 많지 않았지만 많은 사람들이 이 전략을 옹호해왔다. 실제 실행과정에서 참여하기 전략은 의도했던 결과를 이루어내지 못했다. 대신 변화 관리자는 미리 해결방법을 염두에 둔 채 사람들에게 토론에 참여하도록 유도했다. 토론에서 나온 답변은 그것이 변화관리자의 해법에 부합할 때만 받아들여졌다. 많은 사람들이 참여하기 전략이 교묘하게 조작하는 기술이라고 느끼면서 이 방식에 회의적이 됐고, 이는 변화 과정을 훼손시켰다. 참여하기 전략으로는 투입한 것만큼만 결과물을 뽑아낼 수 있었다. 이에 따라 처음에 진리로 받아들여졌던 참여하기 전략이 이제는 효과가 없다는 불신만 얻게 된 것이다.

네 번째 전략

변화를 이끄는 네 번째 방법이 있다. 일반적인 상태에서 이 방법은 참여하기 전략보다 덜 활용된다. 우리가 리더십의 근원적 상태에 도달할 때 자신을 초월하게 된다는 점에서 이 전략을 초월적(Transcending) 전략으로 부른다. 이 전략은 〈그림 6-1〉에서 나타난 세 가지 일반적인 전략과의 관계를 통해 이해될 수 있다.

그림의 오른쪽 하단 박스를 보자. 말하기 전략은 합리적인 설명에 기반을 두고 있다. 이는 '구조와 통제', '시스템의 외부적 연계성'이라는 두 가지 가치를 반영한다. 이 전략에서 우리는 다른 사람들에게 사실 정보를 전달하는 동안 상황을 통제하려고 한다.

이제 왼쪽 상단 박스를 보자. 참여하기 전략은 신뢰에 기반을 두고 있다. 우리가 이 관점에서 변화를 이끌 때, 우리의 핵심 가치는 '시스템을 유지하는 것'과 '가능성과 발생'이다. 여기에서 우리는 다른 사람들에게 발생적으로 나타나는 프로세스와 가능성을 지향하도록 하면서도 기존의 관계를 유지하는 데 힘쓰게 된다.

기술적 관점에 해당하는 박스와 대인적인 관점에 해당하는 박스가 전제로 하고 있는 가치를 비교해본다면 이 두 가지가 극명하게 대조적이라는 것을 발견할 수 있다. 심리적으로 정반대 요소들이다.

이제 왼쪽 하단 박스로 가보자. 여기서는 '순종'이라는 점에 주목해야 한다. 이 관점에서 우리는 기술적 관점에서처럼 '구조와 통제'를 추구하고 '시스템 유지'에 나서게 된다. 모든 전략 중에서 강제하기 전략은 지위를 유지하는 데 가장 초점을 맞추고 있다. 현재의 질서를 유지하기 위해 다른 사람을 공격하는 것도 마다하지 않는다.

마지막으로 오른쪽 상단 박스로 옮겨가보자. 여기서의 주안점은 비전을 깨닫는 데 있다. 이 관점에서 우리는 '가능성과 발생', '시스템의 외부적 연계성'에 가치를 두게 된다. 초월적 전략은 우리가 여태까지 살펴본 모든 딥 체인지의 사례에서 드러나고 있다. 이 책의 목적 중 하나는 초월적 전략을 보다 분명하고 활용하기 쉽도록 하는 데 있다.

말하기 전략과 강제하기 전략은 일반적으로 가장 많이 사용되는 전략이다. 이 두 가지 전략은 '구조와 통제'라는 가치를 공유하고 있다. 이 두 가지 전략을 사용할 때 우리는 흔히 우리가 상황을 통제하고 있다고 믿는다. 하지만 사실은 잘못 생각하고 있는 경우가 많다. 결국 우리는 상황을 통제하고 있다는 착각 때문에 효과적으로 변화를 이끄는 데 실패하는 것이다.

112

대인관계에서의 관점

변혁적인 관점

비전

시스템의 외부적 연계성

기술적인 관점

참여하기 전략
주안점: 관계와 개방된 토론
- 모두가 개방된 토론에 참여하고 있는가.
- 격려하는 태도로 커뮤니케이션을 수행하고 있는가.
- 모두의 역할이 명확한 상태인가.
- 나는 감동을 표면화하고 있는가.
- 결정과정에 모두가 참여하고 있는가.
- 사람들은 서로 밀접하게 연관돼 있는가.

초월적 전략
주안점: 잠재력과 자기 자신의 초월
- 나는 주체적으로 행동하는가.
- 나의 목적은 명확한가.
- 다른 사람들에게 관심의 초점을 맞추고 있는가.
- 나는 개방적으로 외부상황을 받아들이며 불확실성을 수용하고 있는가.
- 사람들이 나와 함께 불확실성으로 함께 뛰어들고 있는가.

기능성과 발생

구조와 통제

강제하기 전략
주안점: 권위와 권한
- 나의 권한은 탄탄한가.
- 내 지시의 정당성이 명확하게 전달되는가.
- 나는 벌을 내릴 수 있는가.
- 성과와 보상의 연계성이 분명한가.
- 나는 최대한의 권한을 사용하고 있는가.
- 사람들은 순종적인가.

말하기 전략
주안점: 사실과 합리적 설득
- 나는 전문성을 확보했는가.
- 나는 모든 정보들을 모으고 있는가.
- 나는 분석을 잘하고 있는가.
- 내가 내린 결론에 대한 비판에 잘 대응할 수 있는가.
- 사람들이 경청하고 있는가.

시스템의 유지

순종

대외적인 관점

〈그림 6-1〉 변화를 이끌어내는 일반적인 전략

참여하기 전략은 많은 사람들이 활용하기는 어려운 방법이다. 이는 상황에 대한 통제력을 조금 잃는 대신 쌍방향의 과정을 믿는 것이다. 우리는 상황을 통제하기 위해 이 과정을 이용하곤 한다. 우리 스스로가 개방되어 있지 않은데도 개방적인 척 하는 것이다.

초월적 전략은 리더십의 근원적 상태에 도달하기 위한 가장 핵심적인 요소이지만 위의 세 가지 전략보다 더 활용하기가 어렵다. 역량이 부족한 일반적인 상태에서 우리는 이를 견뎌내지 못한다. 그렇지만 이 전략은 개인과 조직의 변화에 핵심적인 요소다.

이 각각의 네 가지 전략이 더 고차원적인 인지 및 행동의 복합성 안에 존재하고 있다는 것을 인식하는 것이 중요하다. 예를 들어 기술직 관점에서 대외적 관점으로 인지 영역을 확대한 개인은 효율성이 높아진다. 그들은 기술적 관점을 버리지 않으면서 더 넓은 관점과 기술을 갖게 된다. 그런 후에 대인관계의 관점으로 나아간 사람은 기술적 관점과 대외적 관점에서 획득한 기술을 그대로 보유하고 있으면서 인지영역을 확장하게 되는 것이다. 그들은 현실을 살펴볼 수 있는 더 풍부한 지각력의 지도와 변화를 추진할 수 있는 더 다양한 방법을 갖게 된다. 그 결과 그들은 더 효과적으로 변화를 추진할 수 있겠지만 여전히 변화를 이끄는 근원적인 요소는 놓치고 있다.

변혁적인 관점을 갖고 있는 사람은 딥 체인지를 이끌 수 있는 능력이 가장 탁월한 사람이다. 이 점은 이 책에서 우리가 여태까지 살펴본 모든 사람들의 이야기로부터 얻을 수 있는 점이다. 조직의 변화를 이끌기 위해서는 스스로를 변화시키는 것이 선행돼야 한다는 것을 깨달을 때 변화는 촉진된다. 그들은 "세상에서 그들이 목표로 하는 변화 그 자체가 되어야 한다." 변화에 대해 영적인 식견을 갖고 있는 틱낫한 스님은 이 점을 다음과 같이 설명한다. "조직이 어려움에 봉착했을 때 변화를 주도하는 방법은 당신 자신부터 변화시키는 것이다. 당신만의 섬으로 돌아가면 당신은 새롭게 충전되고 이해력도 확장될 것이다." 이는 톰 존스가 CIGNA 개인보험 부문을 이끌면서 깨달은 사실이다. 이것은 우리가 리더십의 근원적 상태에 도달할 때 모두 깨닫게 되는 점이기도 하다.

근원적 상태의 리더십 입문을 위한 준비

이 장이 당신에게 주는 의미에 대해 사색할 수 있는 조용한 시간을 선택하라. 최대한 진실할 수 있도록 노력하라.

명상을 위한 질문들

1. 거대한 조직에서 일하면서 사회변혁의 리더가 된다는 것은 어떤 의미인가? 당신의 경험에서 사례를 찾을 수 있는가?
2. 랠프 네이더가 "나는 리더십의 기능이 더 많은 리더를 만드는 것이라는 전제로 일을 시작한 것이지 추종자를 만드는 것이라고는 생각하지 않았다"라고 한 것에 대해 당신은 어떻게 생각하는가? 이 말은 당신의 리더십과 어떤 연관성을 갖는가?
3. 당신은 과거에 조직의 변화를 성공적으로 이끌었지만 두 번째 변화를 이끌면서는 실패한 리더를 본 적이 있는가? 그 실패를 어떻게 설명할 것인가?
4. 조직을 변화시키기 위해서는 당신 스스로가 먼저 변화해야 한다는 것에 동의하는가? 그렇다면 당신에게 갖는 구체적인 의미는 무엇인가?
5. 당신이 알고 있는 조직에서 '능력의 횡포'에 해당하는 사례를 설명할 수 있는가? 당신의 조직에서 비슷한 사례를 막기 위해 당신이라면 어떤 조치를 취할 것인가?
6. 당신의 경험에 비추어 볼 때 변화는 어떻게 일어났는가? 조직 내에

서 고위 임원진은 변화의 초기단계에 종종 동참하지 않는다는 사실에 동의하는가?
7. 〈그림 6-1〉에서 보여지는 네 가지 변화 전략 각각에 대한 당신의 경험을 공유해보자. 당신은 각각의 전략을 얼마나 자주 사용하는가?
8. 〈그림 6-1〉에 제공된 정보가 당신을 효율적인 리더로 만드는 데 어떤 도움이 되는가?

자기발전
1. 조직을 변화시키는 데 있어 핵심적인 요소로서 '개인의 변화' 라는 개념을 생각해보자. 오늘날 당신의 모습을 묘사해보자.
2. 당신은 어떤 모습으로 변화하고 싶은지 기술해보자.

통찰의 공유
위 질문에 답하면서 공유하고 싶은 중요한 통찰이나 의미 있는 이야기가 있다면 딥 체인지 웹사이트(www.deepchange.com)를 방문해 게시판에 올려주기 바란다. 당신의 이야기는 많은 사람들에게 도움이 될 것이다. 다른 사람들이 올려놓은 이야기와 그들이 얻은 통찰을 보고 싶을 때도 이 사이트를 방문하면 된다.

7장
리더십에 대한 새로운 관점

"만약 사물의 이름(언어)이 그 사물의 진실과 일치하지 않는다면, 어떤 일도 이루어질 수 없다."
-공자

공자가 말했듯, "만약 사물의 이름(언어)이 그 사물의 진실과 일치하지 않는다면, 어떤 일도 이루어질 수 없다." 리더십에 대해 깊고 정확하면서도 분명하게 이해하기 위해, 또 한발 나아가 리더십의 근원적 상태에 도달하는 길을 찾기 위해 우리는 '사물의 진실'에 충실한 언어가 필요하다.

이제 이전 여섯 개의 장에서 살펴봤던 변화의 사례들 속에 일관되게 흐르는 핵심을 뽑아내야 할 때가 됐다. 6장의 리더십 전략에 대한 토론은 새로운 리더십 비전에 대한 지평을 열어줬다. 이 장에서는 그 비전을 보다 명확히 해보자.

5장에서 인지력의 확장에 관해 설명하면서 나는 우리가 리더십의 근원적 상태에 도달할 경우 세상을 어떻게 다르게 보게 되는지에 대해 언급했다. 구체적으로 말하면 일반적인 상태의 특징은 '둘 중 하나(either-or)' 식의 사고방식이며, 리더십의 근원적 상태의 특징은 명백히 상반된 개념을 더 포괄적인 현실관념으로 수용하는 '둘 다 함께(both-and)' 식의 사고다.

이 책의 2부에서 나는 리더십의 근원적 상태에 들어서기 위한 8가지 실행방법들을 설명할 것이다. 8가지 실행방법은 '둘 다 함께' 사고를 바탕으로 한 리더십의 개념으로 구성돼 있다. 이와 같은 평범치 않은 개념들은 심지어 역설적이기까지 하다. 이것들은 우리의 낡은 범주와 정의를 넘어서 있다. 그것들은 리더십에 대한 풍부한 언어들을 만들어준다. 또한 다소 모호하기도 하지만 기존 명칭보다는 더 정교한 개념들이다. 그것들은 평범하지 않기 때문에 우리가 그것들을 이해하기 위해서는 일반적인 사고방식에서 벗어나 보다 확장된 사고방식을 가져야 한다. 이 장의 나머지 부분은 어떻게 하면 보다 복합적이고 역동적인 방식으로 리더십을 바라볼 수 있는지에 대한 설명으로, 이는 8가지 실행방법들을 이해하는 데 안내가 될 것이다. 케빈 피셔의 이야기를 들어보자. 그는 굉장히 심오한 경험을 했다.

평범한 범주 초월하기

케빈은 제약 개발에 깊이 관여하고 있는 의사다. 그는 현재 적어도 4곳의 조직에서 변화의 업무를 수행하고 있다. 그는 우리가 리더십이라고 여겼던 일반적인 범주를 넘어서야 한다는 사실을 깨달았다.

　의료계에 첫발을 내딛은 후 나 역시 남들처럼 학부, 레지던트, 일반의 과정을 거친 뒤 큰 의료기관에서 원장으로 일하게 됐고, 지금은 거대한 건강관리 회사의 임원으로 조직을 이끌고 있다. 건강관리 조직으로 온 이후 나는 모든 사람을 위해 더 나은 의료 서비스를 하기 위해 헌신했다. 그 같은 헌신이야말로 딥 체인지의 개념을 구성하는 것들이다. 하지만 그 같은 헌신을 유지하는 것이 쉽지 않다는 것을 두 가지 경험을 통해 깨달았다.

　큰 조직에서 일할 때였다. 그곳에서는 어떤 원칙 없이 정보기술(IT)을 도입하고 있었다. 비용은 중복되고 불필요한 시스템에 대한 비용을 제어할 방법도 없었다. 오랫동안 그것은 관례나 다름없었다. 왜냐하면 그 조직은 그와 같은 '시스템'에 대한 비용을 충분히 치를 수 있는 자금력이 있었기 때문이다. 내가 도착하기 직전 그 조직은 큰 배상건에 직면하고 있어서 회사의 방향성까지 면밀히 검토해야 하는 상황에 놓여 있었다. 나는 그곳 CEO와의 첫 대화를 잊을 수 없다. 그는 "IT 분야를 좀 손 봐주게. 제대로 돌아가게 해달란 말일세"라고 말했다. 매우 분명한 지시였다.

간단히 상황을 정리해보면 나는 조직에 비전을 제시했고, 이 일에 직접적으로 연관돼 있는 사람들과 변화 프로세스를 진행했다. 그리고 우리 조직을 보다 효율적이고 생산적이면서 안정적이고 미래 지향적인 정보관리 조직으로 만들기 위해 필요한 변화를 수행하기 위한 지원을 얻어냈다. 이는 이 조직에서 내가 관여했던 수많은 변화 프로젝트 가운데 하나였다. 내 별명은 '닥터 체인지'였다.

3년간의 노력의 결과 긍정적인 결과를 얻어냈지만 나는 해고를 당했다. 나는 지쳤다. 조직은 심각한 재정 위기에 처했다. CEO는 총경비가 전체 예산의 0.9%를 넘어서면 안 된다는 규정을 만들었다. 0.9%는 집중화 작업을 시작하기 전의 총경비가 예산에서 차지했던 비중이었다. 그는 조직 전반에 걸쳐 있는 중복 부서의 불만을 달래기 위해서 이 같은 조치를 내렸다. 나와의 마지막 미팅에서 그는 "스스로 앞가림을 할 수 있는 사람이라는 이유 때문에 우리는 종종 유능한 인재를 내보낼 수밖에 없습니다"라고 말했다. 정말 잊지 못할 말이다.

나는 기가 막혔다. 내가 떠나야 하고 변화의 '저항 세력들'은 남는다는 사실이 내게는 역설적으로 받아들여졌다. 그는 나를 지지해주는 것처럼 보였지만 막상 늑대가 문 밖에 있을 때는 나를 쫓아내 그들의 비위를 맞췄다. 만약 우리가 버텼다면 이사회가 무슨 조치를 취할 것만 같았다.

케빈은 이전 장에서 언급한 조직의 저항이라는 현상과 마주했다. 저항은 그가 느낀 것보다 훨씬 더 강력했고 위험했다. 이 같은 고통의 충격은 리더십의 근원적 상태에 들어서는 사람에게 종종 발생한다. 리더들은 목적에 초점을 맞추며 원칙에 따라 행동하고 조직이 원하는 변화를 추구한다. 케빈처럼 변화를 수행하는 사람들은 자신이 해고되고 오히려 조직을 점진적 죽음으로 몰고 가는 사람이 살아남는 것에 당혹해 한다. 이런 점들이 사람들을 일반적인 상태로 몰아간다. 하지만 케빈은 리더십의 근원적 상태에 들어서기 위해서는 리더십을 새로운 방식으로 봐야 한다는 것을 깨달았다. 그의 말을 계속 들어보자.

내가 옳았음이 증명됐다. 내가 떠나자 위기는 더욱 커졌다. (내가 떠났기 때문만은 아니다. 이는 위기의 한 부분일 뿐이었다.) 내가 떠난 뒤 채 6주도 안 돼 CEO가 자리에서 밀려났다. 나는 최근 그 조직에 속한 사람과 얘기를 할 수 있었다. 그녀와의 대화는 중요한 교훈을 담고 있다. 그녀는 조직이 새 CEO(그는 변화를 추구하는 노력에 지원을 해야 하는 시점에서 전적으로 필요한 유형의 리더였다)를 고용할 수밖에 없었으며 극소수의 '늑대'만이 자리에 남아 있을 수 있었다고 말해줬다. 그녀는 말했다. "우리는 케빈 당신이 비전화한 모든 것을 실천하고 있어요. 당신은 아이디어를 제시했고 우리는 그 메시지를 실천했어요. 당신은 우리를 문으로 데려갔고 회사의 리더들은 그 문을 당신 앞에서 꽉 닫아버렸죠. 당신은 자랑스러울 겁니다. 우리가 모든 것을 해내고 있어요. 우리가 당신이 내놓은 비전을 행하고 있다는 것이 정말 놀라워요."

이 대화에서 케빈은 리더십의 근원적 상태와 관련해 매우 중요한 몇 가지 교훈을 끌어낸다.

가장 큰 교훈은 이렇다. 딥 체인지를 조직화하면서 나타나는 성과물은 종종 현재 시점에서 볼 수 없다는 것이다. 예수, 간디, 마틴 루터 킹, 마틴 루터, 아브라함 링컨, 조지 워싱턴, 덩샤오핑 그리고 많은 사람들이 그들이 제시한 비전의 결과를 보지 못한 채 죽었다. 비전은 결국 필연적으로 다른 사람의 업적으로 돌아간다.

비슷한 이야기인데 나는 이전 조직의 다른 부서에서 일했던 한 상사를 만난 적이 있다. 그는 나에게 말했다. "케빈, 당신이 뿌려 놓은 씨가 자라 나무가 되고 이젠 꽃까지 피우게 된 것이 자랑스럽지 않나요?" 이 얼마나 대단한 칭찬인가?

내가 변화를 이끌어나간 경험에서 세 가지 사항을 정리해볼 수 있다.

첫째, 진리가 승리하고 병폐적인 요소들이 사라지는 '그 현장을 지켜 보는 것'이 기쁜 일이지만 나는 진정한 리더의 업적은 비전을 가슴에 품고 전진해나간 다른 사람의 공로에 의해 완성된다는 사실을 받아들여야 한다고 결론을 내렸다. 「딥 체인지」에서 퀸 박사는 우리가 "필요한 수단이 생길 것이라는 믿음을 갖고 불확실성의 골짜기 속으로 향하는 여행을 떠날 정도로 우리의 비전에 대해 확신을 지녀야 한다"고 말했다. 가장 어려운 것은 바로 자신에 대해 믿음을 가지는 이 첫 단계다. 리더로서 자신에 믿음을 가지려면 우리 자신의 비전을 포용하는 것뿐 아니라 우리와 기꺼이 함께 갈 수 있는 뜻을 지닌 사람을 포용하는 것이 중요하다. 딥 체인지를 수행하는 노력 가운데 최종 단계에는 아마 —흔한 경우지만— 우리 자신이 빠져 있을 수도 있다. 만약 우리가 진정 그 목적에 헌신한다면 우리 자신의 퇴출도 받아들여야 한다. 그렇지 않다면 비전은 아마 성공을 거둘 수 없을 지 모른다.

두 번째 교훈은 어떤 단계에서건 진지한 변화를 시도하는 리더는

'벌거벗은 채 뛰어들기'와 '다리를 놓아가면서 다리를 건너가는 것'을 매우 진지하게 고민해야 한다는 것이다. 변화는 각 개인과 우리에게 큰 의미를 지닌다. 마치 변화가 조직에 중요한 의미를 지니는 것처럼 말이다. 방법을 모른 채 그저 자연스럽게 알게 될 거라고 기대하면서 전진할 수 있다는 생각을 갖는 것이 중요하다. 이 같은 개념은 특히 관리진의 통제가 제대로 이뤄지지 않는 조직에서 적절하다.

통제력은 정보에서 나온다. 사적인 영역이든 공적인 영역이든 누구나 정보를 얻을 수 있다면 통제력은 사라진다. 이 새로운 세계에서 효율적인 리더가 되려면 벌거벗은 채 뛰어들어 통제력을 포기해야 한다. 우리를 따르는 사람들에게는 가능성을 제시하고 우리는 미지의 세계를 수용하는 것이다. 다른 사람과 함께 일할 때, 다른 사람이 방황할 때 방향을 정해주고 다른 이의 신뢰를 얻어 내기 위해서는 전혀 다른 방식으로 리더십에 접근해야 한다.

세 번째 교훈은 다양성과 저항에 대한 인내다. 만약 당신이 자신의 비전을 신뢰한다면 타인들 중에는 당신을 따르지 않고 심지어 반대하는 이들이 있다는 사실을 받아들여야만 한다. 오랜 경험을 통해 나는 단기적으로는 저항의 힘이 후원세력보다 훨씬 크다는 것을 알았다. 하지만 처음에는 실패한 것처럼 보일지라도 강력한 비전이 뿌리내리고 잘 일궈진 땅에서 재배되고 길러지면 조직의 발전이라는 과실을 종종 얻을 수 있게 된다. 하지만 당신의 비전을 따르도록 결정을 내리는 것은 여전히 어려운 과제일 수 있다. 딥 체인지에서 나오는 만족감은 비전을 받아들이고 포용하고 실행한 사람들의 손으로 이루어진다는 것이 결론이다. 변화를 이끈 리더들의 진정한 공로는 다른 사람의 성과에서 나온다.

여기서 케빈은 리더십의 근원적 상태에 들어서는 것이 무엇을 의미하는지 명시하고 있다. 그것은 우리가 원하는 결과를 얻는 것에 굉장히 집중하고 있어서 심지어 원하는 결과가 나타나기 위해서는 우리가 빠져야 한다는 사실까지도 기꺼이 받아들이는 것이다. 이것은 우리가 진정 공동의 대의에 초점을 맞추고 있다는 것을 의미한다.

그렇지만 이 같은 사실은 복합적인 인간에게서나 발견할 수 있다. 이는 일반적인 상태에 있는 사람의 사고방식과는 상반된 개념이다. 일반적인 사람들의 삶의 첫 번째 원칙은 자신의 생존이다. 자원이 제한된 세계에서의 최우선 목적은 가능한 많은 곳에서 승리하는 것이다. 자신을 희생하면서까지 얻어낼 만한 집단 목표란 없다. 리더십의 근원적 상태에서는 우리의 세계관이 변한다. 지금까지 이 책에서 살폈던 모든 사례에서 우리는 사람들이 그들의 목적을 분명히 하는 것을 지켜봤다. 우리는 그들이 목적을 추구하기 위해 용기 있는 결정을 내리는 것을 보았고 그들이 다리를 놓으면서 다리를 건너가는 것을 확인했다. 그들은 관심의 초점을 타인에게 맞추고 있고 공공의 이익을 위해 자신을 기꺼이 희생하려 했던 것이다.

성공의 현장에 존재하지 않지만 성공하기

케빈이 비전을 설계하고 사람들을 이끌어 그들이 다리를 놓아가면서 다리를 건너는 일에 동참하도록 했다는 점에 주목해보자. 그는 비전을 실현하는 과정에서 물러났다. 아마 조직 내의 정치적 이해관계 때문일 것이다. 이는 분명 부당하다. 하지만 이후 케빈이 시작했던 모든 것들이 이루어졌다. 왜 그랬을까?

우리는 리더십의 근원적 상태에 들어서면 변하게 된다. 즉 우리는 시스템 속에서 변화의 근원이자 갑작스러운 불확실 요인이 된다. 그렇게 되면 발생적 조직화(emergent organizing)가 일어난다. 불확실성이 나타나면 사람들은 새로운 유형으로 관계를 형성하기 시작한다. 리더십은 이 사람에서 저 사람에게로 필요한 이들에게 옮겨진다. 그것은 전통적인 의미에서의 리더십이 아니라 전혀 새로운 결과들을 이끌어내는 리더십이다.

우리는 케빈의 이야기에서 이 같은 과정이 이뤄지는 것을 보았다. 그는 리더십의 근원적 상태에 있었고 다른 사람들도 동참하도록 이끌었다. 그가 일으킨 변화는 그가 떠난 뒤에도 계속됐다. 비록 물러나기는 했지만 그는 성공한 것이다. 그의 동료의 말처럼 "놀랍게도 우리는 그 비전을 실현시켰던 것이다."

일반적인 상태의 사람들은 이 글을 읽으면서 케빈에게 일어난 일에만 집중한다. "뭐가 대단해? 결국 그는 직장에서 쫓겨나지 않았는가?"라고. 일반적인 상태에서 우리는 외부 요인들에 휘둘리고 외부로부터 어떤 보상을 받는가의 측면에서만 성공을 가늠하려고 한다. 우리는 케빈과 그가 제시하는 메시지를 이해할 수 없다. 하지만 케빈은 일반적인 상태에 있지 않았다.

케빈 같은 사람이 리더십의 근원적 상태에 들어서면 그들은 폭풍을 일으킨다. 사람들은 군에서 분대가 나뉘듯 나뉘어진다. 그 과정에서 리더들은 자신에 대해 보다 많은 것을 깨닫게 된다. 그들의 역량은 증진된다. 그들은 실패와 상처를 돌아보고 그것들을 영향력과 역량을 제공하는 중요한 원천으로 보게 된다.

우리가 흔히 생각하는 리더십 개념으로는 케빈의 이야기를 설명하기 어렵다. '성공의 현장에 없는 성공'이란 일반적인 상태의 관점에서 보면 역설적인 개념이다. 리더십의 근원적 상태에 들어선 사람들의 특성에 대해 보다 깊이 탐구할수록 우리는 이보다 더한 역설을 경험하게 된다.

구분이 사라진다

우리는 일반적으로 생각이 행동을 결정짓는다고 가정한다. 그렇지만 행동 또한 우리의 사고방식을 결정한다. 이 책에서 만난 사람들이 머릿속의 낡은 범주(category)를 무너뜨리게 된 이유는 리더십의 근원적 상태에 도달하는 순간 그들이 불확실성의 세계(아직 알지 못하는 세계)에 들어가게 됐기 때문이다. 그들은 자기 앞에 놓인 현실의 문을 열고 이를 탐구해야 한다. 이 진실한 배움의 순간, 우리는 현실을 규정하고 있는 낡은 카테고리들이 우리가 이전에 경험했던 세계를 구성하는 단어와 발명품일 뿐이라는 사실을 깨닫게 된다. 그런 단어나 카테고리들은 일단 자리를 잡으면 우리를 붙들어 매는 틀이 된다. 우리는 갑자기 새로운 현실에서 과거 카테고리 간의 구분이 붕괴되는 것을 보게 된다. 모든 것은 하나가 된다. 이제 사물을 새롭게 보고 새롭게 이름 붙이는 기회를 얻게 된다. 그 과정에서 우리는 새로운 세계를 창조한다.

이 과정을 이해하려면 우리가 일반적으로 어떤 방식으로 생각하는지 살펴보는 게 필요하다. 이미 주의 깊은 관찰자들에 의해 고대부터 현재까지 인간의 사고방식에는 일정한 패턴이 있다는 사실은 주지되어 왔다. 이것은 단어의 의미를 대조적이고 대척점에 있는 성질로 분류해볼 때 분명해진다. 뜨겁거나 차갑고, 부드럽거나 딱딱하고, 과거 아니면 현재 등의 방식으로 나눌 수 있다. 이 같은 구별짓기를 통해 우리는 선과 악에 대해 명확한 판단을 내리는 경향이 있다. 이 양극성을 새롭게 구성해보자. 우리의 새로운 구별법은 '긍정-부정 구조'를 바탕으로 한다. 사랑과 증오, 활동과 정지, 정직과 부패를 예로 들어보자. 이 같은 구별짓기 과정에서 우리는 우리 자신에게서 부정적인 것을 빼내고 긍정적인 것만을 끌어 안는다. 다른 절반의 현실들에 부정적이라는 꼬리표를 붙여버리면 우리는 역동적인 균형 감각이 빠진 세계 속에 살 수밖에 없다. 결국 우리는 스스로를 보완해나가는 일종의 완전성(integrity)을 잃게 된다. 예를 들어 정체성을 거부하고 실행만을 추구하게 되면, 우리는 '실행'이라는 개념에 반대되는 개념으로서 안정성이 갖는 긍정적인 가치들을 놓치게 된다. 우리는 실행 과정에서 안정성을 수용할 수 있는 역량을 잃게 되는 것이다.

세상을 양분해서 보려는 경향 때문에 우리는 실패의 씨앗이 되는 각종 전략을 끝없이 만들어낸다. 그것들은 일시적으로는 성공한 듯 보이지만 이상

하게도 이해할 수 없는 악순환으로 빠지게 된다. 이런 일반적인 '나누기' 작업에 빠져 있는 한 우리는 새롭게 나타날지도 모르는 현실을 무시하게 된다. 우리는 머릿속에 들어 있는 분리된 가치들이 실제로는 나눠질 수 없는 이 세계를 분리해서 보려는 악순환을 깨뜨려야 한다. 그렇지 않으면 불안 때문에 외부 현실을 변화시켜야 한다는 메시지를 거부하고 결국 후회에 빠지게 된다. 그리고 결국 어떤 식으로든 위기를 맞게 된다.

위기가 확장되면 자아(ego)는 무너지기 마련이다. 이것은 재앙이 아니라 환생이다. 우리는 논리적으로 보였던 낡은 범주들을 떨쳐낸다. 일순간 우리는 변화가 진행되는 세계와의 일체감을 경험한다. 그리고 세상이 갖고 있는 '둘 다 함께'의 본질에 경탄하게 되고 새로운 시야를 얻는다. 우리의 신댁은 리더십의 근원적 상태에 들어서는 것이다. 그리고 우리의 역량은 강화되고, 타인의 역량도 강화시킨다. 그렇지만 우리는 이 같은 사고방식을 유지하는 데 필요한 언어와 개념이 부족하기 때문에 또다시 계획된 의도를 갖고 실행을 하고 사물을 구분짓는 본성으로 다시 빠져들게 된다.

다중 렌즈를 통해 바라보기

리더십의 근원적 상태에서는 '둘 다 함께' 식의 언어로 생각하고 예전에는 '나의 일부가 아닌' 것으로 여겨 배제해왔던 역량을 얻는 것이 중요하다. 예를 한번 보자.

어느 날 내 동료와 나는 경쟁가치 모델의 네 가지 유형에 관해 토론하고 있었다. 그 모델은 리더십 행위들의 대조적 특성들을 나타내고 있다. 그 모델의 한 유형은 미래에 대한 개념화를 강조하고 있다. 그 반대 유형은 현재에 대한 세부적인 분석을 강조한다. 세 번째 유형은 업무 성취를 강조한다. 네 번째는 반대로 인간에 대한 관심을 강조한다. 대부분 사람들은 대조적인 유형에 대해 '둘 중 하나'의 방식으로 생각한다.

내 친구는 그가 미래에 대한 개념화에 능숙하면서 과제 성취도 잘하고 동시에 사람들에 대한 관심도 많다고 말했다. 하지만 세부적인 것에는 매우 약해 그 분야에 성취도는 높지 않다는 것이다.

나는 동의할 수 없다고 말했다. 그는 그의 자기 분석에 대한 나의 의도적인 지적에 대해 약간 기분이 상한 듯 했다. 우리 대화는 계속된다.

"너 작곡 좋아하지?"

"그래."

"너는 때때로 고도의 작업을 해내면서 경지에 올라선 것 같은 느낌을 받는다고 말하지 않았어?"

"그랬지."

"너는 고도의 작업을 할 때 음악을 만드는 세부적인 일들에 신경을 집중하지 않는구나? 그렇지?"

침묵이 흘렀다. 무엇보다 내 친구는 약간 충격을 받은 듯 했다. 그리고는 좀 화난 표정을 지으며 말했다.

"너 이럴 때 정말 얄미워."

우리는 한바탕 웃었다.

이 대화에서 분명히 드러나는 것은 일반적인 상태에서 그는 세부적인 것은 피하려고 하고 싫어한다는 것이다. 창조적인 상태에서 그는 자신도 모르는 사이 세부적인 것에 집중한다. 리더십의 근원적 상태에서는 우리는 사고와 행동방식 모두에서 보다 완벽해지고 덜 분리적으로 된다. 일반적인 사고·행위 방식으로 돌아가면 우리는 변혁적인 현실을 묘사하는 능력이 부족해지게 된다. 그럼에도 불구하고 리더십의 근원적 상태에서는 우리는 더 많이 생각하게 되고 더 많이 느끼고 더 많이 배우고 더 많이 성취한다.' 스스로를 제한하는 방식으로 정의내리는 것에서 벗어나 결과적으로 더욱 역동적이 된다. 케빈처럼 더 복합적인 인간이 되는 것이다. 우리의 행위 패턴은 일반적인 규정의 범주에 머무르지 않고 경계를 뛰어넘으려는 경향을 띤다. 우리는 역설적으로 보이는 방식의 행동을 한다. 예를 들어 자신감에 넘치면서도 겸손하고, 독립적이면서도 상호의존적이고, 엄격하면서도 사랑이 충만하고, 실행력이 높으면서도 심사숙고하며, 실용적이면서 이상적이고, 책임감이 강하면서도 자유로우며, 마음에서 우러나 행동하면서도 의무적으로 행동하기도 한다.

리더십의 근원적 상태에 있지 않은 사람들은 종종 '둘 중 하나' 식의 언어 방식에 빠져 리더십의 근원적 상태에 있는 사람들의 역설적인 특징을 쉽게 묘사할 수 없다. 그들은 긍정-부정의 이분법적인 사고방식에 젖어 있다. 이 점이 바로 리더십에 대한 저술들에서 나타나고 있는 많은 혼란과 리더십 특성을 구성하는 리스트들이 무익하다는 사실을 설명해주는 이유다. 일반적인 상태의 사람들에게는 리더십의 근원적 상태에 들어섰을 때 발생하는 많은 복합성을 묘사할 수 있는 언어와 지각 렌즈가 없다. 하지만 공자가 갈파했듯이 "언어가 사물의 본래 뜻과 일치하지 않는다면 일에 성공을 거둘 수 없다." 리더십에 대해 보다 명확하면서도 심도 있고 정확하게 사고하기 위해, 특히 리더십의 근원적 상태로 나아가는 경로를 찾기 위해 사물의 진실에 충실한 언어가 필요하다.

리더십에 대한 4가지 관점

이 장의 나머지 부분에서는 우리는 리더십을 바라보는 보다 복합적이고 역동적인 4가지 방법(뒤로 갈수록 더 복합적이고 역동적인 방법이다)에 대해 살펴볼 것이다. 최고 수준의 복합성을 다루는 부분에서는 제2부에서 논의될 '리더십의 근원적 상태에 들어서기 위한 8가지 실행방법'을 구체적으로 보여주는 리더십의 관점을 끝으로 이 장을 마무리할 것이다.

단계 1 : 정적인 관점

리더십에 관한 일반적이면서도 가장 흔한 시각은 '특성론적 접근(trait approach)'이다. 일부에서는 리더십 개발을 위해 리더들에게서 나타나는 특

<표 7.1> 리더십 특성

능동적	정력적	독립적	현실적
순응적	참여적	통합적	반추적
단언적	표현적	개입적	책임감 있는
대범한	사실중시적	주의 깊은	확고한
인정 많은	유연한	개방적	자기절제적
배려 깊은	현실기반적	낙관적	자발적
확신적	희망적	원칙적	강인한
건설적	겸손한	분석적	비전 있는

성 혹은 성격을 규정해보려고 시도한다. 이런 접근법은 <표 7.1>에 '32가지 긍정적 특성'으로 잘 정리되어 있다. 특성론적 접근법에 의하면 기업은 대범하고, 자기절제가 잘 돼 있고, 책임감 강하며, 능동적이고, 정력적이며, 헌신적이고, 참여적인 사람을 원한다. 훌륭한 목록이다. 우리는 이 같은 특성을 발전시키기 위해 훈련 프로그램을 만들 수 있다. 그렇지만 그 결과 아마 회사에 부정적인 영향을 끼치는 사람까지 양성할지도 모른다. 왜 그럴까?

이 같은 특성 목록은 한쪽 측면에 초점이 맞춰진 편향성을 지니고 있는 반면 조직의 성공에 결정적인 역할을 하는 다른 차원은 무시하고 있기 때문이다. 이것은 특성적 접근이 낳는 전형적인 결과다. 이 특성적 접근의 목록은 복합성 측면으로 보면 수준이 낮은 편이다. 특성적 접근 리더십이란 사물을 낱낱으로 해부해야 쉽게 이해되고 발전한다는 전제를 깔고 있다. 하지만 실제로 효과적인 리더십은 우리가 종종 반대되는 특성으로 간주하는 것들의 '역동적인 전체(dynamic whole)'로 이루어지는 경향이 있다. 우리가 만약 리더십이 세부 요소로 해부될 수 있다고 상상하는 한 이 역동적 전체를 볼 수는 없다. 더구나 리더십이란 이 고정된 목록으로 구성된 특징은 아니다. 그것은 역동적이며 복합적이고 살아 꿈틀대는 과정이다. 특성적 관점은 리더십에 대한 이 같은 시각을 가로 막는다.

단계 2 : 대척적 관점

일반적인 인간의 사고방식은 이분법적 논리 방식을 따른다. 일반적인 사람의 사고 방식은 '겸손함-자신감' 과 같은 서로 대조적인 특성을 구분 지으려는 경향이 있는 이분법적 사고 방식을 따른다. 한 시스템 안에서 동시에 작동하는 대조적인 특성, 즉 대척성의 측면에서 사고하는 데는 어려움이 따른다. 〈표 7.1〉의 32개 특성 목록을 예로 보자. 이 특성들을 8가지 상태 혹은 대척성의 관점에서 제시한, 기존 목록과 다른 〈표 7.2〉에 보다 많은 주의를 기울여보자.

이 같은 접근은 우리를 '둘 다 함께' 식 사고 방식으로 이끈다. 우리가 특성적 접근을 따르면 리더십의 역동적인 실체를 분해할 수밖에 없다. 그것은 마치 나비를 연구하기 위해 나비를 죽여 핀으로 꽂아 놓는 것과 마찬가지다. 윌리엄 워즈워드의 시어로 표현하자면 "우리는 해부를 위해 생명을 빼앗은 것이다." 이 같은 방식으로 우리는 나비의 세부적인 모습을 살펴볼 수는 있다. 하지만 이 같은 분석으로는 살아 있는 사물의 의미를 생생하게 이해할 수 없다. 리더십에 대한 이해도 마찬가지다. 단편적 특성에서 눈을 돌려 대척적 관점으로 바라볼 때 리더십을 보다 완벽하고 역동적으로 볼 수 있다. 우리가 리더를 관찰할 때 긍정적인 대조, 대척성을 활용한다면 특성적 접근

〈표 7.2〉 리더십 특성 : 대척적 관점

인정 많은, 배려 깊은	단언적, 대범한
자발적, 표현적	자기절제적, 책임감 있는
주의 깊은, 반추적	능동적, 정력적
원칙적, 통합적	참여적, 개입적
현실적, 분석적	낙관적, 건설적
현실기반적, 사실중시적	비전 있는, 희망적
독립적, 강인한	겸손한, 개방적
확신적, 확고한	순응적, 유연한

으로 보는 것보다는 더 많이 이해할 수 있다. 이제 보다 복합적인 단계로 올라가보자.

단계 3 : 경쟁 가치 관점

리더십 관점의 세 번째 방식에서 보면 〈표 7.2〉의 대척성은 더 복합적인 수준으로 발전할 수 있다. 〈그림 7.1〉은 '경쟁 가치 모형(Competing Values View)'으로 불린다. 이것은 32개 리더십 특성을 8개 대척성으로 구분하고, 유사하거나 중첩되는 대척성을 서로 옆에 나란히 배치했다. 이 모형은 리더가 긍정적인 가치를 지나치게 강조할 때 그 긍정적인 특성이 부정적 특성으로 바뀔 수 있다는 것을 보여주고 있다. 리더가 대척성을 분리해 나오게 되면 〈그림 7.1〉의 바깥 가장자리의 부정적인 특성으로 옮겨간다. 즉 리더가 배려하는 마음이 크더라도 이것이 지나치면 기강이 해이해진다. 지나치게 단언적인 리더는 횡포가 심한 리더가 된다. 지나치게 분석적인 리더는 냉소적인 리더가 되고 지나치게 낙관적인 리더는 흐리멍텅한 리더가 된다.

이 같은 시각은 우리를 더 복합적인 관점으로 이끌 수 있다. 효과적인 리더십은 대척성을 넘어설 뿐 아니라 〈그림 7.1〉의 가장자리 칸의 부정적인 특성으로 밀려나지 않고 긍정적인 대조성을 유지하게 된다.

〈그림 7.1〉의 모든 긍정적인 특성에서 높은 점수를 받는 리더는 행동의 복합적 차원이 높고, 다양한 방식으로 행동할 수 있는 역량도 지니고 있다. 높은 행동 복합성을 지닌 리더는 조직에서 더 긍정적인 성과를 거둔다는 연구결과도 있다(하트 · 퀸, 1993)

경쟁 가치 모형은 사회에서 작동하고 있는 대척성을 볼 수 있도록 도와준다. 조직은 능동적이고 유기적이다. 사람들은 관리자 또는 리더가 되기 위해서는 이 같은 변화에 빠르게 순응할 수 있는 뛰어난 능력을 가져야 하며 복합적인 차원의 행동을 보여야 한다. 불행하게도 일반적인 사람들은 이분법적 사고에 사로잡혀 경쟁가치모형에서 특성적 접근으로 추락하게 된다.

리더십에 대한 새로운 관점

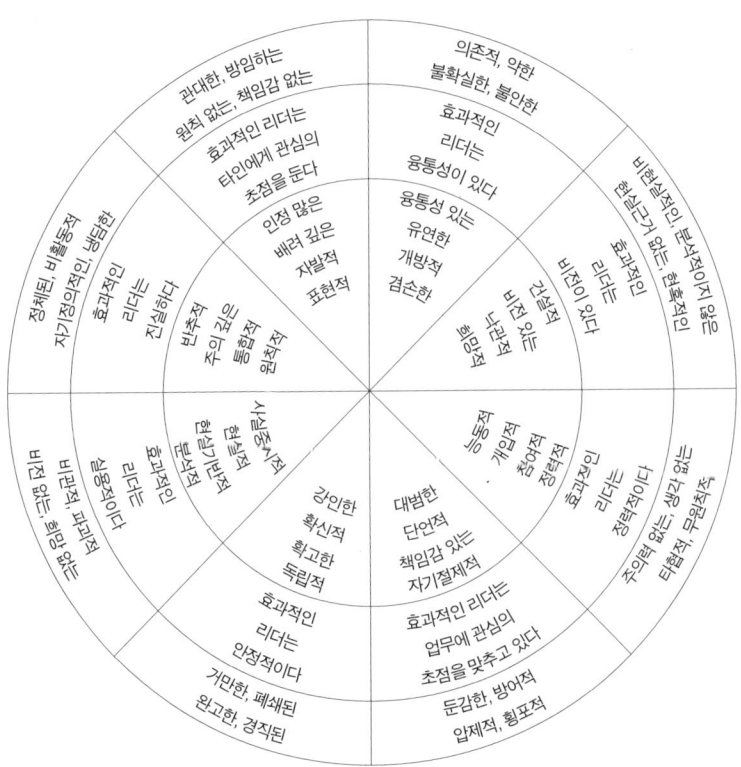

〈그림 7.1〉 리더십의 경쟁 가치 모델

경쟁 가치 모형을 사용하는 트레이너들은, 예를 들어 사람들의 다양한 차원을 평가해 약한 특성을 교육시켜야 한다는 생각을 갖는 경향이 있다. 당연한 생각이지만 이 같은 생각은 여전히 우리 자신과 타인의 리더십을 충분히 이해하고 개발하는 데 방해가 된다. 보다 충실히 이해하기 위해 우리는 복합성의 네 번째 단계로 올라가야 한다.

단계 4 : 통합적 관점

리더십의 근원적 상태에서 사람들은 보다 집중적이고, 희망적이며, 낙관적이게 된다. 그들은 또한 비전과 자신감이 있고 용감하고, 꾸준하며, 순응적이고, 배려심 깊고, 남을 염려하는 등의 특성을 지닌다. 만약 우리가 이들 내면의 본질적인 특성에 눈을 돌리면 충분히 이러한 점들을 발견할 수 있다. 하지만 우리가 이분법적 사고 속에 살아간다면 그것들은 대척적이면서 긍정적인 특성이 있다는 것을 놓치게 될 것이다.

긍정적 특성이란 혼자 동떨어져 존재하는 것은 아니다. 그보다 그것들은 상호적인 시스템 속에서 한 부분으로 존재하며 그 의미를 확장해나간다. 긍정적 특성들은 상호 창조적이고 서로를 지탱해준다. 이들 내재적 역동성들은 외부로 발산되고 타인과 조직 전체를 변형시키는 잠재력을 지닌다. 일반적인 관점에서 이들 역동성을 찾아보기는 힘들다. 하지만 이점이 바로 케빈이 성공의 현장에 존재하지 않고서도 성공을 거둔 이유다. 변화는 조직 시스템에 자발성을 불러일으켰다. 그가 놀랐던 것은 우리 가운데 극소수만이 자발적 조직화(self-organizing)의 방법에 대해 충분히 인식할 수 있다는 것이다. 그것은 일반적인 사고 방식으로는 파악하기 힘들다.

긍정적인 대조점들을 통합함으로써 우리는 리더십을 묘사하는 8가지 새로운 개념 도식을 만들 수 있다. 이 같은 개념의 요약이 〈표 7.3〉에 나와 있다. 표의 왼쪽에는 처음의 32개의 특성을 8개의 대척성으로 구성해 놓은 것이다. 그 오른쪽에는 8개의 대척성을 언어로 통합해놓았다. 이들 언어적으로 통합된 8가지 특성은 창조적인 8가지 상태를 나타낸다. 이들 창조적인 8가지 상태에 있는 사람은 대척성의 양 측면에서 모두 강한 사람들이다. '엄격한 사랑'을 나타내는 사람은 예를 들어 단언적이면서/대범하고 동시에 인정 많고/배려가 깊다. 우측항에 있는 창조적인 상태들 모두는 제2부에 묘사된 8가지 실행방법의 기본 개념들이다. 제2부의 각 장들에서는 이들 개념의 생성 배경과 관련 예가 설명될 것이다. 또한 이들이 어떻게 리더십의 근원적

〈표 7.3〉 8가지 대척성과 창조적인 8가지 상태

8가지 대척성	창조적인 8가지 상태
자발적, 표현적/자기절제적, 책임감 있는	책임감 있는 자유
인정 많은, 배려 깊은/단언적, 대범한	엄격한 사랑
주의 깊은, 반추적/능동적, 정력적	심사숙고하는 실행력
원칙적, 통합적/참여적, 개입적	순수한 개입
현실적, 분석적/낙관적, 건설적	장점 탐구
현실기반적, 사실중시적/비전 있는, 희망적	현실기반적 비전
확신적, 확고한/순응적, 유연한	순응적 자신감
독립적, 강인한/겸손한, 개방적	독립된 상호의존성

상태에 도달하는 방법을 제시해주고 있는지 보여줄 것이다. 여기서는 이 개념들이 일반적인 리더십 개념과 어떻게 다른지 지적해본다.

  8가지 개념은 〈표 7.2〉에 나와 있다. 이들 개념은 일반과학적 개념과는 다르다. 그것들은 서로 배타적이지 않고 오히려 겹친다고 할 수 있다. 일반 과학에서는 특정한 목적을 위해 범주를 나누게 된다. 상호배타적인 범주들은 측정과 가설설정에 도움이 된다. 일반 과학은 사물을 부분으로 해체하기를 좋아한다. 다른 개념을 통합하려 하지 않는다. 예를 들어 리더십 연구자들은 과업지향성과 인간지향성의 상관관계를 깨닫기까지 오랜 시간 수많은 연구를 거쳐야 했다.(Schriesheim, House and Kerr, 1976). 고도의 훈련을 거친 분석가들은 충분한 자료가 있는데도 불구하고 그들의 범주적 사고방식 때문에 이들 자료들 간의 상관성을 보는 데 실패한다. 심지어 오늘날 명백하게 높은 상관관계가 드러나는 것이라 해도 우리는 종종 그것들이 갖고 있는 잠재적 연관성과 중첩되는 특성을 찾으려 하지 않는 경향이 있다. 이점에 대해 버나드 배스는 다음과 같이 지적했다.(Bernard Bass, 1997)

    '새로운' 이론을 만들 때 새 병에 낡은 와인을 어느 정도 부어야 하는가는 거의 답을 내기 어려운 과제나 다름없다. 예를 들어 BC 1세기 경 줄리어스 시저가 갈리아 전쟁에서 보여준 리더십 스타일에 관한 글은 블레이크와 머턴(Blake & Mouton, 1964)이 고안한 9-9스타일* 이론이 필요로 하는 명백하면서도 간결한 증거물들이 되고 있다. 플라이쉬만(Fleishman, 1953)은 이 개념을 '높은 주도성과 배려 (high initiative and consideration)'라는 용어로 풀어놓았고, 아마 2500년의 이론가들은 이 개념에 또 다른 이름을 붙일지 모른다. 발전은 언제 이루어질까? 우리의 이해력은 과연 보병 돌격부대를 지휘했던 시저의 이해력보다 얼마나 진보한 것일까? (p.16)

전쟁에서 장군은 종종 리더십의 근원적 상태에 도달하게 된다. 시저는 진정한 리더는 인간과 과업, 모두에 높은 관심을 지니고 있다는 특성을 이해한 복합적인 인물이었다. 하지만 리더란 과업과 인간뿐 아니라 다른 긍정적인 대척성에서까지 뛰어나야 한다는 사실을 밝혀주지는 않는다.

여기서 새 와인이란 더욱 복합적인 관점을 우선 명료화한 후, 이를 더 단순하게 정제해 "리더십의 근원적 상태란 목적 중심적이며, 주체적이고, 관심의 초점을 타인에게 두며 개방적으로 외부상황을 받아들이는 것"이라고 설명하는 것이다. 좀 더 간단하게 말하면 그것은 완전성의 상태를 향한 개인과 집단의 끊임없는 움직임이다. 완전성을 향한 끊임없는 성장은 리더십의 처음이자 마지막이다. 완전성이 〈그림 7.2〉의 한가운데 있는 이유다.

제2부에 나오는 각각의 실행방법들은 조직과 개인의 완전성을 증진시키기 위한 것들이다. 리더십의 근원적 상태에서 개인과 조직은 그들이 추구해야 한다고 여기는 목적을 추구하면서 완전성을 증진시킨다. 개인과 조직은

---

*9-9스타일   로버트 블레이크와 머턴이 1964년에 고안한 리더십 스타일 유형이다. 인간관계지향과 성과지향에 각각 9개의 구획을 두어 어떤 상황에서도 이 두 영역에서 가장 적합한 스타일을 결합시키면 최상의 효과를 얻을 수 있다고 보는 리더십 이론이다.

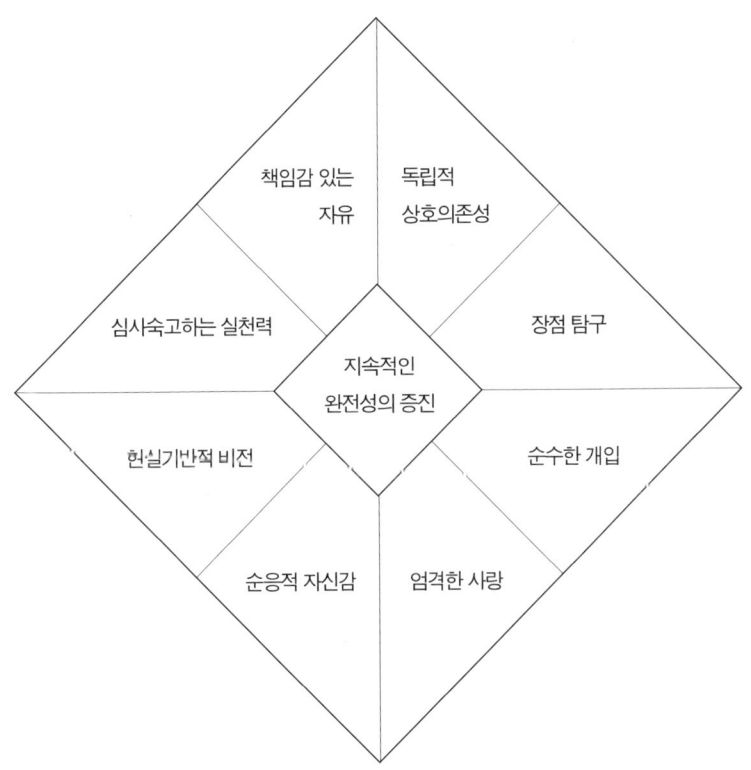

〈그림 7.2〉 리더십의 근원적 상태를 나타내는 8가지 개념

핵심가치를 실천하면서 완전성을 높여간다. 개인들은 타인과의 관계를 통해 더 높은 차원의 완전성을 얻게 된다. 조직에 속한 개인들은 조직 구성원들 서로가 어떤 식으로 관계를 맺느냐에 따라 더 높은 차원의 완전성을 가질 수 있게 된다. 조직과 개인은 변화하는 외부의 현실을 얼마나 솔직하게 인지하느냐에 따라 완전성을 높여간다. 완전성의 증진은 딥 체인지의 원동력인 동시에 그 결과물이다. 그것은 개인과 조직의 점진적 죽음과는 반대 개념이다. 그것은 이 세상의 엔트로피를 해결할 수 있는 답이 된다.

8가지 리더십 개념은 우리가 리더십의 근원적 상태에 도달하기 위한 실행방법 및 경로를 제시할 뿐 아니라 현실속에 존재하지만 우리가 보지 못하는 것을 보여주는 렌즈가 되기도 한다. 예를 들면 20세기 초반 우주과학자들은 태양계에 우리가 알지 못하는 행성이 있다는 가설을 뒷받침하는 자료와 이론이 있었음에도 불구하고 이 행성을 찾아내지 못했다. 하지만 그들은 결국 오랜 노력 끝에 명왕성을 찾아냈다.

사회과학에서는 인간관계를 예측하려 하지만 우주과학자들과 같이 쉽게 성공을 거두기는 힘들다. 우리는 아직 발견되지 않았지만 분명 존재하는 사회 현상의 패턴을 찾아내려 한다. 이것이 우리가 하려는 일이다. 우리는 리더십의 근원적 상태로 알려진 체계를 탐구하기 위한 대조적 개념들을 받아들이고 있다. 이들 개념은 우리가 전에는 보지 못한(시저조차도 알지 못한) 것들을 볼 수 있게 하는 도구들이다. 이들 개념의 목록은 완벽하지는 않다. 또 다른 많은 개념들이 발견될 수도 있을 것이다. 이것은 이제 겨우 시작을 의미할 뿐이다. 그러나 이들 개념은 분명 지금껏 읽어 온 각각의 딥 체인지 사례 속에서 명확한 의미를 드러내고 있다.

실행하기

우리는 이제 리더십의 의미에 대해 예전에 했던 방식과는 달리 보다 심오한 방법으로 묘사하고 탐구할 수 있는 개념적 도구 또는 용어를 갖게 됐다. 이들 용어는 우리가 리더십에 대해 다룰 때 사용했던 기존의 틀에 박힌 언어가 아닌 보다 다양하고 역동적인 방식의 언어라는 것을 믿는다. 하지만 나의 목표는 그저 새로운 이론적 모델을 제시하는 것이 아니다. 오히려 나는 우리 자신과 조직을 변화시키는 방법을 조명하고자 한다. 다음 장에서는 내가 묘사한 8가지 개념을 보다 더 자세하게 파고들어 이들 개념이 어떤 실행방법과 경로를 통해 리더십의 근원적 상태로 이끄는지 설명할 것이다.

리더십의 근원적 상태에 들어가기 위한 준비

이 장이 당신에게 주는 의미에 대해 사색할 수 있는 조용한 시간을 선택하라. 최대한 진실할 수 있도록 노력하라.

명상을 위한 질문들

1. 케빈은 왜 기가 막힐 수밖에 없었는가? 그가 해고를 당하면서 배운 교훈은 무엇인가? 그의 해고에서 당신이 배운 것은 무엇인가?
2. 당신은 '성공의 현장에 없이 성공을 거둔' 인물을 목격한 적이 있는가? 그 사람에게서 무슨 교훈을 얻었는가?
3. 〈표 7-2〉에서 32가지 리더십 특성은 8가지 대척성으로 제시되어 있다. 이를 활용해 당신이 리더로서 존경하는 인물을 정의 내려보라. 그 사람이 왜 능력 있는 인물인지 설명하기 위해 한 가지 이상의 대척성을 적용해보라.
4. 〈표 7-2〉의 8가지 대척성 가운데 당신이 지니고 있는 특성이 있는가?
5. 당신의 조직 속에서 바람직한 리더십의 특성이나 특징, 행동목록을 만들어보아라. 이를 〈그림 7-1〉의 경쟁가치 모형과 비교해보라. 무엇이 빠졌는지 살펴보자. 이 같은 현상이 의미하는 바는 무엇인가?
6. 〈그림 7-1〉의 부정적인 영역 중 당신은 어디에 자주 해당하는가? 그 이유는 무엇인가?
7. "완전성을 향한 끊임없는 성장은 리더십의 처음이자 마지막이다." 이 문장은 당신에게 어떻게 적용되는가?

자기발전

1. 〈그림 7-2〉의 리더십의 근원적 상태에 대해 생각해보자. 그리고 현재 당신의 모습을 묘사하는 글을 작성해보자.
2. 당신은 어떤 모습으로 변화하고 싶은지 기술해보자.

통찰의 공유

위 질문에 답하면서 공유하고 싶은 중요한 통찰이나 의미있는 이야기가 있다면 딥 체인지 웹사이트(www.deepchange.com)를 방문해 게시판에 올려주기 바란다. 당신의 이야기는 많은 사람들에게 도움이 될 것이다. 다른 사람들이 올려놓은 이야기와 그들이 얻은 통찰을 보고 싶을 때도 이 사이트를 방문하면 된다.

2부

리더십의 근원적 상태에 도달하기 위한 8가지 실행방법들

●

인간이 실제 필요로 하는 것은 긴장이 없는 상태가 아니라
가치 있는 목표를 향해 고군분투하는 것이다.
또한 인간이 필요로 하는 것은 긴장으로부터의 해방이 아니라
자신에 의해 완성되어야 하는 잠재가치에 대한 소명 의식이다.

-빅터 프랭클(1963)

제1부의 이야기들을 통해 우리는 리더십의 새로운 모형을 보게 됐다. 그 모형은 리더십이라는 것이 우리가 도달했다가 잠시 빠져 나오고, 또 다시 진입할 수 있는 창조적인 상태라는 것을 보여준다. 8가지 개념은 리더십의 근원적 상태의 핵심을 간파할 수 있도록 도와준다. 심사숙고하는 실행력, 순수한 참여, 장점 탐구, 현실기반적 비전, 순응적 확신, 독립적 상호의존성, 책임감 있는 자유, 엄격한 사랑. 이 각각의 개념들은 대척 관계에 있는 특성 사이에 존재하는 역동적인 긴장을 내포하고 있다. 그리고 이들 개념은 끊임없이 증대되는 완전성이라는 핵심 개념으로 모아진다. 제2부에서 우리는 8가지 개념을 이론적 골격으로서가 아닌 리더십의 근원적 상태로 입문하기 위한 경로와 실행방법으로서 다룰 것이다. 우리는 수많은 딥 체인지 사례를 통해 개인들이 어떻게 이들 경로를 거쳐 더 완벽한 완전성을 성취하게 됐는지를 살펴볼 것이다. 각 장의 끝에서는 각 실행방법과 관련해 당신의 현재 모습을 평가하고 당신의 성장을 위한 전략을 짜는 작업을 할 것이다.

8장
심사숙고하며 실행하라

우리가 행동과 사고를 통합하는 시도를 할 때 우리는 다르게 행동하기 시작한다. 우리가 조금 더 목적 중심적이고, 내부 추동적이며, 타인 초점적이고, 외부 개방적이게 되면 우리는 우리 자신의 실체와 우리가 실제 하고 있는 행동 두 가지를 더 많이 통합하게 된다. 이런 점에서 우리가 하는 일은 자아를 확장하게 되고 그리고 최고의 자아는 우리가 하는 일은 확장시킨다.

-빅터 프랭클

여기서 우리는 7장에서 소개된 8가지 실행방법의 첫 번째 요소인 심사숙고하는 실행력(reflective action)을 살펴볼 것이다. 플라톤은 돌이켜 보지 않는 삶은 가치가 없는 삶이라고 주장했다. 이에 대해 누군가는 "네, 살지 않은 삶은 돌이켜 볼 가치도 없죠"라고 대답했다. 심사숙고하는 실행력이란 이 두 가지 논쟁을 하나로 묶는 개념이다. 심사숙고하는 것과 실천하는 것을 하나로 통합하는 것은 쉽지 않다. 단적인 예로 비즈니스의 세계에서는 실행에 대한 압박이 엄청나다. 만약 우리가 심사숙고를 하느라 실행하기까지 너무 많은 시간을 끌게 되면, 결국 실행 측면에서는 실패를 하게 된다.

요즘은 실행력의 중요성에 더 편향되어 있다. 이런 점을 감안해 8장에서는 심사숙고하는 실행력을 수행하기 위한 방법에 대해 심사숙고하는 삶을 살았던 인물의 관점에서 살펴볼 것이다.

수도사 이야기

토마스 머튼은 지난 세기의 가장 영향력 있는 종교 작가 가운데 하나다. 그는 가톨릭에서 트래피스트회 수도사로 개종했다. 1948년 그는 베스트셀러 「7층 산(Seven Story Mountain)」을 출판했다. 그것은 많은 성공작 가운데 하나였으며 그는 이후 그의 고독과 사색, 명상에 관한 주옥 같은 작품들로 주목받았다.

10년 뒤인 1958년 5월 18일 머튼은 신비로운 체험을 하게 됐다. 그가 켄터키주 북부의 루이빌 쇼핑지역 한가운데인 퍼스 앤 월넛가 모퉁이에 서 있을 때였다.

> 갑자기 내가 이 모든 사람들을 사랑하고 있고, 그들이 내 안에 있고 내가 그들 안에 속해 있다는 깨달음에 가슴이 벅찼다. 우리는 서로 낯선 타인이면서도 더 이상 이방인이 아니었다. 그것은 이 특별한 세상, 금욕과 종교적 청렴의 세계에서 거짓된 자기 고립, 소외의 꿈으로부터 깨어나는 것이었다. 고립돼 있는 성스러운 존재에 대한 환영은 꿈이었다. 내가 깨달은 것은 소명의 실제와 수도사로서의 삶에 대한 의문이 아니라 수도사로서 너무 쉽게 세상으로부터 격리된다는 개념을 받아들인 것이 완벽한 환상이라는 것이었다. 기도와 맹세를 통해 다른 종류의 존재, 지상의 천사, 영적인 인간, 내재적 인간이 될 수 있다는 환상 말이다.

이 일이 있은 뒤 머튼은 변했다. 명상에 관한 글을 쓰는 것도 가치있는 일이었지만 더 이상 거기에만 매달릴 수 없었다. 그는 전형적인 수도사의 관심사에만 얽매이지 않았다. 그는 그 자신이 표현한 이 세상의 삶과 죽음에 관한 거대한 이슈와 마주하기 시작했다. 이후 그는 당대의 사회적 이슈에 적극적으로 관여하기 시작했다. 그는 명상과 심사숙고하기를 포기하지는 않았다. 그보다 심사숙고하는 일과 실행하는 일을 통합하기 시작했다.

우리 대부분은 조직의 구성원으로서 머튼과는 반대의 과제에 직면하게 된다. 우리는 심사숙고하고 묵상하기보다는 실행에 나서는 데 치우친 삶을 살고 있다. 이 같은 편향성은 실행하지 않고 극단적인 명상에 빠지는 것만큼이나 자신을 고립시키는 것이다. 머튼이 갖게 된 비전을 수도원 강당에 선 한 고위 임원의 입장에서 다시 재구성해봤다. 이 점에 대해서는 머튼에게 먼저 깊이 사과한다.

갑자기 내가 이 모든 사람들을 사랑하고 있고 그들이 내 안에 있고 내가 그들에게 속해 있다는 깨달음에 가슴이 벅찼다. 우리는 서로 낯선 타인이면서도 더 이상 이방인이 아니었다. 그것은 이 특별한 세상, 기업에 대한 헌신과 끝없는 업무의 세계에서 거짓된 자기 고립, 소외의 꿈으로부터 깨어나는 것이었다. 고립된 채 역량을 발휘하는 존재에 대한 환영은 꿈이었다. 나는 내 소명의 실제와 기업인으로서의 삶에 대한 의문이 아니라 기업인으로서 물질적 세상에서 살고 있다는 개념을 너무 쉽게 받아들인 것이 완벽한 환상이라는 것을 깨달았다. 돈을 벌면 우리는 다른 종류의 존재, 역량 있는 존재, 천재적인 분석적 능력을 지닌 인물, 막강한 인물이 될 것이라는 환상 말이다.

기업 세계에서 우리는 종종 실행에 집착하게 된다. 우리는 일찍 출근해 늦게까지 일하는 것이 강하게 기대되는 가득찬 조직 문화를 발전시킨다. 우리는 강박적으로 A형 성격을 지닌 인간을 강조한다. 우리는 기력이 상실되는 것에 대한 고통, 삶의 균형을 잃어버리게 되는 것에 대한 불평을 늘어놓는다. 우리는 조직이 정신적 측면에서의 인지력을 갖춰야 하고 개인의 완전성을 이루는 것이 필요하다는 이야기를 감히 하지 못한다. 실행하는 것과 반추하는 것 사이를 인위적으로 분리해 놓은 이 뒤틀린 세계에서 우리는 점진적 죽음의 소용돌이라는 덫에 빠진다. 사람들은 종종 어떤 목적을 향해 나아갈 용기가 부족하다는 생각을 갖게 된다. 그들은 딥 체인지 대신 점진적 죽음을 선택한다.

4장에서 본 광적인 사장이었던 마크 실베버그의 이야기를 떠올려보자. 그는 계속 무언가를 실행해 나가야 한다는 요구를 받고 있는 빠져나갈 수 없는 덫에 걸려 있다고 느꼈다. 만약 그가 "위기에서 위기로 넘나드는 것"을 멈췄다면 조직은 틀림없이 와해됐을 것이다. 하지만 마크는 변화를 추진하겠다는 용단을 내렸다. 그는 자기 내면의 목소리에 귀를 기울이게 됐다. 그리고 자신에게 중요한 일을 할 수 있는 시간을 냈다. 그리고 그는 줏대 있는 인간이 됐다. 그러자 그를 둘러싼 세상도 바뀌었다. 세상은 재구성되어 마크를 지원하기 시작했다.

우리가 마크의 이야기를 충분히 숙지한다면 많은 것을 깨닫게 될 테지만 내 경험상 대부분의 사람들은 이를 제대로 고려해보지 않는다. 우리는 자기 자신을 이 이야기와 분리시켜 생각한다. 우리는 마크가 약간 비정상적인 인물이었고 우리 자신은 그가 했던 일을 할 수 없다고 말할 것이다. 우리 가운데 대다수는 탈출구가 없다고 '여긴다'. 우리가 그렇게 '여기는' 이유는 마크처럼 하기 위해서는 우리 스스로가 생각하는 능력보다 더 큰 용기와 신념이 필요하다는 것을 알기 때문이다. 이 점에서 우리는 신비로운 체험을 하기 직전의 머튼과 닮았다. 다른 점이라고는 반추와 실행의 대척적 특성이 머튼과는 정반대의 양상을 보이고 있다는 것이다. 머튼처럼 우리는 절반의 삶을 살고 있다. 우리는 끊임없이 실행하는 삶 속에서 심사숙고함으로써 얻을 수 있는 영향력의 가치를 소중하게 여길 줄 아는 삶으로 옮겨갈 필요가 있다. 그러면 우리도 머튼처럼 이 두 가지 특성을 통합해야 할 필요성을 느낄 것이다. 이 두 가지 특성을 통합하는 노력을 기울이게 되면, 우리의 행동은 이전과 달라진다. 자신의 행동에 대해 곰곰이 생각해볼 때 우리는 "존재의 중심"으로의 여정을 떠나게 된다. 거기서 우리는 최고의 자아를 발견하고 또한 리더십의 근원적 상태로 들어서는 용기를 갖게 된다. 그러면서 우리는 행동양식을 변화시킨다. 보다 목적 중심적이고 주체적이며 관심의 초점을 타임에게 맞추고 개방적으로 외부상황을 받아들이게 되면 우리 자신과 우리가 하고자 하는 일을 보다 더 완벽하게 통합할 수 있게 된다. 이 순간 우리가 실행하는 일들은 우리 자신의 최상의 모습을 드러내게 되고, 또 최상의 자아는 우리가 실행하는 일들을 최대화하게 된다.

심사숙고하는 실행력

심사숙고하는 실행력에 내재된 긍정적인 긴장감*은 〈표 8.1〉에서 볼 수 있

〈표 8.1〉 심사숙고하는 실행력

부정적	긍정적	통합	긍정적	부정적
너무 주의 깊고 생각이 깊어 정체되거나 비활동적이다.	주의 깊고 사려깊다.	실행력이 있되 심사숙고한다.	활동적이고 정력적이다.	너무 활동적이고 정력적이어서 생각과 주의가 깊지 못하다.
정체된 비활동적인	심사숙고하는 주의 깊은	생각이 깊으면서 활동적인	활동적인 정력적인	주의 깊지 않은 생각이 깊지 않은

심사숙고하는 실행력: 생동적이며 정력적이고 동시에 주의 깊고 생각이 깊다. 세상 일에 깊이 관여하는 동시에 자신에 대해 심사숙고하며 명상의 시간을 보낸다. 일을 벗어나 사색을 하면서 일에 대한 주의력을 더욱 증가시킨다. 행동하는 동시에 배우게 되고 능동적으로 창조하면서 주의 깊고 정력적으로 활동한다.

개인 훈련: 나는 실행에 따른 학습과 지속적인 자각에 의한 실행을 통해 내가 누구이고 내가 하고 있는 일을 왜, 어떻게 하고 있는지를 받아들이는 마음을 항상 쇄신한다. 나는 실행과 명상의 상호관계 속에서 산다. 나는 실행력을 갖되 심사숙고한다.

*긴장감 두가지 상반된 특성 간의 균형을 맞추는 과정에서 작용하는 힘

다. 지나치게 주의 깊고 생각을 너무 많이 하면 정체되고 활동성이 떨어지는 경향이 있다. 반대의 경우, 이는 조직 생활에서 훨씬 흔한 경우지만, 지나치게 활동적이고 정력적이게 되면 사려 깊지 못하고 주의 깊지 못한 상태가 된다.

우리의 도전 과제는 심사숙고하면서도 동시에 강한 실행력을 갖는 것이다. 이것은 자신의 삶에서 무슨 일이 일어나고 있는지 정기적으로 숙고해보는 것을 통해 갖추게 되는 능력이다. 먼저 업무를 추진하면서 충분히 숙고할 수 있는 역량을 키우기 위해 잠시 일상 업무에서 벗어나 사색하는 시간을 가져야 한다. 그렇게 할 때 실행과 학습이 동시에 가능하게 되는 것이다. 결국 자신이 원하는 삶을 만들어가면서 우리는 정력적인 활동을 펴는 동시에 깊은 사고를 할 수 있게 된다.

심사숙고하는 실행력의 실천

우리는 집단에 대한 접근을 통해 이를 탐구한 후 글쓰기 훈련에 대해 살펴볼 것이다.

집단적 접근

기업세계의 문화는 깊이 사색할 수 있는 가능성을 없애버리는 경향이 있다. 이를 상쇄하기 위해 우리는 종종 지원을 필요로 한다.

예를 들어 내가 수년간 함께 일했던 한 청년을 예로 들어보자. 그 기간 동안 그는 중소기업의 사장이었다. 다른 사장과 찬가지로 그는 항상 실행력에 대한 압박감을 느꼈다. 그가 자신이 YPO(Young Presidents' Organization)의 멤버라는 것에 큰 자부심을 느끼고 있다는 얘기를 꺼내다가 우리는 실행력에 대한 압박감에 대한 토론을 하게 됐다. 나는 그에게 왜 YPO 멤버인 것이 자랑스럽냐고 물었다. 그는 그들의 정기 모임의 전형적인 의제들을 설명했다. 정해진 의제는 없었다. 그 대신 이 모임의 젊은이들은 복잡한 사업적 문제부터 중요한 개인적 문제들까지 그들이 가장 관심을 기울이고 있는 의제를 확인하는 시간을 가졌다. 멤버들은 각 이슈를 놓고 토론하는 시간을 가졌다.

내 친구는 이 모임이야말로 그가 매달 하는 일 중 가장 가치 있는 시간이 되고 있다고 말했다. 그는 모임의 은밀한 성격이 믿음을 낳고, 사람들은 서로를 도와주기 위한 노력을 아끼지 않는다고 말했다. 그들과의 토론 속에서 그는 자신이 누구이고 다음에 해야 할 일이 무엇인지를 명확히 이해하게 됐다. 그 과정은 그가 평소에 하지 않던 심사숙고하는 시간을 제공해준 것이다.

이 모임이 어떻게 운영되는지에 대해 들은 후 나는 다음과 같은 훈련방법을 고안했다.

핵심 이슈에 대해 심사숙고하기
1. 다음 질문에 간단한 답을 작성한다. 그리고 당신의 현재 가장 중요하게 여기는 관심사에 대해 3분 분량의 리포트를 준비하라.
  지난달에:
  당신에게 일어난 가장 좋은 일은 무엇이었나?
  당신에게 일어난 일 가운데 가장 힘든 일은 무엇이었나?
  다음달에:
  직장에서 가장 힘든 상황은 무엇인가?
  개인적으로 가장 힘든 상황은 무엇인가?

2. 3분 또는 그 이내에 각자의 리포트를 발표한다. 마감을 잘 지켜라. 각자의 리포트가 발표되면 그룹 멤버들은 들은 바를 적어본다.
3. 그룹은 발표 시간 동안 핵심 주제를 파악해야 한다. 그 이슈들은 결혼, 이혼, 소기업을 중시에 상장하는 것, 자녀와의 문제, 조직의

긴급한 이슈를 해결하는 방법, 혹은 다른 넓은 주제들을 포함하게 될 것이다. 일주일 동안 그룹은 한 시간 동안 5가지 가장 중요한 주제에 대해 연설하는 시간을 갖는다.

4. 그 시간 동안 한 사람은 그 주제에 대해 (5분 정도의) 짧은 프레젠테이션을 하고 또 다른 사람은 그 발표자의 코치가 된다. 발표가 끝날 때쯤 코치는 그 토론의 도우미 역할을 할 것이다.

5. 도우미는 사람들에게 조언을 유도한다. 도우미는 사람들이 "당신은 …해야만 한다"는 식의 화법 대신 "내 경험에 따르면 …했다"는 식의 화법을 구사하도록 유도해야 한다.

그 다음 일주일간 열린 경영진 교육 프로그램에서 나는 참가자들에게 이 훈련방법을 직접 활용해봤다. 사람들은 내 친구가 YPO에서 경험했던 것과 비슷한 반응을 보였다. 그들은 이방인으로서 그렇게 친밀감을 느낄 수 있다는 사실에 놀라워했다. 그들은 자신들이 토론을 통해 그 같은 통찰력을 얻을 수 있다는 점에 감탄했다. 나는 그 같은 훈련방법은 어떤 그룹에서도 이뤄질 수 있다고 지적했다. 실제로 많은 기업들이 이와 같은 그룹을 구성하고 「딥 체인지」를 교재로 삼아 각 개인들이 자신의 활동 패턴을 숙고해보는 자리를 갖고 있다. 실행력과 숙고하는 자세를 통합하기 위한 토대를 얻는 방법으로 이와 같은 그룹 접근법을 쓸 수 있다.

글쓰기 훈련

아마 실행력과 심사숙고하는 자세를 통합하는 가장 흔한 방법은 정기적인 글쓰기 습관일 것이다. 이를 위해 당신 일상생활에서 일어났던 일들에 관해 매일같이 사색하고 글을 쓰는 시간을 마련해야 한다. 몇몇 사람은 매일 일기를 쓰면서 그날 있었던 일을 간단히 기록하기도 한다. 그러나 심사숙고하는 실행력은 그날 있었던 일을 단순히 기록하는 것 이상의 노력을 필요로 한다.

우리는 자신이 누구이고 우리가 하는 일이 우리 자신과 얼마나 조화를 이루는지 주의 깊게 살펴봐야 한다. 우리의 현재와 과거를 잇는 연결고리를 고민해봐야 할 때도 있다. 예를 보자.

나는 내 아들 숀과 함께 책(Quinn and Quinn, 조만간 출판 예정)의 한 장(chapter)을 쓰게 됐다. 숀은 컬럼비아대학교에서 조직심리학 전공으로 막 석사학위를 받았는데 컨설턴트가 되고 싶어한다. 우리가 함께 쓴 장은 '변형적 변화의 전도자(transformational change agent)'가 되는 과정에 관한 것으로 두 개의 편지로 구성됐다. 첫 편지에서 나는 숀에게 변형의 기본 개념들에 대해 설명했다. 이 책에 나오는 것처럼 그 개념들은 개인의 책임이 엄청나게 크다는 것으로, 이제 막 사회생활을 시작한 사람들 대부분은 변형적 삶을 살도록 요구받을 수 없을 것이라는 결론을 내리게 될 것이다. 하지만 나는 숀에게 특별한 것을 요구했다. 나는 그에게 실행에 관해 깊이 숙고해보도록 요청했다. 특히 그의 인생에서 이미 실행되고 있는 활동에 대해 숙고해보라고 했다.

여기서의 핵심은 숀을 비롯해 우리 모두가 보물을 가지고 있다는 점이다. 이것은 우리가 자신의 현재 상황을 바라보고만 있을 때는 결코 발견할 수 없는 것들이다. 하지만 우리가 발견하는 것들은 현재 상황과는 정반대의 결과물이다. 우리 과거 행동 유형 가운데는 종종 깊은 변화의 유형이 포함되어 있다. 이들 유형에 대해 돌아보면 우리가 어떻게 자신을 보는지, 그리고 우리 자신의 상황을 어떻게 보는지 크게 깨달을 수 있다.

숀은 내가 시킨 일들을 하면서 큰 두려움을 느꼈었다고 말했다. 그는 고등학교 시절 농구부 생활과 선교사 경험, 그리고 직장에서 처음으로 관리자가 됐을 때를 통찰하는 글을 썼다. 과거에 대해 반추함으로써 사람들이 어떻게 새롭게 깨닫게 되는지를 설명하기 위해 여기에 아들의 글 중 마지막 부분을 소개한다.

대학 졸업 후 나의 첫 직장은 그 지역에서 가장 빠른 속도로 성장 중인 트럭 회사였다. 나는 서부 지역을 총괄하는 사장의 직속 비서로 근무했고 따라서 CEO와 함께 일할 수 있는 기회가 많았다. 얼마 지나지 않아 CEO와 나는 서로 신뢰하는 관계가 됐다. 그렇게 관계를 발전시킬 수 있었던 것은 내가 과거의 경험에서 배운 것들이 작용했기 때문이다.

사장은 IT회사에 투자하기로 마음먹었다. 그 회사는 우리의 트럭과 트레일러를 추적하고 관리할 수 있는 새로운 IT기술을 보유하고 있었다. 우리는 그 시스템이 우리 기업의 순익을 훨씬 높여줄 것이라고 확신했다. 하지만 그 기술을 도입하는 과정은 순조롭지 않았다. 거기에는 많은 문제와 저항이 따랐고 결국 그 기술의 활용도는 5%에 지나지 않았다. 그 상황에서 내가 그 프로젝트를 맡게 됐다.

몇 주간의 분석 작업 후 나는 두 가지 일을 하기로 결심했다. 우선은 그 시스템에 대해 궁금증을 안고 날 찾아오는 운전사들이 있을 때마다 그들에게 매니저와 함께 오도록 했다. 나는 매니저에게 그 시스템을 사용하는 방법을 가르쳤다. 매니저들은 처음에는 굉장한 저항감을 갖고 있었다. 하지만 결국 그들은 그 시스템을 통제하는 방법을 터득하게 됐고 자신의 성취감에 매우 만족스러워했다. 그 다음에 그들은 돌아가서 운전기사들을 가르쳤다. 두 번째로 나는 고위임원들과 대화하는 데 많은 시간을 할애했다. 나는 계속해서 그들에게 그 시스템에 대한 이해력을 업무 수행 능력 평가의 조건으로 삼도록 강요했다. 이런 일이 무난히 진행되자 점점 큰 성과를 거두게 됐다.

시간이 적당히 지난 뒤에도 여전히 그 시스템을 사용하지 않는 운전기사와 매니저들이 있었다. 처음에는 그들을 따끔하게 문책하려 했지만, 나는 그 문제를 내 책임으로 받아들이기로 했다. 그들이 그 시스템을 이용하지 않는다면 나에게도 책임은 있다. 이 같은 깨달음의 결과 나는 새로운 전략을 세우기로 했다. 나는 어떤 상황에서건 사람들과 보다 큰 미래의 가능성에 대해 끊임없이 얘기했다. 나는 그 기술을 적극 활용하면 그 IT회사를 상장시키는 데 도움을 주게 될 것이고, 우리 회사가 그 회사 지분을 소유하고 있으므로 그것은 우리 회사 이익에 일조할 것이라고 설명했다. 나는 계속 이 점을 설명했다. 나는 또한 그 시스템 활용도가 높아지고 있다는 사실을 끊임없이 확인시켜줬다. 나는 그들과 많은 대화를 나눴고 그들이 겪는 문제가 무엇인지 확인하기 위한 질문지를 배포했다. 나는 각각의 문제를 해결하기 위해 뭔가 행동을 취해야 한다고 확신했다. 나는 그 시스템을 사용하지 않는 사람들이 누구인지 확인했고, 그들을 위해 시간을 할애하기 시작했다. 나는 그들이 그 시스템을 배우는 데 필요한 것을 위해서라면, 그리고 그 시스템을 가르치기 위해서라면 무엇이든 했다.

시스템 활용도가 높아지기 시작했다. 넉 달 후 시스템 활용률은 5%에서 60%로 뛰어올랐다. 이렇게 되자 우리는 이 시스템에서 진짜 문제를 발견하게 됐다. 여기서 나는 완전성을 이루는 데 실패했다. 나는 어떻게 하면 CEO를 만족시킬 수 있을까에 많은 신경을 썼다. 그는 새 IT 회사가 성공하기를 원했다. 그래서 난 새로운 기술의 문제점에 관해 나의 책임한도를 줄이려고 했다. 나는 또한 IT회사의 사람들을 다루는 데도 실패했다. 나는 그들이 좀더 솔직해질 수 있도록 해야 했다. 그들은 현실의 고통을 직면하려 하지 않았다. 나 역시 그들에게 고통을 안겨 줄 용기가 없었다. 결국 그들은 생산 라인 일부를 포기해야 했다. 그들은 손실을 봐야 했고 우리도 마찬가지였다.

이 이야기를 작성하면서 숀은 자신에게 굉장히 솔직해지려고 노력했다. 그는 자신의 성공에 관해 얘기를 했을 뿐 아니라 그의 실패, 즉 그의 완전성이 부족했음을 시인한다. 일기를 쓰는 것과는 달리 이 같은 글쓰기는 개인을 깊이 깨닫도록 돕는다. 글쓴이는 자신에 대해 배우기 시작한다. 다음은 숀이 깨달은 교훈들이다.

교훈: 처음 단락에서 나는 왜 사람들이 변화해야 하는지를 말하면서 합리적으로 설명하려고 노력했다. 또 관리자들이 사람들을 평가하도록 함으로써 정치적인 수단을 행사하기도 했다. 나는 사람들을 학습 과정으로 끌어들이기 위해 참여하기 기법도 일부 활용했다. 하지만 그 같은 노력에도 불구하고 우리는 부분적으로 밖에 성공할 수 없었다. 그 순간 다른 사람에 책임을 돌리고 싶었다. 하지만 나는 스스로 변화하기로 했다. 나는 결과에 대해 더 많은 책임을 지려 했으며 내 완전성을 증진시키려 했다. 이를 통해 나는 더 큰 헌신과 노력을 기울이게 됐고 나 자신부터 시작해 타인의 변화를 이끌었다. 그것은 큰 성공을 거뒀다.

하지만 가장 핵심적인 영역에서는 완전성이 부족했다. 나는 회사에 얼마나 도움이 되는가 보다는 얼마나 CEO에게 좋은 인상을 심어줄 수 있는가를 더 걱정했다. 나는 극도의 혼란에 빠졌고 결국 우려했던 대로 실패의 나락으로 떨어졌다. 이 이야기를 통해 나는 그때 볼 수 없었던 것을 지금은 볼 수 있게 됐다. 내가 직시하기를 거부했던 것들에 눈을 뜨게 된 것이다. 변화한다는 것은 우리가 가장 하기 싫어하는 것, 우리 자신의 이중성에 끊임없이 개입할 수 있는 능력을 활성화하는 것이다. 나는 이 경험을 통해 미래에 같은 상황에 처했을 때는 좀 더 다르게 접근할 수 있게 될 것이라고 믿는다.

숀의 이야기는 미래에도 지속적으로 심사숙고하는 실행력을 위해 노력을 기울일 것이라는 점을 보여준다. 그는 그가 배웠던 것, 그 교훈들이 그에게 의미하는 것에 대해 몇 가지 추가적으로 회고하며 편지를 마친다. 그 내용은 다음과 같다.

전문적인 변화 전도자가 되려는 과정에서 나는 협상법과 의도적으로 개입하는 방법들을 경험하게 됐다. 초기 개입과정에서 나는 초보자 같았다는 생각이 든다. 나는 햇병아리들이나 하는 말과 행동을 보였다. 나는 내 상관이 어떻게 생각할까 하는 것에 대해 지나치게 우려했다. 나는 그들이 듣고 싶어 하는 말을 해주려 했다. 나는 옳다고 생각했던 것을 말하려 했지만 결국 스스로 만족스럽지 못한 말만 늘어놓았다. 나는 사람들에게 도전의식을 깨워주긴 했지만 그들을 지지해주지는 못했다. 나는 변화의 프로세스를 사람들이 받아들이도록 하기 위해 설명을 멈춰야 했다. 오히려 나는 그것을 내 삶 자체로 보여줬어야 했다.

여기서 내가 배운 통찰은 미래에는 내가 전혀 다르게 행동할 것이라는 점이다. 나는 보다 주체적이고 타인에게 관심의 초점을 맞추도록 노력하면서 나보다는 다른 사람에게 도움이 되는 결정을 내리게 될 것을 믿는다. 나는 내 자신과 타인들이 스스로를 기만하도록 방관하지 않을 것이다. 나는 주위 상황과 관계를 개선시키기 위해 무엇을 변화시켜야 할지 끊임없이 자문하게 될 것이다. 나는 내가 규칙과 짜여진 계획에서 벗어나 함께 창조해나가는 상태를 배울 수 있도록 할 것이다. 나는 이것들이 말처럼 실천하기가 결코 쉽지 않을 것이라는 것을 알고 있다. 하지만 과거 몇몇 사례에서 터득했던 경험들이 앞으로 내가 나아가는 데 큰 도움이 될 것이다.

지난 주에 영화 한 편을 보았다. 그 영화는 대충 살아가면서, 그로 인해 삶의 고통이 비롯되고 있다는 것을 부인하는 한 여자에 관한 것이었다. 그녀는 자신이 곧 죽게 된다는 것을 알게 되고부터 무엇이 문제인지 깨닫기 시작한다. 그녀는 직장에서 대부분의 사람들이 두려워하던 선택을 하기 시작한다. 그녀는 점점 더 진실해지기 시작한다. 그녀는 위험을 감수하고 새로운 관계를 창조하기 시작한다. 영화는 그녀가 더 나은 새 직책들을 맡는 것으로 끝을 맺는다.

내 과제는 죽음이라는 매개체 없이도 그녀가 했던 일을 하는 것이다. 나는 진실된 삶을 살아가기를 원한다. 내가 그런 삶을 선택했기 때문이다. 나는 변형적 변화의 주체가 되는 데 한걸음 더 가까워지기 원한다. 왜냐하면 내가 성장하는 것이 결국 다른 사람의 성장에도 도움이 되기 때문이다.

리더십의 근원적 상태에 들어서기

우리는 토마스 머튼이 했던 것처럼 현실 세계에 참여하는 동시에 심사숙고하고 명상하는 삶을 통합해야 한다. 내 친구는 집단적 과정을 통해 이를 해낼 수 있음을 발견했다. 숀은 과거의 경험으로 자기의 현실을 조명해보는 것이 이를 이루는 데 도움이 된다는 것을 알았다. 당신은 어떤 기술이 당신에게 가장 도움이 될 것인지 곰곰이 생각해봐야 할 것이다.

리더십의 근원적 상태에 들어가기 위한 준비

이 장이 당신에게 주는 의미에 대해 사색할 수 있는 조용한 시간을 선택하라. 최대한 진실하게 오늘날 자신의 모습을 평가하는 작업부터 시작하라.

명상을 위한 질문들

1. 당신의 현재 모습을 가장 잘 표현하고 있는 항목을 표시하라.
_나는 명상의 시간을 갖고 있다.
_나는 모든 경험에서 깨달음을 얻는다.
_나는 모든 성공과 실패를 엄밀하게 평가한다.

_나는 과거 경험 중 변화의 순간을 기억한다.
_나는 변화의 순간이 주는 교훈을 되새긴다.
_나는 개인적으로 경험에 근거한 변화 이론을 가지고 있다.
_나는 지속적으로 내 자신의 가치를 평가한다.
_나는 내 자신이 누군지 알고 있다.
_나는 내 안의 위대함을 인지하고 있다.
_나는 타인의 위대함을 인지하고 있다.
_나는 집중력이 있으며 생산적이다.
_나는 평온하며 초점이 분명하다.
_나는 매우 활동적이다.
_나는 힘이 넘친다.
_나는 많은 성과를 거뒀다.
_나는 모든 상황 속에서 가능성을 찾는다.
_나는 앞으로 펼쳐질 미래를 그리고 있다.
_나는 나의 정서적 상태를 내가 선택한다.
_나는 확고한 신념을 지니고 살고 있다.
_나는 내가 하는 일을 사랑한다.

2. 이 표에 근거해 자신을 평가한 후 오늘날 당신에게 해당되는 특성이라고 생각하는 항목의 해당점수에 동그라미를 표시하라. 이 표에서 '부정적인' 영역은 긍정적인 특성이 과도하기 때문에 결국 부정적인 특성을 가진다는 것을 의미한다는 점을 명심하라. 표에서 '통합적' 영역은 대조를 이루고 있는 긍정적 특징들이 잘 통합돼 있는 것을 의미한다. 만약 당신이 사려 깊은 생각과 정력적인 행동 두 가지를 잘 통합하고 있다고 느낀다면 '통합적' 영역의 숫자 중 하나만 선택해 동그라미를 표시하면 된다. 그렇지 않다면 표의 양

측면에 위치한 각 칸에 총 두 개의 동그라미를 표시해야 한다.

부정적	긍정적	통합적	긍정적	부정적
정체된	주의 깊은	심사숙고하며	활동적인	주의력 없는
비활동적인	심사숙고하는	실행력 있는	정력적인	사려 깊지 못한
-3 -2 -1	1 2 3	4 5 4	3 2 1	-1 -2 -3

자기 발전

1. 당신이 채점한 평가 표의 점수에 근거해 심사숙고하는 실행력을 주제로 자신을 묘사하는 글을 써보자. 당신 자신의 글로 리더십의 근원적 특성 측면에서 당신의 현재 위치를 묘사해보자.
2. 심사숙고하는 실행력과 관련해 자신을 개선할 수 있는 전략을 써 보자. 오늘 당장 시작할 수 있는 일들을 가능한 매우 구체적으로 적어보자.

심사숙고하는 실행력을 실천하기 위한 유용한 지침

1. 시간을 귀중한 자원으로 다뤄라.
2. 당신만이 할 수 있는 일을 하는 데 보내는 시간을 최대한 늘려라.
3. 다른 사람이 할 수 있는 일을 하는 데 보내는 시간을 최소로 줄여라.
4. 당신의 목표를 이루기 위한 일간, 주간, 월간, 연간 계획을 세워라.
5. 당신이 과거에 했던 일간, 주간, 월간, 연간 계획을 분석하고 거기에서 교훈을 얻어라.
6. 모든 행동에는 목적을 분명히 하라.
7. 모든 행동을 기약 없이 놔두지 말라. 항상 다음 단계로 연결시켜라.
8. 만약 직관적으로 불편함을 느끼기 시작한다면 그 이유를 찾아보아

라. 당신의 불안에 대한 근원적 이유를 분석하라.
9. 당신 자신이 누구이며 당신이 어떤 사람이 되어가고 있는지 매일 묻는 시간을 가져라.
10. 당신의 가치들을 지속적으로 명시하라.
11. 당신의 가치와 현재 행동 사이의 격차를 분석하라.
12. 가장 쉬운 길을 택하려는 유혹을 이겨라.
13. 자신에 대해 생산적인 행동을 요구하라.
14. 당신 삶 속의 관계들을 분석하라.
15. 인생의 핵심 이슈들에 대해 토론하는 그룹을 만들어라.
16. 반성할 수 있는 신성한 시간을 가져라.
17. 영적인 훈련을 개발하라.
18. 정기적으로 신체적인 운동을 해라.
19. 당신에게 즐거움을 주는 일을 매일 해라.
20. 계획적인 삶을 살도록 하라.
21. 자신의 약점을 이해하고 그것을 개선하기 위해 노력하라.
22. 자신의 장점을 이해하고 그것을 발전시키기 위해 노력하라.
23. 다른 대안적인 방안을 고려할 수 있도록 훈련하라.
24. 끊임없이 당신의 활력 수준을 점검하라.
25. 당신의 가치와 행동이 항상 동조를 이루고 있는지 확인하라.

통찰의 공유

위 질문에 답하면서 공유하고 싶은 중요한 통찰이나 의미 있는 이야기가 있다면 딥 체인지 웹사이트(www.deepchange.com)를 방문해 게시판에 올려주기 바란다. 당신의 이야기는 많은 사람들에게 도움이 될 것이다. 다른 사람들이 올려놓은 이야기와 그들이 얻은 통찰을 보고 싶을 때도 이 사이트를 방문하면 된다.

9장
순수함을 지키며 관여하라

스스로 활성화하는 사람은 단 한명도 예외 없이 자신의 외부에서 일어나는 일, 즉 자기자신 이외의 것에 관여한다. 그들은 자신이 매우 가치 있다고 여기는 일을 하며, 그 일에 전적으로 헌신한다. 이런 일은 일종의 사명이고, 종교적 의미에서는 소명이라고도 한다.

-A. 딘 버드 & 마크 D. 챔벌레인(1995)

'심사숙고하는 실행력'은 실행이라는 영역과 개인의 정체성이라는 영역을 통합할 수 있는 능력을 포함하고 있다. 자신의 행동 패턴을 깊이 반추해보면 우리는 자신이 누구인지, 무엇을 하고 있는지 분명히 알 수 있다. 그 결과로 우리는 창조적으로 우리 자신의 행동과 내면의 자아를 통합할 수 있게 된다. 심사숙고하는 실행력의 개념과 사촌격이라 할 수 있는 것이 순수한 개입(authentic engagement)이다.

한 어머니와 딸의 사례를 통해 순수한 개입에 대한 이야기를 시작해본다. 가정의 화목에 관한 이야기는 결혼관계, 강의실, 포춘 지 선정 500대 기업을 포함해 사회 전반에 걸쳐 변화에 대한 훌륭한 표본이 된다는 점에서 이 이야기를 풀어놓는다.

자기 기만을 극복하기

테리 워너(2001)는 에린이라는 8살짜리 여자아이에 대한 이야기를 들려준다. 에린은 학교 생활에는 도무지 관심이 없고 오히려 말썽만 부리는 아이다. 어머니는 에린이 항상 자신과 몇 시간을 함께 보내며 숙제도 같이 했다고 말했다. 에린은 불만에 가득찬 아이었다. 어머니는 항상 밝은 표정을 지으려 애썼고, 가끔씩 에린을 따뜻하게 안아주면서 에린에게 자신이 사랑받고 있다는 믿음을 주려고 애썼다. 하지만 시간이 갈수록 어머니는 짜증이 났다. 그녀는 모범생이고 학습욕구가 높은 동생과 에린을 비교하지 않기 위해 스스로 많은 노력을 기울였다. 에린의 어머니는 말했다. "에린 문제는 정말 절망적입니다. 왜냐하면 수년 동안 그 아이에게 엄청난 노력을 퍼부었거든요." 그녀는 에린과 플래시 카드 알아 맞추기 연습을 할 때 에린이 자신을 괴롭히려고 일부러 틀린 답을 말하던 순간들을 털어놓기도 했다.

　에린의 어머니는 도움을 청하기 위해 워너가 운영하고 있는 자기 수양 워크숍에 참가했으며 그곳에서 자신을 깊이 돌아보는 훈련 받았다. 이 경험은 놀라운 결과를 가져왔다. 그녀는 개인적인 변화를 경험했으며 세상을 보는 그녀의 관점도 변했다. 에린과의 관계를 되돌아 보면서 그녀는 자신이 에린에 대한 사랑과 관심을 표현할 때 엄청난 자기기만에 빠져 있었음을 깨닫게 됐다. 또한 마음 속에는 부정적인 감정을 품고 에린과 대화했다는 것을 발견하게 됐다. "나는 겉으로는 격려의 말을 했지만, 마음 속으로는 에린을 믿지 않았습니다. 딸 아이는 그런 사실을 느끼고 있었던 거죠."

　이 새로운 복합적 세계관 덕택에 그녀는 딸에 대해 한 차원 더 높은 관심을 가지기 시작했다. "에린을 무조건적으로 사랑해줄 능력이 부족했던 저 때문에 에린이 힘들어 했을 것을 생각하니 눈물이 쏟아졌습니다." 자신들의 관계에 대해 새로운 관점을 갖게 된 에린의 어머니는 이제 세세한 것들에 매달리지 않게 됐다. 그녀는 자기절제의 중요성을 몸소 실천하려고 노력했고, 에린에게는 도움이 필요할 때 자신에게 도와달라고 부탁할 수 있도록 했다. 그러자 둘 사이에 극적인 변화가 생겼다. 에린의 학교 생활은 순조로워졌다. 어머니는 매우 인상 깊었던 순간을 얘기한다.

나는 에린을 내 무릎 위에 올려 놓고 바라봤다. 그리고 우리 사이에 사랑의 감정이 흐르고 있다는 느낌에 가슴이 벅차 올랐다. 나는 아이를 꼭 껴안고 내가 에린을 얼마나 사랑하는지를 얘기해줬다. 8년 만에 처음으로 내가 아이에게 진실한 사랑을 표현하고 있다는 것을 알 수 있었다. 예전에도 아이를 안아주기는 했지만 사랑의 감정이 흐르지는 않았다. 이제는 사랑이 흐르고 있는 것이다. 마치 생애 처음으로 갓 태어난 아기를 껴안고 있는 것만 같았다. 눈물이 흘러내렸다. 아이는 나를 보고 말했다. "엄마, 날 사랑해서 우는 거지?" 나는 고개를 끄덕였다. 아이는 속삭였다. "엄마, 난 엄마랑 언제나 함께 있을 거야."

무슨 일이 일어난 것인가?

에린과 그 어머니의 이야기를 읽은 몇몇 사람들은 "그 어머니는 한발 물러나 딸이 스스로 결정할 수 있도록 했군요. 그게 바로 당신이 말한 방법 아닌가요?"라고 말한다. 나는 아니라고 대답한다. 그렇다면 무슨 일이 일어났단 말인가?

이 이야기를 주의 깊게 읽어보라. 어머니('관리자'의 역할로 볼 수 있다)가 생각하는 문제는 다음과 같다. "8살짜리 아이가 공부하기를 싫어한다." 그녀는 자신의 동기가 순수했다고 주장한다. 또 자신의 전략에 대한 논리, 변화 대상의 저항 그리고 그녀가 느꼈던 좌절에 대해 얘기한다. 이 같은 행위들과 감정은 일반적인 상태의 사람에게는 흔한 일이다. 그러나 이후에 일어난 일들은 일반적이지 않다. 그것은 비범하고 변혁적이다.

그 어머니(관리자)는 자신의 방어벽을 낮추고 자신의 동기와 사고 과정, 행동에 대해 돌아보는 계기를 갖게 된다. 그녀는 자신이 자기 기만 속에 살았음을 발견했다. 그녀의 동기는 그다지 순수하지 못했다. 무엇이 문제인지에 대한 분석도 정확하지 못했다. 이런 부정적인 요인들 때문에 에린을 변화시키려는 그녀의 전략은 자신이 느끼고 있던 것보다 훨씬 처벌성이 강했다. 새로운 비전 덕택에 그녀는 리더십의 근원적 상태에 들어섰으며 보다 주체적이고 개방적이며 목적 지향적이고 타인에 관심을 둔 인간으로 변했다. 그 결과 그녀의 행동은 변했고 변화된 행동은 딸에게 새로운 의미를 전달했다. 어머니의 변화에 아이는 주의를 기울이기 시작했다. 에린은 어머니의 변화된 행동이 갖는 의미를 정확하게 이해했다. 자신이 더 이상 문제아로 여겨지고 있지 않다는 것이다. 아이는 이제 사랑을 느끼고 있다. 에린은 사랑의 따스함과 보호받고 있다는 느낌을 통해 자신감이 커졌고, 스스로 새로운 모습으로 행동하는 데도 두려움을 느끼지 않게 됐다.

이제 둘의 관계는 변하기 시작했고 에린과 그 어머니도 변했다. 그녀의 어머니가 바람직하게 변화했기 때문에 에린도 훨씬 더 바람직한 성장을 할 수 있었다. 에린의 어머니는 자기 기만을 직시하고 이를 변화시켰기 때문에 보다 더 성숙해질 수 있었다. 그녀는 자신이 머릿속으로 계산하고 있던 현실과 실제 현실 사이의 괴리를 메웠다. 에린에 대해서도 그녀 자신의 틀로 아이의 행동을 해석하던 것을 초월해 아이를 이해할 수 있게 됐고, 딸과 실제 현실 속에서 관계를 정립해나갔다. 자기 자신을 더 사랑하고 신뢰하게 됐기 때문에 에린에게도 더 큰 사랑과 신뢰를 줄 수 있었다. 그리고 에린은 그 변화에 맞춰 반응한 것이다.

이것은 '변형적 변화(transformational change)'에 관한 이야기다. 에린의 어머니는 변화의 전도자가 되려는 사람으로서 처음에는 자신이 머릿속에 그리고 있던 틀에 맞춰 행동했다. 하지만 변화를 통해 그녀는 자신의 틀을 초월하게 됐고, 딸에게 보다 순수하게 개입하기 시작한 것이다. 이는 새로운 상호관계를 만들어냈다. 에린은 이제 새로운 어머니를 만나게 됐다. 에린은 보다 친밀한 세계의 문이 열리는 것을 보았다. 그녀는 이 새로운 기회에 반응했으며 그녀 어머니와 그녀는 이전보다 훨씬 깊이 있는 관계를 맺게 됐다.

이 같은 상호관계 속에서 새로운 피드백의 연결고리가 나타났다. 아이는 변하기 시작했고 어머니의 변화도 계속됐다. 그들은 서로를 강화시켰다. 에린과 그 어머니는 새로운, 그리고 보다 통합된 체계 속에서 자신의 선택에 대한 자유와 함께 각자 자신의 개별성을 유지하는 관계로 발전했다.

순수한 개입

에린과 어머니의 상황은 어머니가 보다 순수하게 개입하는 순간 변화됐다. 순수한 개입은 우리가 하고 있는 일에 대해 애정을 갖고 세상 속으로 개입하는 것을 의미한다. 그 같은 애정은 통합성이 증대될 때 나타난다. 통합성을 높이기 위해서는 보다 원칙에 입각한 삶을 살아야 하고, 보다 도덕적이며 보다 순수하고 진실한 사람이 돼야 한다. 중요한 것은 통합성이 완벽할 필요는 없다는 것이다. 여기서 강조되고 있는 사항은 예전보다 더 높은 차원의 통합성을 갖기 위해 나아가는 것이다.

여러 종교적 전통을 보면 우리 내면의 통합성은 세속을 벗어나야 얻어지는 것이라고 말한다. 수녀원이나 사찰에서 은둔하거나 예수의 경우처럼 광야로 떠나는 것이었다. 우리는 세상의 부패에서 한발 물러서야 순수함을 얻을 수 있다고 생각한다. 토마스 머튼이 깨달았던 것처럼 이런 관점은 우리 내면의 통합성을 지나치게 소중히 여겨 자칫 상호연관성을 잃게 만든다는 문제점이 있다. 우리 자신의 순수성을 유지하려는 유혹 때문에 우리는 세상일에 개입하지 않고, 참여하지 않으며 동떨어져 있거나 한발 물러나 중립적이게 된다.

회피의 반대 개념이 개입이다. 어떤 일에 개입하고 있는 사람은 관련성, 연계성을 갖고 참여한다. 지나치게 관여하면 자기만의 관점을 잃고 통합성이 떨어지거나 부패하고 타협적이게 될 수 있다. 이 같은 부정적인 상태는 통합성의 반대 개념이다.

우리의 또 다른 도전 과제는 지극히 대조적인 긍정적 가치들을 통합하는 것이다. 즉, 원칙에 따르면서도 관여하고, 고결성을 유지하면서도 세상일에 참여적이고, 순수하면서도 목적의식을 갖고 헌신하는 것이다. 많은 종교들이 안고 있는 도전과제는 "세상에 속해 있지만 세속적이지 않은 것"이다.

통합성과 개입이 갖는 긍정적인 가치들 사이의 긴장감은 〈표 9.1〉에 나와 있다. 가장 좌측에 해당하는 사람은 순수성이라는 명분 하에 비참여적이고 비개입적인 유형이다. 가장 우측에 해당하는 사람은 세상에 지나치게 개입해 자신의 윤리적 방향감각을 잃어버린, 타협적인 유형이 된다. 순수한 개입의 변혁적 상태는 가운데에 위치해 있다. 여기서는 에린의 어머니처럼, 원칙적이면서도 동시에 개입적인 상태가 된다. 이 상태는 버드와 챔벌린의 책 '의지력만으로는 충분치 않다(Willpower is not Enough)'에 잘 묘사돼 있다. 그것은 자기 활성화의 개념과 관계되는 것이다.

〈표 9.1〉 순수한 개입

부정	긍정	통합	긍정	부정
너무 원칙적이고 윤리적이어서 비참여적이고 비개입적이다.	원칙적이며 윤리적이다.	순수한 개입을 한다.	참여적이고 개입적이다.	너무 참여적이고 개입적이어서 원칙이 없고 비윤리적이다.
독선적 동떨어진	원칙적 통합적	원칙적 개입적	개입적 관여하는	타협적 비원칙적

순수한 개입: 원칙적이며 윤리적인 동시에 관여적이고 개입적이다. 보다 통합적이고 완전하며 순수한 모습으로 행동한다. 이 같은 일이 일어나면 스스로의 자각이 확대되고 덜 통합적인 상태에서는 불가능했던 능력을 갖게 된다. 자신이 하고 있는 일을 사랑한다. 이는 소명 또는 애정어린 일이 된다.

개인 훈련: 나는 자신과 집단 사이의 이해 간극을 좁히려고 노력한다. 또한 순수하면서 발전적인 자아를 개인 혹은 공동 목표를 위해 헌신한다. 나는 원칙적이면서 충분히 개입적이다. 나는 내 일을 사랑한다. 나는 순수한 개입을 실천한다.

스스로 활성화하는 사람은 단 한 명의 예외 없이 자신의 외부에서 일어나는 일, 즉 자기 자신 이외의 것에 관여한다. 그들은 자신이 매우 가치 있다고 여기는 일을 하며, 그 일에 전적으로 헌신한다. 이런 일은 일종의 사명이고, 종교적 의미에서는 소명이라고도 한다. 그들은 운명이 자신들을 부른 그곳에서 그들이 사랑하는 일을 한다. 거기에는 일과 즐거움이라는 이분법적 세계는 존재하지 않는다. (p.29~30)

다른 말로 하면 스스로 활성화하는 사람들은 주체적이고 타인에게 관심의 초점을 맞추고 있으며 목적 중심적이고 개방적으로 외부상황을 받아들이는 사람들이다. 그들은 리더십의 근원적 상태에 있는 사람들이다.

고위 임원으로서의 자기 기만과 순수한 개입

회사 중역들과 이야기를 나눌 때 에린과 그 어머니의 예를 들면 그들은 종종 고개를 갸우뚱거린다. 이 예는 가족에 관한 것이어서 회사에서 적용하기는 어렵다고 생각하기 때문이다. 여기 순수한 개입의 개념이 회사에서도, 심지어 회사 조직의 가장 높은 수준에서 훌륭하게 적용될 수 있다는 것을 보여주는 예가 있다.

한 회사 사장이 내가 운영하는 1주일 단위의 변화 코스에 참여했던 적이 있다. 그는 3일간은 거의 말이 없었다. 목요일 아침 그는 나에게 점심을 같이 하자고 청했다. 그는 점심을 먹으면서 나에게 만약 자신이 5년 전에 이 과정에 참여했다면 시간만 낭비했을 것이라고 말했다. 왜냐하면 그는 변화를 이끄는 데 필요한 것들을 이미 모두 알고 있었기 때문이라고 했다. 그는 그 주장의 근거로 자신이 흑자로 전환시킨 두 개의 회사를 예로 들었다.

그는 지금은 자신이 겸손해졌다고 말했다. 그가 몸담은 그룹에는 5개 기업이 속해 있었다. 그는 그 가운데 두 기업을 흑자 전환시켰고 사장들 가운데 가장 뛰어난 스타로 주목 받았다. 우리가 이야기를 나누기 6개월 전 그는 그룹 내 가장 큰 기업의 사장이 18개월 뒤쯤 은퇴하게 되면 자신이 그 회사를 맡게 될 것이라는 말을 들었다고 했다. 그때쯤 그는 적자 기업 하나를 더 흑자 전환시키라는 막중한 임무를 요구 받았다. 그룹에는 도무지 희망이라고는 찾아 볼 수 없는 기업이 하나 있었다. 그 기업은 한때 높은 시장 점유율을 유지하고 있었다. 하지만 지금은 시장 점유율이 매우 낮아졌고 그마저도 더 줄어들고 있었다. 아무도 이 회사가 흑자로 전환될 수 있을 것이라고는 기대하지 않았다. 만약 그가 노력을 기울인 뒤 실패한다 해도 아무도 그를 나무라지 않을 상황이었다.

그가 그 일을 맡은 지 12개월이 지났다. 그는 패배감을 느끼고 있었다. 이전에는 먹혀 들었던 것들, 그가 과거 경험에서 터득했던 모든 것들이 실패로 돌아갔다. 사기는 땅에 떨어졌다. 실적도 절망적이었다. 미래 전망도 끔찍했다.

나는 그에게 앞으로 무엇을 할 것인지 물었다. 그는 냅킨 위에 자신이 그리고 있는 단기 목표를 적었다. 그는 조직 차트를 그리기 시작했다. 그는 중역들을 일일이 그린 뒤 그들 각각과 관련해 그가 원하는 변화를 차트 위에 표시했다. 그의 대답은 그다지 흥미롭지는 않았다. 거기에서 몰두하는 자세나 열정이라곤 찾을 수가 없었다. 그가 만약 자신이 진정 그가 맡은 임무에 몰두하고 있다고 여긴다면 그는 아마도 자기 기만에 빠져 있는 것일 것이다. 하지만 그가 성공에 대한 진지한 욕망을 가지고 있는 사람이라는 것은 분명하다. 나는 깊게 숨을 들이 쉬고 어려운 질문을 던졌다.

만약 당신이 그들에게 돌아가 진실을 말하면 어떤 일이 일어나겠는가? 당신이 앞으로 1년 반 동안만 그들의 회사를 관리하는 임무를 맡았다는 말을 한다고 가정해보라. 아무도 당신이나 회사가 성공을 거둘 것이라고 믿지 않을 것이다. 당신은 큰 기업의 사장 자리를 약속

받고 있다. 매우 좋은 일자리다. 하지만 당신은 근원적 선택의 결정을 내릴 수 있다. 그 대단한 일을 포기하는 결정이다. 그 대신 당신은 그들과 함께 머물게 될 것이다. 당신은 자신의 경력을 그들에게 맡기는 결정을 내릴 것이다. 그리고 회사의 성공을 위해 그들이 힘과 의지를 발휘하도록 북돋아줄 것이다.

나는 그를 당혹스럽게 만들지나 않았을까 걱정했다. 그리고 나는 그가 분노에 찬 반응을 보일 것이라고 예상했다. 그는 잠시 나를 쳐다보았다. 그리고 깊게 숨을 들이마셨다. 놀랍게도 그리고 다행히도 그는 "그것이 바로 내가 지금 생각하고 있는 것이랍니다"라고 말했다. 그는 잠시 멈췄다. 그 순간 나는 그가 근원적 선택을 하는 것을 지켜보았다. 바로 그 직후 그는 냅킨을 잡고 분석을 다시 하기 시작했다. 그는 말했다. "내가 여기 계속 남는다면, 이 사람은 떠나야 하고, 이 사람을 여기로 옮겨야 하고, 그리고 이 사람은…."

그의 말 속에서 흥분이 느껴졌다. 큰 회사로 옮기려는 그의 이전 계획은 이제 휴지통 속으로 던져졌다. 그는 그의 출구를 닫아버리고 그에게 닥친 도전을 받아들이는 근원적 선택을 내렸다. 그 결과 그는 삶의 새로운 발판, 새로운 전망, 새로운 행동 방식을 갖게 됐다. 몇 분 전에는 의미 있던 차트가 이젠 더 이상 아무런 의미가 없어졌다. 그는 순수한 개입의 단계로 들어섰다. 새로운 현실을 바라보고 있는 것이다. 문제점들은 하나도 변한 게 없었다. 하지만 그가 변했다. 그리고 그것이 변화를 일으켰다.

리더십의 근원적 상태로 들어서기

순수한 개입은 우리가 근원적 선택을 할 때 증진되곤 한다. '근원적 선택'이라는 용어는 로버트 프리츠(1989)의 저서에 나온다. 그는 근원적 선택이 존재의 상태, 혹은 삶이 기본적으로 지향하고 있는 것과 관련이 있다고 본다.

그것은 어떤 특정한 방식으로 살 것인지에 대한 선택이다. 그것은 이른바 일차적, 이차적 선택과는 다른 것이다. 일차적 선택은 어떤 결과에 관한 것이다. 이차적 선택은 그 결과를 얻으려는 수단과 관련된다.

> 자신의 영적인 진실과 일치하는 근원적 선택을 하지 않은 채 종교적인 길(일차적 선택)을 걷기로 결정한 사람들이 많다. 충실한 관계의 삶을 살아가겠다는 근원적 결정 없이 결혼을 선택한 사람들도 많다. 근원적 선택은 내적인 상황은 물론 외적인 상황 속에서도 변화에 흔들리지 않는다. 만약 당신 자신에게 충실한 근원적 결정을 내린다면 당신은 즐거운 상태에서나 우울한 상태에서나 상관없이, 노는 성취감을 느꼈을 때나 절망감을 느꼈을 때나, 그리고 집에서나 직장에서나, 친구들과 함께 있을 때나 적들과 함께 있을 때나 상관없이 당신 자신에게 충실한 모습으로 행동하게 될 것이다. 근원적 선택을 하면 당신 자신의 안위는 더 이상 중요한 문제가 아니다. 왜냐하면 당신은 언제나 당신의 근원적 선택과 일치하는 행동을 할 것이기 때문이다.(프리츠, 1989, p. 193)

근원적 선택을 하는 것은 순수한 개입의 상태로 들어서는 것이다. 순수한 것은 진실하다는 것이고 실질적이면서 합법적이고 참되며, 진짜이며 깨끗하고 부패하지 않은 것이다. 우리는 우리 자신 속의 가장 고귀한 것에 대해 충실할 때 순수하게 된다. 우리가 순수해지는 때는 원칙에 근거해 살기로 결심했을 때, 그리고 심지어 즐겁지 않은 일이라 하더라도 그것이 옳은 일이라고 생각할 때이다. 일반적인 상태에서는 우리는 고통을 피하고 쾌락을 추구한다. 그렇지 않은 것이 이상한 일이다. 근원적인 결단을 내릴 때 우리는 일반적이지 않은 결정을 내리는 것이다. 헌신적인 삶 때문에 고통을 받아야 하고 쾌락을 희생해야 하더라도 우리는 그것을 기꺼이 받아들이는 결정을 내리는 것이다. 우리는 긍정적인 소수이자 특별한 사람이 되는 것이다.

우리가 어떤 일에 개입해 있는 상태에서 내면의 순수성을 증진시키는 결정을 한다면 우리는 거대한 영향력을 발휘하게 될 것이다. 다음 문장을 주목해보라. "만약 사람들이 자신 안에서 가장 가치 있다고 생각하는 것에 충실한 선택, 자신의 삶의 목적을 완수하려는 근원적 선택을 한다면 그들은 이전에는 불가능하고 있을 수 없는 것이라 생각했던 변화를 쉽게 이루게 된다." 이 점은 우리가 이미 1부 사례들에서 지켜본 것들이고 또한 에린과 그 어머니, 이 장에서 예를 든 어느 사장의 예에서 확인한 것들이다. 리더십의 근원적 상태에 들어서면 이전에는 이룰 수 없었던 것들을 이룰 수 있다.

리더십의 근원적 상태에 들어가기 위한 준비

이 장이 당신에게 주는 의미에 대해 사색할 수 있는 조용한 시간을 선택하라. 최대한 진실하게 오늘날 자신의 모습을 평가하는 작업부터 시작하라.

명상을 위한 질문들
1. 당신의 현재 모습을 가장 잘 표현하는 항목에 표시하라.
_나는 충분히 참여적이다.
_나는 내 양심에 귀를 기울인다.
_나는 내가 누구인지의 문제로 번민하지 않는다.
_나는 통합성이 증진되고 있음을 느낀다.
_나는 돈을 위해서가 아니라 내가 하는 일에 대한 즐거움 때문에 일한다.
_나는 내가 하는 일을 사랑한다.

_나는 모든 일에 깊이 관여한다.
_나는 내 주위 사람들의 일에 깊이 관여한다.
_나는 다른 사람이 나에게 말할 때 주의를 기울인다.
_나는 다른 사람에게 힘을 준다.
_나는 긍정적이다.
_나는 창의적이다.
_나는 대의를 위해 헌신한다.
_사람들은 내가 개인적인 의견을 갖고 있지 않다고 본다.
_사람들은 내가 순수하며 진지하다고 본다.
_사람들은 나를 금방 믿는 경향이 있다.
_나는 내 방어벽을 낮추려고 한다.
_나의 말과 행동은 일치한다.
_나는 계속해서 성장하고 있다.
_나는 다른 사람이 성장하도록 돕는다.
_나의 일은 나의 삶의 목적을 반영한다.

2. 이 표에 근거해 자신을 평가한 후 오늘날 당신에게 해당하는 특성이라고 생각하는 항목의 해당 점수에 동그라미를 표시해라. 이 표에서 '부정적인' 영역은 긍정적인 특성이 과도하기 때문에 결국 부정적인 특성을 가진다는 것을 의미한다는 점을 명심하라. 표에서 '통합적' 영역은 대조를 이루고 있는 긍정적 특징들이 잘 통합돼 있는 것을 의미한다. 만약 당신이 원칙에 부합하는 순수성을 유지하는 것과 적극적으로 관여하는 것, 이 두 가지를 잘 통합하고 있다고 느낀다면 '통합적' 영역의 숫자 중 하나만 선택해 동그라미를 표시하면 된다. 그렇지 않다면 표의 양 측면에 위치한 각 칸에 총 두 개의 동그라미를 표시해야 한다.

부정적	긍정적	통합적	긍정적	부정적
자기정의적	원칙적	원칙적이면서	참여적	비타협적
위축된	통합적인	참여적	관여하는	무원칙적인
-3 -2 -1	1 2 3	4 5 4	3 2 1	-1 -2 -3

자기발전

7. 당신이 끝낸 평가의 점수에 근거해 순수한 개입 행동을 주제로 자신을 묘사하는 글을 써보자. 일반적인 상태와 리더십의 근원적 상태에 대한 설명에 근거해 지금 당신의 모습을 묘사해보자.
8. 순수한 개입의 영역에서 자기 발전에 관한 전략을 짜보자. 오늘 당장 시작할 수 있는 일들을 가능한 매우 구체적으로 적어보자.

순수한 개입을 실천하기 위한 유용한 지침

1. 순수한 개입을 지속하기 위해서는 완전무결함을 높여야 한다.
2. 당신을 포함해 모든 사람은 위선자라는 것을 알라.
3. 위선은 당신과 당신의 관계를 파괴한다는 것을 알면서 처신하라.
4. 위선을 경계하고 줄이는 것이 당신의 힘의 가장 큰 원천임을 이해하라.
5. 당신의 가치와 행동이 얼마나 일치하는지에 대해 생각하는 시간을 가져라.
6. 당신이 개입할 때 나타나는 활력의 수준을 감시하라.
7. 실행 원칙 목록을 쓰고 당신의 발전과정 속에서 그것을 갱신하라.
8. 정치적 게임을 주의 깊게 살피고 정치적 게임을 하지 않도록 하라.
9. 당신이 타협하지 않을 것들이 있는 반면 타협해야 하는 것들이 있다는 것을 알라.
10. 집단적 목표를 벗어난 상관에게 도전하라.

11. 용기를 필요로 하는 상관들을 지원하기 위한 애정의 방식을 찾아라.
12. 완전무결함 때문에 치러야 하는 고통을 감내할 준비를 하라.
13. 당신은 매번 순수함과 정력을 지닌 사람들과 만나고 있다는 것을 알라.
14. 우리가 순수한 개입을 할 때 열정으로 충만해진다는 것을 기억하라.
15. 신념과 희망, 믿음을 지니고 사는 길을 선택하라.
16. 하기 싫은 일을 솔선수범하여 타의 모범이 돼라.
17. 모든 사람이 직면하기를 꺼리는 피드백을 받아들이며 현실을 직시하라
18. 모든 사람의 요구사항을 고려하라. 그리고 조직의 필요에 따라 배치하라.
19. 만약 당신이 하는 일을 사랑하지 않는다면 왜 그런지 자문하라.
20. 당신의 일이 당신의 소명이 될 때까지 당신 자신을 재창조하도록 전념하라.

통찰의 공유

위 질문에 답하면서 공유하고 싶은 중요한 통찰이나 의미 있는 이야기가 있다면 딥 체인지 웹사이트(www.deepchange.com)를 방문해 게시판에 올려주기 바란다. 당신의 이야기는 많은 사람들에게 도움이 될 것이다. 다른 사람들이 올려놓은 이야기와 그들이 얻은 통찰을 보고 싶을 때도 이 사이트를 방문하면 된다.

10장
따져보되 장점을
발견하려고 노력하라

모든 리더십은 진가(眞價)를 발견하는 능력에 있다고 말할 수 있다. 즉 우리 주위의 동료, 우리가 이끌려는 집단 안에 내재된 최상의 것을 찾아낼 수 있는 능력이다. 이것은 장점을 찾아낼 수 있는 눈을 지니는 것으로, 진실되고 좋으며 더 뛰어나면서 가능한 것들을 찾아낼 수 있는 능력이다.
-데이비드 쿠퍼라이더

이 장에서 우리는 장점탐구(appreciative inquiry)라는 개념에 대해 살펴 볼 것이다. 이 개념은 최근 빠르게 발전하고 있는 변화 기법으로, 조직개발 분야에서 뛰어난 업적을 쌓고 있는 데이비드 쿠퍼라이더(David Cooperrider)가 고안한 일종의 개입(intervention) 방식을 설명하기 위해 사용되고 있다. 나는 이 개념을 리더십의 근원적 상태를 설명하기 위해 광의적으로 사용하고 있지만 이 장에서는 쿠퍼라이더의 '개입방식'에서 그 개념을 그대로 따왔다. 그 개념과 방법에 대한 예시로 다음의 이야기를 살펴보자.

변화를 위한 질문하기

커트 라이트는 1억 달러의 정부 수주가 걸린 어마어마한 소프트웨어 개발 프로젝트를 위해 컨설턴트로 일했던 경험을 이야기했다. 그곳에는 400명의 엔지니어가 일하고 있었고 60개월을 기한으로 진행하는 프로젝트는 이미 38

개월째에 접어들고 있었다. 프로젝트가 요구하는 기술은 굉장히 복잡한 것이었다. 프로젝트는 이미 스케줄보다 18개월이나 지연된 상태였다. 계약 문건에는 스케줄 상 48개월 째에 접어들었을 때 일의 진행상황이 18개월 늦어질 경우 3,000만 달러를 배상하도록 돼 있었기 때문에 조직에서는 긴장감이 고조돼 있었다. 10개월만 있으면 재앙과 같은 상황에 직면해야 했다.

당신이 이런 상황이라면 어떻게 대응하겠는지 생각해보자. 일반적인 논리를 따르자면 우리가 생각해낼 대응책들은 '지금은 해결해야 할 문제가 발생했다'는 가정에서 출발할 것이다. 물론 대부분의 조직행동은 이 같은 가정에서 비롯된다. 조직 내 논의의 대부분은 문제를 인지하고 해결하는데 맞춰져 있다. 사실 조직에서 이루어지는 회의의 대부분은 단 하나의 의제, '무엇이 잘못 됐고, 이것을 해결할 방법은 무엇인가' 때문에 열린다고 해도 과언은 아니다.

라이트는 그의 목적이 조직의 근본을 바꾸는 것이었다고 말했다. 그는 사람들이 자신이 하고 있는 일에 부여하고 있는 의미를 바꿈으로써 목표를 이루려고 했다. 필요한 것은 모든 사람들이 새롭고 긍정적인 비전을 갖고 행동하도록 하는 것이었다. 그는 모든 사람들의 일에 활기를 불어넣어야 했다. 라이트는 조직의 기초가 되고 있는 의제부터 바꾸는 것이 핵심이라는 확신을 가졌다. 그는 일반적인 상태의 관점에서 볼 때 모순적인 가정을 세우게 된다. 그는 좋은 의제를 찾을 수만 있다면 조직을 변화시키고 더욱 창조적인 상태로 발전시킬 수 있다고 믿은 것이다.

새로운 의제는 문제를 정의하고 있는 기존 논리를 뛰어넘는 창조적인 것이어야 했다. '모든 사람들의 상상력을 끌어내 전심으로 변화에 헌신하도록' 충분히 작용할 수 있는 것이어야 했다. 그 같은 의제는 라이트가 생각한다고 떠오르는 것은 아니다. 그 역시 조직의 상호적인 과정을 믿고 동참해야 가능한 일인 것이다.

일을 시작하기 위해 라이트는 18~20명의 엔지니어로 구성된 조를 만들어

각 조마다 이틀 일정의 수련회를 실시했다. 두 번째 주에 들어서자 적합한 의제가 떠오르기 시작했다. "이 프로젝트를 1주일 앞당겨 끝내기 위해 필요한 것은 무엇일까?"

표면적으로 볼 때 이 의제는 말이 안 된다. 프로젝트는 예정보다 18개월이나 늦어져 있었고, 일반적인 관점에서 보자면 이는 분명한 '문제 상황' 이었다. 그러나 라이트는 모든 사람들에게 이 새로운 의제를 묻기 시작했다.

라이트의 행동은 환영받지 못했다. 시간이 흐르면서 화가 난 임원진들은 그를 사무실로 불러 라이트에 대한 신뢰가 깨지고 있고, 이 때문에 그가 곤란한 상황에 처하게 될 것이라고 경고했다. 그는 매번 임원들의 염려에 감사함을 표했고, 다시 사무실 밖으로 나가서는 같은 의제를 묻고 다녔다.

결과는 어떻게 됐을까? 라이트는 6주 만에 컨설팅 작업을 끝냈고, 비용도 기존에 책정됐던 15만 달러의 예산 중 9만 달러에 그쳤다. 한달 후 프로젝트는 당초 예산보다 1,500만 달러 적은 비용으로 기한 내에 끝날 수 있었다. 3,000만 달러의 벌금을 물지 않았음은 물론이다. 라이트는 그의 '웃기는' 의제가 4,500만 달러의 가치가 있다고 주장한다.

사실 라이트의 의제는 탁월했다. 그 의제는 조직 사람들이 집단적으로 품고 있던 사고의 틀을 깨는 것이었다. 구체적인 상황에 대해 설명하지는 않아도 무슨 일이 일어났는지 알 수 있을 것이다. 소수의 사람들만이 그의 의제를 진지하게 받아들이기 시작했다. 그들은 묻기 시작했다. "우리가 1주일 앞당겨 작업을 마치기 위해서는 무엇을 해야 할까?" 그 의제는 그들의 상상력을 자극했고 하나 둘씩 함께 조직을 위해 헌신에 나서는 여정에 동참했다. 자발적으로, 또 이곳 저곳에서 헌신하는 사람들이 늘어났다. 처음에는 잘 드러나지 않았지만 그 숫자가 무시할 수 없는 다수(임계수준)로 늘어나면서 그 노력은 자생적으로 조직화하기 시작했다.

라이트의 의제는 분명 변혁적인 것이었다. 그렇다면 이 의제는 어디서 나왔고, 어떻게 발생했는가?

의제는 리더십의 근원적 상태에 도달한 사람들의 의식을 탐구하면서 떠올랐다. 라이트가 시스템과 조직구조가 안고 있는 문제를 복잡하게 이성적으로 분석하지 않았다는 점을 주목하자. 대신 그는 올바른 의제가 무엇인지를 찾았다. 어떻게 찾았는가? 그는 몇 차례의 수련회를 열었고 그가 원하는 것을 찾을 때까지 사람들과 대화를 계속했다. 그는 완전히 자신을 개방했던 것이다. 그는 행동하면서 배우는 방식을 택했다. 그런 후에 리더십의 근원적 상태에 도달하는 방식을 그대로 보여줬다. 그는 외부의 저항에 직면해서도 자신의 목적에 집중했고, 자신이 지향하는 바를 신뢰했다. 그는 자신의 단기적인 실적에 급급하기 보다는 회사의 이익을 최우선에 둠으로써 타인에게 관심의 초점을 맞추는 자세를 보여줬다. 그는 스스로 모범이 돼서 그가 원했던 시스템의 모습을 보여준 것이다.

그는 개방적으로 외부 상황을 받아들였고, 목적 중심적이었으며, 다른 사람에게 관심의 초점을 맞추고 주체적으로 행동했기 때문에 자신이 활용할 수 있는 최대한의 인적 자원과 통합성을 끌어낼 수 있었다. 우리 내면의 통합성이 중대될 때 우리의 의식과 무의식 세계도 더 잘 통합된다. 필요한 순간에 필요한 것들을 얻게 되는 것처럼 보이는 것이다.

이 사례에서 라이트는 변혁적인 방식에 접근했다. 비록 그가 제시한 의제는 어리석어 보이지만 조직 안에 잠재돼 있는 능력을 자극했다. 모든 것이 잘못돼 가는 상황에 매몰된 채 문제를 해결할 방법을 찾는 대신 문제 자체를 탐구 대상으로 바꾼 것이다. 사람들이 그 탐구대상에 관심을 갖게 되면서 새로운 비전이 떠올랐고 그 비전을 달성하는 데 필요한 창조성도 끌려 나온 것이다.

의제를 바꿈으로써 나타난 영향력을 발견하는 것은 중요하다. 라이트는 똑 같은 의제를 다른 상황에 적용한 적은 없다고 말했다. 매번 변화에 개입할 때마다 그는 시스템과 하나가 되려고 노력했다. 이를 통해 그는 어떤 전제가 조직 내의 행동을 유도하고 있는지 이해하려 했고, 그 전제를 바꿀 수 있는 새로운 의제가 떠오를 때까지 기다렸다. 그는 자신의 생각이나 다른 사람의 생각을 반복해서 검토해보는 일은 하지 않았다. 그는 공유할 수 있는 비전을 끌어내고 자발적으로 변화과정을 구성할 수 있는 독특한 의제를 탐구했다.

장점탐구(Appreciative Inquiry)

커트 라이트의 사례는 장점탐구의 수행과정을 보여준다. 장점탐구에서 비롯되는 긴장관계를 이해하기 위해서는 '건설적인 낙관주의'와 '현실적인 질문하기'가 보여주는 양극성을 고려해보면 된다.(〈표 10-1〉 참조) 낙관적이고 건설적이라는 것은 긍정적인 가치다. 그러나 좀 더 생각해보면 이 특성을 가진 사람들은 비현실적이고 의문을 제기하지 않게 될 수도 있다. 현실적이고 의문을 제기하는(또는 분석적인) 특성 역시 긍정적인 가치이지만 깊이 생각해보면 우리를 비관적이고 파괴적으로 만들 수도 있다. 우리가 직면한 과제는 현실적이고 분석적인 동시에 건설적인 낙관성을 가져야 한다는 것이다.

이 통합적인 상태는 내가 장점탐구를 통해 말하려는 것이다. 이 상태에 도달해야 우리는 현실에 기반을 두게 된다. 현실적이면서 분석적인 태도를 갖되 그렇다고 비관적이거나 파괴적이 아닌, 낙관적이고 건설적인 분석을 내리게 된다. 과거와 현재에 무엇이 바람직했고, 미래에 무엇이 가능한지에 초점을 맞추는 것이다. 이는 간단한 과제가 아니다.

라이트는 수많은 대화를 심도 있게 들을 필요가 있었기 때문에 단위 별로 수련회를 열었다. 그는 기존 시스템의 핵심에 접근하기 위해 조직의 집단적인 목소리에 귀 기울였고 조직문화의 핵심을 건드렸다. 그 과정에서 그는 '미래에 관한 질문'을 해야 변혁을 불러일으키는 효과가 나올 것이라고 생각했고, 그 같은 자신의 직관을 믿었다. 그는 문제의 잘못된 점에 초점을 맞추기 보다는 회사 복도를 돌아다니며 그 곳을 감돌고 있는 잠재력을 건드렸

〈표 10-1〉 장점탐구

부정적	긍정적	통합적	긍정적	부정적
지나치게 낙천적으로, 비현실적이며 세상을 단순하게 본다.	낙천적이라 무엇이 건설적인 일인지를 찾는다.	장점탐구를 수행한다.	분석적이고 표면에 드러난 가정들에 의문을 제기한다.	지나치게 분석적으로, 비관적이며 파괴적으로 변한다.
비현실적 따져보지 않는다.	낙천적 건설적	건설적이면서 분석적이다.	현실적 의문을 제기한다.	비관적 파괴적

장점탐구: 이런 부류의 사람은 낙천적이면서 건설적이고 동시에 현실적이고 꼼꼼히 따져볼 줄 안다. 이들은 현실에서 가장 가능성이 높고 건설적인 측면을 찾는다. 사람들에 대한 장점탐구는 사람들이 가장 깊이 염려하는 문제에 다가가 그들이 미처 생각하지 못했던 가능성을 떠오르게 한다. 이런 방식으로 그들은 활력을 얻고 그들 자신과 다른 사람들이 더 창조적인 단계로 나아가게 한다.

개인적 적용: 나는 내 자신과 다른 사람이 가장 높은 가능성을 보여줬던 과거 현실을 구체화하기 위해 질문하기 기법을 사용한다. 이를 통해 가능성들이 동력을 얻고, 연계성이 증진되며, 조직이 발생적으로 발전하는 일이 시작될 수 있도록 한다. 그러므로 나는 낙천주의와 현실주의를 통합하고 장점탐구를 수행하게 된다.

다. 라이트는 조직을 이끌고 있었다. 이 사실을 알아차린 임원진들은 거의 없었을 것으로 본다. 그들은 당시 회사가 겪었던 '전환점'를 회고하면서도 아마 라이트에 대해서는 언급하지 않을 것이다.

일반적으로 문제해결에 중점을 두고 있는 일반적인 상태에서 우리가 제기하는 질문들이 우리의 의욕을 꺾는 경우를 흔히 볼 수 있다. 그 질문들은 잘못된 부분에만 초점을 맞추다 보니 우리의 시야를 가로막고, 이를 고쳐나가기 위해 우리가 할 수 있는 것들이 무엇인가만 생각하게 한다. 반대로 장점탐구는 건설적인 의문제기 방식이다. 이는 사람들이 무엇을 중요하게 여기는지를 살펴보고 그들의 헌신을 끌어내며 에너지와 창의력을 분출하도록 한다. 장점탐구 과정에서 우리가 묻는 질문은 잘 되고 있는 부분들을 지목한다. 그 질문들은 우리의 의식을 확장시켜 조직 전체가 창조적인 경지에 도달하도록 한다. 데이비드 쿠퍼라이더에게는 이것이 리더십의 정수다.

모든 리더십은 진가(眞價)를 발견하는 능력에 있다고 말할 수 있다. 즉 우리 주위의 동료, 우리가 이끌려는 집단 안에 내재된 최상의 것을 찾아낼 수 있는 능력이다. 이는 시장에서 가장 창조적이면서 있을 것 같지 않은 기회를 볼 수 있는 능력이다. 이는 장점을 찾아낼 수 있는 눈으로 진실되고 좋으며, 더 뛰어나면서 가능한 것들을 찾아낼 수 있는 능력이다.

급진적으로 적용하기

쿠퍼라이더와 그의 동료들은 조직개발의 특별한 방식으로 장점탐구 기법을 발전시켰다. 이 책은 장점탐구를 리더십의 근원적 상태에 도달하기 위한 방법으로 활용하려는 것이기 때문에 여기에서 '쿠퍼라이더 기법'에 대해 구체적인 논의는 하지 않겠다.(자세한 사항은 카메론, 더튼, 퀸 2003 참조) 대신 이 개념을 가장 특이한 방식으로 적용해보려 한다. 조직을 어떻게 바꿀 것인가의 측면에서 생각하는 대신 장점탐구를 어떻게 적용시켜 우리 내면의 핵심을 확장시킬 것인가를 고려해보기로 하자. 관련 사례를 보자.

버트 화이트헤드는 재무상담가다. 그는 평범한 금융인이 아니다. 그는 '전형적인 이런 종류의 인간이다'라고 분류하기 힘들다. 몇 년 전 나와 두 명의 동료는 회사를 설립하는 방안을 추진하면서 그를 초청해 상담을 받은 적이 있다. 그날도 예외는 아니었다. 그는 우리가 기업가가 되기 위해서는 우리 각자가 자기 삶의 경영자가 되어 특정한 일에 매여 있지 않은 날을 일년에 180일은 확보해야 한다고 말했다. 이해가 잘 되지 않아서 우리는 그가 자신의 철학을 이야기하는 것에 귀를 기울였다.

그는 우리 세 명 모두 독특하고 뛰어난 가치 창조자들이라고 이야기했다. 그는 또 우리 모두가 어떤 방면으로는 능력이 떨어지는데, 그 부족한 부분을 스스로 명시해보도록 했다. 우리는 각자 자신의 리스트를 만들어서 보여줬다. 다음으로 그는 우리 모두 특정 방면에서 우수하거나 탁월하다고 말하면서 이것을 적어보도록 했다. 우리는 그렇게 했다. 그는 또 우리 각자가 독특한 능력을 갖고 있어 특별한 방법으로 가치를 창조하고 있다고 했다. 그는 그것이 무엇인지 우리 스스로 적어보도록 했고 우리는 그대로 했다. 아니, 우리는 최소한 그렇게 했다고 생각했다.

버트는 상당한 시간을 들여 어떻게 성공이 실패를 야기하는가에 대해 이야기를 했다. 그는 우리가 능력을 개발했기 때문에 성공할 수 있었다고 말했다. 그러나 우리의 성공은 새로운 기대를 낳는다. 우리는 고부가를 창출하는 활동에서 헤어나오지 못한 채 우리가 잘하는 분야, 심지어 어떤 경우는 능력이 떨어지는 분야의 일을 하는데 매몰되어 버린다. 그가 말한 핵심은 우리의 삶을 잘 조정해서 우리가 가진 독특한 능력을 가치를 창출하는 데 가능한 많이 활용하라는 것이었다.

우리는 그의 말에 막 동조하려던 참이었는데 그가 충격적인 지적을 하기 시작했다. 그는 우리가 각자의 독특한 능력을 써서 제출한 리스트가 틀렸다고 말했다. 그는 우리가 스스로를 속이고 있을 뿐이며 우리 각자의 리스트를 믿을 수 없다고 지적했다. 그는 우리에게 숙제를 내줬다. 잘 아는 사람들에게 연락해 우리 각자의 독특한 능력을 기술하는 데 도움을 받으라는 것이었다.

우리 모두는 숙제 때문에 난감했다. 나는 이 숙제가 나를 난감하게 한다면 해야 할 가치가 충분한 것이라고 판단했다.

미팅 이후에 나는 가족, 오랜 친구, 대학 동료 등 내 인생의 각각 다른 부분에서 35명의 이름을 뽑아내 리스트로 만들었다. 일부는 과거에 알았던 사람이고 어떤 이들은 현재 알고 지내는 사람들이었다. 그들의 공통점은 모두 나를 잘 알고 있다는 것이고, 나에게 진실한 조언을 해줄 사람들이라는 것이었다. 나는 그들 모두에게 이메일을 보내 숙제를 설명한 후 내가 주로 어떤 방식으로 가치를 창출하며, 나의 독특하고 긍정적인 특성이 무엇이라고 생각하는지에 대해 피드백을 보내줄 것을 요청했다.

답신이 왔고 나는 그것들을 매우 흥미롭게 읽었다. 솔직히 말하면 그 글들을 읽는 동안 잠시도 멈출 수가 없었다. 내용은 짧은 것도 있고 매우 긴 것도 있었다. 이야기로 된 것도 있었다. 내가 알지 못했던 나 자신에 대한 이야기였기 때문에 나는 그 답신들을 모두 저장했다. 그 과정에서 깨달은 것들은 나를 새로운 방식으로 충전시켰다.

나는 종종 공적으로 피드백을 받곤 했다. 하지만 내가 이때 받은 것들과 비교하면 그 이전 것들은 대부분 내용이 추상적이었다. 이 답신들은 사람들이 나에 대해 가장 가치를 두고 있는 부분에 초점을 맞추고 있었고, 그 내용도 알찼다. 나는 그 내용에 완전히 압도당했다. 그 이유는 무엇일까? 그것은 나에 대한 압축된 평가였다. 그 답신들을 보면서 나는 감사했고, 사람들이 나의 가장 훌륭한 부분을 인지하고 있고 사람들이 나를 잘 이해해주고 있다는 느낌을 받았다. 나는 겸허함을 느끼는 동시에 의기양양해졌다. 나는 가능하다면 내 자신을 최상의 모습으로 가꾸어나가고 싶은 생각이 들었다.

그뿐이 아니었다. 나는 답신에서 사람들이 예를 들기 위해 언급했던 특정한 사건들 때문에도 놀랐다. 그 사례들은 내가 어떤 여성에게 딸을 이해하도록 도왔던 일, 부서 회의에서 이야기 했던 일, 내가 가르치는 방식, 내 의견에 반대했던 여성에게 화내지 않았던 일, 화가 난 행정관에게 무엇이 잘못됐는지 알려달라고 요청하면서 진솔한 대화의 장을 마련했던 일 등이었다. 이 대부분의 사건들은 내가 오랫동안 잊고 있던 것들이다. 그 사건이 발생했던 시점에서조차도 나는 그 일들이 특별하다고 생각하지 않았다. 나는 그 당시에 해야 마땅하다고 생각한 일을 했을 뿐이다. 나는 사람들이 이런 사건들을 훨씬 오랫동안 기억하고, 여기에 큰 가치를 부여하고 있다는 점이 둔다는 점에 의아해 했다.

또 다른 흥미로운 점은 내용의 많은 부분들이 겹친다는 것이다. 사람들은 내가 가치를 창출하는 방식을 비슷하게 인지하는 것 같았다. 이 부분이 매우 놀라웠다. 굉장히 다른 분야에서 나를 알고 있는 사람들이 내 최상의 모습을 비슷한 방식으로 보고 있었던 것이다.

최상의 내 자신을 찾아서

피드백 내용에 활력을 얻어 나는 그 내용을 분석하기 시작했다. 나는 서술된 모든 문장을 체계화하려고 노력했다. 나는 그것들을 카테고리로 나누었고 점점 하나의 체계가 보이기 시작했다. 장점탐구의 방식으로 설명하자면, 나는 내 자신의 '긍정적인 핵심(positive core)'을 찾고 있는 것이었다. 내가 분석한 글들은 결국 아래의 글로 요약됐다. 다음 글은 내가 일반적인 상태에 있을 때의 모습이 아니라 내가 최상의 상태일 때의 모습이라는 점을 염두에 두기 바란다.

> 최상의 내 모습을 규정해볼 때, 나는 창조적인 경향이 있다. 나는 아이디어와 대담한 비전을 만들어내는 데 열정을 갖고 있다. 나는 새로운 것을 추구하는 데 있어 굽히지 않는 혁신적인 창조자다. 나는 과거에 놓쳐버린 기회나 실패를 생각하느라고 시간을 낭비하지 않는다. 또 불안함이라는 부정적인 에너지에 압도되지도 않고 비평에 대해 걱정하지도 않는다. 나는 방어적인 태도를 취하느라고 에너지를 낭비하지도 않는다. 나는 가능한 것과 중요한 것에 집중하면서 중심을 지키고 있다.
>
> 나는 복잡한 이슈를 이해해내는 나름의 체계를 갖고 있다. 나는 핵심에 다가간다. 나는 전혀 별개의 아이디어를 '네, 그리고요' 라는 식

의 생각을 통해 통합해낸다. 그래서 나는 다른 사람들이 미처 보지 못한 부분을 본다. 나는 주체적이기 때문에 내가 전하는 메시지는 진실에서 나온다. 나는 깊이 생각하고 확신을 갖고 말한다. 이런 방식으로 나는 설득적이고 사람들에게 연관성 있도록 경험의 틀을 만든다. 나는 비전에 색을 입혀 다른 사람들이 새로운 방식으로 볼 수 있도록 한다. 나는 이를 위해 비유와 이야기를 이용한다. 나는 우리의 일상생활 속에서 이야깃거리를 찾고 사람들은 그 이야기들을 쉽게 이해한다. 사람들에게 떠오르는 새로운 이미지는 그들이 행동을 취하기 쉽도록 돕는다.

다른 사람들을 도우면서 나는 사람들 내면에 잠재된 위대함을 발견한다. 나는 그들에게 활력을 주는 동시에 평안함을 준다. 나는 사람들이 그들 자신의 핵심 아이디어와 핵심적인 감정, 핵심적인 가치들을 규정할 수 있도록 돕는다. 그리고 그것은 사람들이 느끼고 생각하는 방식에 촉매 효과를 낸다. 그들은 새로운 가능성을 발견하고, 거기에서 느끼는 흥분감은 그들이 행동을 취할 수 있도록 용기를 준다. 나는 그들에게 관심을 보내고 에너지를 제공하지만 행동의 주인은 그들 자신이 될 수 있도록 한다.

다른 사람들에게 영향을 주려고 하면서 나는 그들이 어떻게 행동해야 하는지까지는 생각하지 않으려고 한다. 다만 그들에게 새로운 방향을 제시할 뿐이다. 나는 사람들에게 여행에 동참하도록 초청할 뿐이지 그들에게 여행상품을 판매하는 것이 아니다. 여행을 하면서 나는 현실을 추구한다. 이는 진실한 대화를 추구한다는 뜻이다. 나는 사람들이 관심이 없거나 또는 다른 방식으로 관심을 기울인다고 해서 방어적이 되거나 배척하지 않는다. 나는 갈등 상황에 놓여 있을 때 관계를 유지하는 것이 더 중요한 사안이라는 것과 진실한 대화를 통해 문제를 해결할 수 있다는 것을 분명히 한다. 그런 때에 나는 내 자존심을 굽히고 비평을 받아들인다.

 선생으로서 또 개입자로서, 나는 정보를 주기보다는 변화를 가져오려고 추구한다. 나는 사람들이 자신의 아이디어를 구체화할 수 있도록 대화를 하고, 우리가 현재 상황에 유용한 지식을 창조할 때까지 각각의 아이디어들을 엮는다. 그렇게 함으로써 나는 그들을 추상적인 상태에서 구체적인 상태로 이끌고, 제3자의 입장에서 자기 개인의 일로 받아들이도록 이끈다. 나는 겉으로 드러나는 증상들은 무시하고 더 깊은 원인을 찾는 데 집중한다. 그리고 정곡을 찌르는 질문을 한다. 개인들이나 조직이 어둠 속에 파묻혀 있는 진실과 가장 고통스러운 갈등 요소들을 끄집어내도록 한다. 이 과정에서 발생하는 긴장감은 변화를 위한 에너지가 된다. 나는 사람들을 그들의 두려움에서 해방시키고 새로운 길을 받아들이도록 돕는다. 이 모든 과정에서 나는 통합과 성장, 변화라는 메시지의 전형이 되고자 노력한다.

이 글이 당신의 기분을 거슬렀는지 모르겠다. 누군가 이런 식으로 자기 자신을 말하는 것은 옳지 않다고 느낄 수도 있을 것이다. 우리 문화에서는 일반적으로 이런 식의 표현을 용납하지 않는 것이 사실이다.

 그러나 나에게 매우 큰 영향을 끼치고 있는 이 글을 여기 적은 것에는 다른 이유가 있다. 예전에 나는 나의 강점은 무엇인가에 대해 많은 가정을 세워봤었다. 하지만 다른 사람들이 생각하는 나의 강점에 대해서는 물어본 적이 없다. 그것을 묻는 행위는 겸양의 미덕을 해치는 행동이라고 여겼기 때문이다. 사람들이 나에게 보내준 글들은 예사롭지 않았고 나에게 독특한 영향력을 발휘했다. 지금까지도 그들의 답장을 다시 읽어볼 때면 매번 에너지를 얻는 기분이다. 글을 보내준 이들이 보여준 애정과 이해가 나를 평범한 일상의 삶 속에서 꺼내주는 것 같았다. 나는 에너지로 가득 차서 새로운 프로젝트를 시작하고 싶은 기분이 들었다. 그리고 동기가 부여되고 기분이 좋아진다.

　이 피드백이 영향력이 있는 이유가 또 있다. 이 글들은 사람들이 나를 이해하고 있다는 것 이상의 의미를 갖는다. 그들이 준 정보는 평범하고 주변 상황에 대응적인 나의 모습이 아니다. 일반적으로 우리는 자신의 약점과 실패에 초점을 맞춘다. 나도 나를 부정적으로 바라보는 데 많은 시간을 보낸다. 모든 사람들이 그럴 것이다. 우리가 자신을 부정적으로 바라보기 시작하면 자기 자신, 그 자체가 해결해야 할 문제가 되어 버린다. 반대로 사람들이 보내준 나에 대한 사적인 정보들은 나의 성공과 공헌에 대한 것이었다. 그것들은 내가 가치를 창조하고 있는 순간에 관한 것이다. 이 모든 정보들은 나의 목적과 내가 추구하는 가치를 내가 어떤 식으로 가장 잘 보여주고 있는지에 관한 힌트를 제공해줬다. 이 글들은 가능성과 희망의 세계로 나를 데려다 주었다. 또 세상을 더 위대하고 긍정적으로 만들 수 있는 열쇠를 제공해줬다. 이것은 장점탐구로 인해 이루어지는 것이다. 분명 문제 해결식의 사고방식보다 영향력 있고 효과적인 것이다.

　나는 우리 삶에서 잘 드러나지는 않지만 장점탐구 과정이 우리 스스로에게 적용됐을 때 엄청난 효과를 거두는 것처럼 장점탐구와는 반대의 효과를 가지는 자극제들에 대해서도 깊이 인지하게 됐다. 일반적으로 우리는 문제를 찾아 해결하려는 목적으로 피드백을 활용한다. 이 '문제해결' 관점이 얼마나 널리 활용되고 있는가를 생각하면 굉장히 놀랍다. 장점탐구를 적용하기 위해서는 이 같은 관점을 버려야 한다. 다시 말해 우리는 낙관적이고 건설적인 목적으로 분석과 따져보기를 해야 하는 것이다.

　여기에는 또 다른 장애물이 있다. 우리가 자신의 긍정적인 요소들을 탐구하기 시작할 때 겸손의 문제가 걸리게 된다. 우리가 잘 하는 부분을 늘어놓는 것은 잘난 척 하는 것처럼 보인다. 자만이 되는 것이다. 그러나 내가 말하려는 것은 다른 이야기다. 우리가 자만심에 차 있거나 잘난 척 하는 것은 일반적으로 우리가 불안하다고 느낄 때다. 누군가에게 강한 인상을 심어줘야 한다고 느끼기 때문이다. 그들이 나를 우러러 보기를 원하고 그들이 내 손에서 휘둘리기를 원하는 것이다. 다른 사람들로부터 나 자신을 특별한 사람처럼 느끼게 해주는 피드백을 받는 것은 이런 종류의 오만과는 다른 것이다. 피드백을 요청하고 받으면서 나는 내 자신에게 관심의 초점을 두는 대신, 다른 사람들에게 더 많은 관심을 갖게 됐다. 피드백을 통해 나 역시 긍정적인 차이를 만들고 있다는 느낌을 갖게 됐다. 또 다른 사람들과 연계되어 있다는 느낌도 받았다. 나는 글에 담겨 있는 애정과 나에 대한 이해를 읽을 수 있었다. 연계되어 있다는 느낌과 애정을 통해 나는 위대함을 느꼈다. 내 자신이 위대하다는 것이 아니라 내 주변에 존재하는 위대함 말이다.

겸손하다는 것은 때로 영향력이 부족하거나 약하다는 의미와 연결될 때가 있다. 그러나 진정한 겸손은 우리가 세상을 있는 그대로 볼 때 나오는 것이다. 진짜 세상은 서로가 밀접하게 연계되어 서로 영향력을 주고 받는 곳이다. 우리가 스스로의 자아를 초월할 때, 겉으로 드러난 나와 내면의 내가 하나로 만날 때, 우리는 통합성이 증진되고 일체감과 결속력이 커지는 것을 느끼게 된다. 이 순간 우리는 위대함을 느낀다. 우리가 잘난 척 할 때는 그 위대함이 자신에게서 비롯됐다고 생각하지만 이 순간에는 위대함이 우리에게서 나온 것이 아님을 안다. 위대함은 우리가 의식하고 있는 자신의 외부에 존재하는 자산들과 연계될 때 나타나는 것이다. 심리학자 칼 융 전문가인 로버트 존슨은 사랑에 대해 기술하면서 이 같은 깨달음을 표현하고 있다. "우리가 '나는 사랑한다'고 할 때 이 말은 '나'라는 주체가 사랑을 한다는 의미가 아니다. 실제 현실에서 이 말은 사랑이 나를 관통해 작용하고 있다는 것이다. 사랑이라는 것은 내가 하는 '그 어떤 행동'이라기보다는 '나'라는 존재인 것이다." (1997, p. 189~190)

이런 점은 '최상의 자신'에 대한 피드백이 그것을 받는 사람에게 증명해주고 있는 것들이다. 우리는 다른 사람과의 관계를 소중히 여기고 순수한 목적을 추구하면서 본능에서 우러나오는 행동을 할 때 가장 위대한 가치를 창출해낸다. 이것은 우리가 의식하지 못하고 있는 능력과 연계되기 때문이다.

리더십의 근원적 상태에 들어가기

지난 몇 년간 나는 '최상의 자신' 과정을 학생들에게 가르쳤다. 그리고 대체로 성과를 거뒀다. 어느 날 나는 미시건 비즈니스스쿨의 한 직원과 이야기를 하게 되었고 2주 후 나는 그녀와 카페테리아에서 마주쳤다. 그녀는 내가 가르쳐 준 방법을 약간 변형해 멋지게 적용했다고 말했다. 그녀는 먼저 30명을 선정해 연락을 했다. 그녀는 답을 받은 후 답을 보낸 사람들에게도 자발적으로 '최상의 자신' 피드백을 보냈다. 이를 통해 그녀는 인생에서 가장 의미 있는 대화를 나눌 수 있었다고 말했다. 그녀는 눈물을 닦고 웃으면서 자신의 남편도 이 방법을 시도해보겠다는 이야기를 했다고 말했다. 이 멋진 여성은 지원부서에서 일하고 있는데, 리더십의 근원적 상태에 들어간 것이다. 그녀는 자신을 바꿨고 타인들도 바뀌도록 한 것이다.

리더십의 근원적 상태에 들어가기 위한 준비

이 장이 당신에게 주는 의미에 대해 사색할 수 있는 조용한 시간을 선택하라. 최대한 진실하게 오늘날 자신의 모습을 평가하는 작업부터 시작하라.

명상을 위한 질문들
1. 당신의 현재 모습을 가장 잘 표현하는 항목에 표시하라.
-나는 낙천적이고 건설적이다
-나는 현실적이고 따져보기를 좋아한다.
-나는 내 인생의 소명을 알고 있다.

-나는 나의 가장 뛰어난 강점이 무엇인지를 안다.
-나는 가치를 창조해내는 나만의 독특한 방법을 설명할 수 있다.
-나는 바뀌는 외부현실과 나의 잠재력을 지속적으로 결합시킨다.
-나는 방어적인 태도는 거의 취하지 않는다.
-나는 모든 상황 속에서 잠재성을 발견하려고 한다.
-나는 내 자신의 변화를 유도하도록 의문을 제기하는 직관을 믿는다.
-나는 다른 사람들을 건설적이고 창조적인 상태로 끌어들인다.
-나는 잠재성을 끄집어내고 긍정적으로 평가하기 위한 질문을 한다.
-나는 그 질문들이 다른 사람을 언짢게 하더라도 질문을 한다.
-나는 사람들의 상상력을 사로잡는다.
-나는 사람들을 강력한 목적과 결합시킨다.
-나는 사람들이 설득력 있는 전략적 의지를 찾도록 돕는다.
-나는 사람들이 구습에서 벗어날 수 있도록 격려한다.
-나는 사람들이 서로 연계해서 협력하고 함께 창조해낼 수 있도록 장려한다.
-나는 '발생적 조직화'의 프로세스를 촉진하려고 한다.

2. 이 표에 근거해 자신을 평가한 후 현재 당신에게 해당하는 특성이라고 생각하는 항목의 해당점수에 동그라미를 표시해라. 이 표에서 '부정적인' 영역은 긍정적인 특성이 과도하기 때문에 결국 부정적인 특성을 가진다는 것을 의미한다는 점을 명심하라. 표에서 '통합적' 영역은 대조를 이루고 있는 긍정적 특징들이 잘 통합돼 있는 것을 의미한다. 만약 당신이 건설적인 낙천주의와 현실적이고 분석적인 두 가지 특성을 잘 통합하고 있다고 느낀다면 '통합적' 영역의 숫자 중 하나만 선택해 동그라미를 표시하면 된다. 그렇지 않다면 표의 양 측면에 위치한 각 칸에 총 두 개의 동그라미

를 표시해야 한다.

부정적	긍정적	통합적	긍정적	부정적
비현실적	낙천적	건설적이면서	현실적	비관적
따져보지 않음	건설적	분석적	분석적	파괴적
-3 -2 -1	1 2 3	4 5 4	3 2 1	-1 -2 -3

자기발전

1. 당신이 끝낸 평가의 점수에 근거해 장점탐구라는 주제로 자신을 묘사하는 글을 써보자. 일반적인 상태와 리더십의 근원적 상태에 대한 설명에 근거해 지금 당신의 모습을 묘사해보자.
2. 장점탐구와 관련해 자신을 개선시킬 수 있는 전략을 써보자. 오늘부터 어떤 행동을 취할 것인지 단계별로 가능한 구체적으로 기술해보자.

장점 탐구를 실천하기 위한 유용한 지침

1. 장점탐구를 당신에게 적용하라.
2. 당신이 가진 최상의 가치 창조 방식을 확인하라.
3. 당신이 최고의 성과를 올렸던 사례를 되짚어보라.
4. 당신의 최상의 모습에 대해 기술해보라.
5. 당신은 누구이며 어디로 가고 있는지 설명할 수 있는 '인생의 글'을 써보자.
6. 그 '인생의 글'을 자주 읽어보자.
7. 당신의 과거의 최상의 모습과 미래의 최상의 모습을 지속적으로 결합하려고 노력하라.
8. 높은 이상을 갖고 살아라.
9. 현실과 가능성을 결합하려고 지속적으로 노력하라.

10. 현실에 기반을 두고 있는 낙천주의를 끄집어내는 것이 목적임을 기억하라.
11. 항상 현실과의 연관성을 유지하는데 중점을 둬라.
12. 현실에는 긍정적인 것과 부정적인 것이 공존함을 기억하라.
13. 현재 필요한 결과물이 무엇인지 명확히 하는데 집중하라.
14. 모든 개인과 관계, 시스템에는 발견되지 않은 에너지가 있다는 것을 인지하라.
15. 전문가 역할을 하려고 하지 말고 긍정적 질문자의 역할을 하라.
16. 사람들이 가장 가치를 두고 있고 애정을 쏟고 있는 것을 구체화할 수 있는 질문을 해라.
17. 사람들이 자신의 과거에서 최상의 모습을 고찰해낼 수 있도록 하라.
18. 사람들이 서로를 인터뷰한 후 그들의 관계나 조직에서 발견한 좋은 점들을 함께 이야기해볼 수 있도록 하자.
19. 인터뷰 결과를 보고하도록 한 후 사람들이 긍정적인 요소들을 포착해 명시해볼 수 있도록 하라.
20. 사람들이 자연스럽게 원하는 미래를 구성해보고 추구할 수 있도록 하라.
21. 두려움을 떨쳐버리고 통제해야 한다는 생각을 버려라. 과정을 믿어라.
22. 조직은 당신이 운영하는 것보다 훨씬 잘 스스로를 이끌어갈 것이다.

통찰의 공유

위 질문에 답하면서 공유하고 싶은 중요한 통찰이나 의미 있는 이야기가 있다면 딥 체인지 웹사이트(www.deepchange.com)를 방문해 게시판에 올려주기 바란다. 당신의 이야기는 많은 사람들에게 도움이 될 것이다. 다른 사람들이 올려놓은 이야기와 그들이 얻은 통찰을 보고 싶을 때도 이 사이트를 방문하면 된다.

11장
현실에 기반을 둔
비전을 가져라

간디의 사례에서처럼 비전은 리더에게서 나온 것처럼 보인다. 그렇지만 그 비전은 사람들의 현실과 희망에 대해 이야기하고 있기 때문에 사람들을 감동시킬 수 있었던 것이다. 그것이 사람들이 간디가 제시한 비전에 반응한 이유다. 비전이 공중누각이 아니라 그들의 일상의 삶, 현실문제에 기반을 두고 있다는 것이 명백할 때 사람들이 신뢰를 보내는 것이다.

장점탐구는 조직과 우리 내면의 긍정적인 핵심 요소들을 구체화할 수 있도록 한다. 이 방법을 통해 우리는 희망을 얻게 된다. 여기에서는 장점탐구를 보완할 수 있는 방법을 살펴보려고 한다. 그것은 현실에 기반을 둔 비전이다.

먹고 사는 문제를 보기

지난 20년간 많은 조직들은 예전보다 더 혼돈에 빠졌으며, 이로 인해 그 조직의 구성원들은 더 큰 불확실성에 직면했다. 불확실성이 커질 때 비전에 대한 요구도 커지게 마련이다. 불확실성과 변화에 직면할 때 사람들은 자신들을 더욱 결속시키고 생산적인 방식으로 이끌 수 있는 의미 있는 시스템을 원하게 된다. 그러나 많은 조직들이 비전 부재로 고전하고 있다. 한 대기업을 방문했을 때의 일이다. 회사의 최고위 임원진들로 구성된 태스크 포스팀은

3개월에 걸쳐 회사의 비전을 담은 문건을 만들고 있었다. 나는 이 그룹의 사람들과 만나 거의 완성단계에 있는 비전 문건을 읽게 됐다. 그들은 그 비전에 대한 의견을 물었다. 나는 간단하게 답했다. "도대체 누가 이 비전을 위해 목숨 바쳐 일할까요?" 아무도 입을 열지 않았다. 그들은 나의 질문에 놀랐고, 곤혹스러워하는 것도 같았다. 정략적으로 모인 집단이기 때문에 그들은 업무를 수행하면서 서로의 정치적 이해관계를 건드리지 않는 합리적인 절충점을 찾아냈고, 아무도 이의를 제기하지 못하는 추상적인 일반 원칙들을 문건으로 작성한 것이다. 그들은 전력을 다해 그 보고서를 만든 것이 아니었다.

내가 아는 어떤 경영자는 중간 관리자들이 회사의 비전을 모르겠다고 자주 불만을 제기한다고 했다. 얼마의 시간이 지난 후, 그는 고위 임원진들과 만나 회사의 비전과 가치를 담은 문건을 작성하느라 며칠을 보냈다. 그들은 그 비전과 가치를 플라스틱 카드로 만들어 전 직원에게 나눠줬다. 1주일이 지나자 또다시 '비전을 모르겠다'는 말이 돌기 시작했다. 결국 그 경영자는 좌절감에 젖어 그의 부사장을 불러 말했다. "사람들에게 그 비전을 모르겠다는 말 좀 그만하라고 하게."

나는 이 상황을 비웃으려고 하는 것이 아니라 충분히 그 기분을 이해하는 입장에서 이 이야기를 하는 것이다. 나도 다른 사람들에게 비전을 전하려고 시도한 적이 있다. 그 과정에서 좌절감을 느끼기도 했다. 현재의 문제를 해결하는 데 집중하는 것보다 미래를 형상화하는 일이 훨씬 어렵다. 회사 운영을 분석하거나 업무 관리자가 되는 것보다 현실에 기반을 둔 비전을 제시할 수 있는 사람이 되는 것이 훨씬 어렵다. 그렇다면 어떻게 비전을 찾을 것인가?

조직에서 비전에 대한 열망에 직면했을 때 나는 종종 조직의 고위층들을 만나 논의하게 된다. 그들은 좌절한 상태로 회사의 공식 비전을 담은 문서를 들고서는 왜 그 비전이 효과가 없는지를 묻는다. 때때로 나는 그들의 문서가 '먹고 사는 문제(bread and salt)'를 반영하지 못하고 있다고 말하곤 한다. 그리고 영화 '간디' 에 나오는 이야기를 꺼낸다.

 모한다스 간디는 사회 생활 초년시절 남아프리카에서 일종의 차별에 맞서 싸워 승리를 거뒀다. 그 일을 끝낸 후 간디는 고향 인도로 돌아갔다. 그는 정치에 입문하라는 주변의 권유를 받았지만 대신 인도 전역을 돌아다니는 긴 여행을 시작했다. 그 여행에서 간디는 많은 농가와 마을을 돌며 인도 시골 전역을 방문했다. 간디는 불편을 감수하면서 인내심을 갖고 농민들의 이야기를 듣고 그들이 어떻게 사는지를 살펴봤다.

 얼마 후 선거 유세전이 열렸고, 인도의 유명 정치인들이 찬조연설에 나섰다. 그들은 영국을 축출해내고 인도의 자치를 구축해야 한다고 주장했고, 이에 청중들은 동의하며 목소리를 높여 지지를 표했다. 조용히 있던 간디에게도 연설할 기회가 주어졌다. 그가 소개됐을 때 사람들은 자리를 뜨기 시작했고 유세장 주변을 돌아다녔다. 그들은 이 조그맣고 낯선 사람에게 관심이 없었다.

 간디는 예의 그 조용한 어조로 '진짜' 인도에 관해 말하기 시작했다. 그는 인도가 직면하고 있는 이슈는 자치가 아니라고 주장했다. 그는 인도 국민들이 누가 나라를 지배하고 있는가의 문제가 아니라 '먹고 사는 문제' 에 관심을 두고 있다고 했다. 정치인들이 이 먹고 사는 문제를 이해하지 못하는 이상(사실 그들은 이해하지 못하고 있었다.) 유권자들에게는 단지 영국 독재자들이 인도 독재자로 바뀌는 것에 불과하다고 말했다.

 간디가 이야기를 계속하면서 사람들은 점차 자리로 돌아와 경청하기 시작했다. 왜냐하면 그들은 평소 들을 수 없었던 이야기들, 그리고 매우 중요한 이야기를 듣고 있었기 때문이다. 이 작고 얌전한 남자는 인도의 핵심을 여행했고 인도의 정수를 포착했다. 그는 이제 사람들이 느끼고 이해할 수 있는 방식으로 그가 포착한 것을 말하고 있는 것이었다. 그 같은 명료한 말들은 종종 근원적(radical)인 딥 체인지의 핵심으로부터 나오는 것이다.

 '급진적' 이라는 말은 라틴어의 뿌리라는 단어에 어원을 두고 있다. 예를 들어 수학에서는 제곱수를 표현할 때 '근호(radical sign)'를 사용한다. 근원적인 변화를 이루기 위해 우리는 뿌리, 즉 기원이나 원형에 다가가야 한다. 영향력을 갖는 비전이란 개인이나 조직이 핵심 이슈에 대해 깊이 숙고하는 과정을 거쳐 나온 통찰을 반영하기 마련이다. 간디의 비전은 이를 반영했다. 사실과 가치, 양쪽에 모두 뿌리를 두고 있었으며 열정을 불러일으켰다.

비전을 가진 리더는 조직이나 그룹의 핵심을 파고들어 현실적인 문제들을 건드린다. 그러나 대부분의 최고 경영진들은 이를 실행하지 못한다. 그렇기 때문에 그들은 현재와 발전적인 미래를 결합하는 과정에서 어려움을 겪는 것이다.

때로는 조직에서 상부로 올라가면서 메시지가 걸러지기 때문에 현실적인 문제들을 건드리는 것이 어려운 경우도 있다. 경영진들이 부하들로부터 받는 메시지는 대부분 잘 걸러지고 다듬어진 것들이다. 계급조직 속에서 우리는 조직 아래에서 무슨 일이 일어나고 있는지 알기 어렵다. 때로 우리는 '대중' 사이에 섞여 있는 것에 불편함을 느낄 때도 있다. 내가 만났던 한 자동차 회사의 임원진들은 그들이 '저질'이라고 표현하는 자동차 딜러들과의 회의에 참석하는 것을 견디기 어려워했다. 이와 비슷한 속물근성은 대부분의 큰 기업들에서 나타나는 현상이다. 조직 내의 사람들이 서로 분열됨에 따라 조직도 붕괴된다. 조직이 점진적으로 죽어가는 과정 속에서도 조직 구성원들은 조직의 상태가 매우 건실한 것처럼 행동한다. 이 같은 가식은 조직 구성원들이 리더십의 근원적 상태에 도달하려는 노력을 회피하도록 한다.

고립되고 격리된 사람들은 타인에게 동기부여를 할 수 없다. 이런 사람들이 작성한 비전은 영향력이 없고 영감을 주지 못한다. 이런 사람들의 '행동'은 그들의 '말'과 일치하지 못하며, 이런 사실은 분명히 드러나게 된다. 비전이 있어도 어떤 변화도 일어나지 않을 것이며, 그 비전은 곧 썩어 버려질 것이다.

강력한 비전은 모두로부터 리더로 인정받는 사람이 혼자 고찰해낸다고 해서 발산되는 것이 아니다. 또 미래에 대해 리더가 갖고 있는 개념만을 반영하는 것도 아니다. 타인을 변화에 동참하도록 이끄는 비전은 그들 내면에 깊이 담겨 있는 필요와 열망에서 끌어올려지는 것이다. 우리가 종종 볼 수 있듯 변화에 관여되어 있는 사람들과 함께 하는 것이 그 같은 비전을 얻는 방법이다. 간디의 사례에서처럼 비전은 리더에게서 나온 것처럼 보인다. 그렇지만 그 비전은 사람들의 현실과 희망에 대해 이야기하고 있기 때문에 사람들을 감동시킬 수 있었던 것이다. 이것이 사람들이 간디가 제시한 비전에 반응한 이유다. 그 비전이 공중누각이 아니라 그들의 일상의 삶, 현실문제에 기반을 두고 있다는 것이 명백할 때 사람들이 신뢰를 보내는 것이다.

현실에 기반을 둔 비전

나는 위기에 처해 있던 대형은행을 방문했던 적이 있다. 전 직원이 모인 자리에서 이 회사의 CEO는 일어나 조직이 직면하고 있는 외부의 압력과 조직을 무너뜨리고 있는 사안들에 대해 조목조목 이야기했다. 우울한 감정이 휩쓸었고 그 조직은 꼭 무너질 것만 같았다. 이를 듣고 있던 직원 중 한 명이 손을 들고 물었다. "당신의 비전은 무엇이죠?" CEO는 "내년 이맘 때쯤 주가가 40달러가 될 것입니다." 곤혹스러움 속에 침묵이 흘렀다. 사람들은 믿을 수 없다는 표정으로 서로를 쳐다봤다. 그 CEO는 그가 사람들의 마지막 한줄기 희망마저 짓밟아 놓았다는 사실을 깨닫지 못하는 듯 했다.

주가 40달러는 분명 미래에 대한 이미지 중 하나다. 수치화 할 수 있다는 점에서 현실에 기반을 둔 이미지일 수도 있다. 그러나 이는 사람들이 현재 직면하고 있는 현실, 현재 상황에 대한 감정적 요소들에 기반을 두고 있지는 않다. 그 비전은 그들이 뼛속까지 동감하면서 헌신할 수 있는 비전이 아니었다.

그 순간 이 CEO는 사람들을 재정비했어야 했다. 그들은 발전적으로 변화하는 과정이 필요했던 것이다. 그들은 새로운 행동을 취해야 할 필요가 있었다. 그들은 새로운 방식으로 서로를 연결시켜줄 수 있는 일종의 희망이 필요했던 것이다. 그들은 다리를 놓아가면서 다리를 건너가는 것이 필요했다. 이런 과정이 발생하려면 그들에게는 누구든 리더십의 근원적 상태에 있는 사람이 필요했다. 그 CEO는 결코 그런 사람이 아니었다. 현실적인 비전이 가장 필요했던 순간에 그는 그 어떤 비전도 갖고 있지 못했다. 그는 오히려 필요한 것과 정반대의 것을 직원들에게 제시했다. 희망을 만드는 대신 그는 두려움과 절망감, 무기력감만 불러일으킨 것이다.

변혁의 순간에 현실에 기반을 둔 비전은 필수적이다. 우리는 현재와 긍정적인 미래를 결합시킬 때 현실에 기반을 둔 비전을 제시하게 된다. 창조적인 긴장감은 〈표 11-1〉에서 살펴볼 수 있다. 희망적이고 비전에 차 있는 것은 긍정적인 특성이다. 그러나 이것이 지나치면 현실과 괴리되고 망상에 빠진다. 마찬가지로 현실적이고 사실을 중시하는 자세는 긍정적이고 필요하다. 하지만 이 역시 지나치면 우리는 비전을 잃고 희망을 빼앗기게 된다. 당면과제는 미래에 대해 현실적이면서도 긍정적인 이미지를 갖는 것이다. 현실에 기반을 둔 이미지는 사람들이 볼 수 있을 뿐 아니라 느끼고 믿고 헌신적으로 행동하도록 하는 것이다.

CEO, 비전을 찾다

우리는 매우 불확실하고 CEO조차 현실에 기반을 둔 비전을 제시하지 못하는 상황에 대해 살펴봤다. 이와 비슷하지만 결과는 전혀 다른 상황을 살펴보자.

내가 잘 알고 있는 한 대기업은 오랫동안 건실한 재무상태를 유지해왔다. 그러나 경기가 나빠지면서 회사도 고전하기 시작했고 새로운 사장이 선임됐다. 연방정부는 회사에 타격을 입힐 수 있는 정책들을 내놓기 시작했다. 회사의 재무상태는 빠르게 악화되기 시작했다. 그동안 회사에서 성공을 거두었던 요인들까지도 회의적으로 받아들여지기 시작했다. 조직 구성원들은

〈표 11-1〉 현실에 기반을 둔 비전

부정적	긍정적	통합적	긍정적	부정적
지나치게 비전에 차 있어 비현실적이고 망상에 빠질 우려가 있다.	미래에 대해 설득력 있고 희망적인 비전을 개념화 할 수 있다.	현실에 기반을 둔 비전을 수행한다.	지금 처해있는 현실의 사실에 기반을 두고 있다.	과거와 현재의 사실에 지나치게 집착해 희망이나 비전을 갖기 어렵다.
비현실적 망상적	비전이 있는 희망적	현실적이며 비전이 있는	현실적 사실적	비전 박탈 희망 박탈

현실에 기반을 둔 비전: 이런 부류의 사람들은 현실과 사실에 기반을 두고 있는 동시에 희망적이고 비전이 있다. 이들은 현존하는 시스템의 현실로부터 발전해나가는 미래를 개념화하고 이에 대해 커뮤니케이션을 할 수 있다. 현실과 가능성이 통합되면 본인뿐 아니라 다른 사람들이 안전지대에서 벗어나 적극적인 창조 작업에 돌입하도록 이끄는 이미지가 만들어진다.

개인적인 적용: 나는 내 자신과 다른 사람들에게 삶은 지속적으로 변화하는 속성을 갖고 있다는 것을 깨닫게 하기 위해 미래에 대한 이미지를 개념화할 때 과거의 언어와 사실을 활용한다. 이런 방식으로 나는 발전적으로 변화하는 미래를 만드는 데 있어 나 자신과 타인의 역량을 강화한다. 즉 나는 사실과 희망, 과거와 미래를 결합한다. 나는 현실에 기반을 둔 비전을 수행하는 것이다.

좌절했다. 그들은 새 CEO에게서 새로운 비전을 갈구했다. 그러나 CEO는 개인적으로 많은 노력을 기울여봤지만 제시할 수 있는 비전이 없다고 선언했다.

  최악의 상황에서 회사의 고위 임원진들은 신속하게 외부의 자문을 받는 것이 필요하다고 판단했다. 나는 그 프로그램을 구성하기 위해 영입된 몇몇 교수 중 하나였다. 우리의 최우선 과제는 회사가 현실의 문제들을 해결하도록 하는 것이었다. 그러나 이 회사는 지금까지 내부적으로 공공연한 마찰을 빚은 적이 없었다. 이 점이 우리가 이 조직의 문제에 개입하는 데 어려운 요인이었다.

우리는 4주 일정의 미팅을 실시하기로 결정했다. 각 주별로 100명씩 회사 임원진과 미팅을 진행해 4주간 400명의 임원진 전원과 만나기로 했다. 우선은 재무와 전략에 관해 소개를 하는 프레젠테이션부터 시작할 계획이었다. 그런 후 회사가 직면하고 있는 문제들에 대해 토론을 진행하려고 했다.

첫 번째 미팅에 CEO가 참석했다. 우리는 그에게 경청하되 말은 되도록 하지 말도록 했다. 심지어 잘못된 얘기가 나오더라도 말이다. 이 시간은 다른 사람들이 말하고 편안함을 느껴야 하는 시간이었다. 그는 들을 필요가 있었다.

1주일간 심도 있고 건설적인 아이디어와 의견 교환이 이루어졌다. 내 동료들은 참가자들에게 진솔하게 이야기할 것을 독려했다. 처음 며칠간 사람들은 거의 모든 문제에 대해 CEO를 비난했다. 그러나 점점 그 미팅의 분위기가 바뀌기 시작했다. 사람들은 자기 자신을 들여다보기 시작했고 매듭짓기 어려운 회사의 이슈들에 자신들의 책임도 일부 있다고 여기기 시작했다.

첫 1주일 미팅의 마지막 세션은 CEO의 이야기를 듣는 시간이었다. 그는 여전히 회사를 위한 비전을 갖고 있지 못했지만 그는 직원들의 고민을 백분 이해하고 있다는 입장을 전달했다. 그 자체만으로도 한발 전진한 것이며, 그의 연설은 직원들에게 잘 전달됐다.

그런 뒤에 그는 흥미로운 결정을 내렸다. 그는 자신의 스케줄을 다시 정리해 앞으로 남은 3주간 미팅에 참석하기로 했다. 셋째 주 금요일에 그는 비전이 생겼다고 이야기를 했다. 직원들은 깜짝 놀랐다. 그는 회사가 연구개발(R&D) 부문에 의존하고 있는데 이 부문이 제대로 기능을 하지 못하고 있다는 분석을 내렸다. 그는 자신의 비전을 10억 달러짜리 도전이라고 명명했다. 그는 R&D 부문에 10억 달러를 투입하고 싶다면서 그 세션에 참가하고 있던 사람들에게 예산을 마련해줄 것을 부탁했다.

우리 대부분은 CEO가 그 같은 요청을 했을 때 사람들이 따라줄 것으로 생각하지만 사실은 그렇지 않다. 대부분 그러한 요구사항은 너무 큰 도전을 필요로 하기 때문에 저항에 직면하기 마련이다. 그러나 이 경우 사람들은 기꺼이 10억 달러를 마련했다. 사람들이 그렇게 한 이유는 CEO가 조직의 현실적인 문제들을 찾아냈기 때문이었다. 그는 직원들이 살아가고 있는 현실을 있는 그대로 직면했고, 직원들도 그 사실을 알아챘다. R&D 부문이 안고 있는 문제는 변화하는 외부환경 속에서 회사가 취해야 할 변화를 추진하는 데 사실상 가장 핵심적인 장애물이었다.

그렇다면 CEO는 이 현실적인 문제들을 어떻게 알아냈을까? 3주간 그는 직원들의 불만과 절망, 핵심 이슈에 대한 논쟁을 경청했다. 그 과정에서 그는 조직 내면의 목소리를 듣게 된 것이다. 내면의 목소리는 자기 자신에게만 관심의 초점을 두고서 이루어지는 대화의 밑바닥에 항상 존재한다. 경청하면 그것을 들을 수 있다.

근원적 리더십의 상태로 들어가기

한 번은 성당 모임에 초대를 받았는데, 이 자리에서는 한 가족이 프레젠테이션을 하고 있었다. 특히 그 가족 중 십대인 딸의 이야기를 흥미롭게 듣게 됐다. 그녀는 프레젠테이션 중간에 액자에 담겨 있는 큰 문서를 꺼내 들고 말했다. "이것이 우리 가족의 비전입니다. 우리 가족이 다툴 때나 어떤 결정을 내려야 할 때 우리는 이 비전을 다시 읽어봅니다. 그러면 우리가 무엇을 해야 하는지 알 수 있죠." 그녀는 그 비전을 읽어내려 갔다. 나는 가족이 비전을 갖는다는 것이 매우 특이하다고 여겨졌고, 이에 관해 그녀의 아버지에게 물었다. 그녀의 아버지인 릭 데브리스는 당시 은행의 행장이었는데, 그는 자기 가족의 비전이 그가 직장에서 경험했던 일 때문에 비롯됐다고 설명했다.

그가 미시건주 입실란티에 있는 지점으로 발령받아 도착했을 때 그는 그 지역이 그 지점을 발전시킬 수 있는 잠재가능성이 크다는 것을 발견했다. 그는 이 지역의 경제성장 기회와 은행지점의 업무를 잘 접목시킨다면 더 큰 수익을 낼 수 있을 것이라고 확신했다. 그렇지만 그 지점의 직원들은 이 같은 사실을 잘 알지 못하는 것 같았다. 그는 이 지점의 문화를 바꿔야 한다고 깨달았다. 그는 자신이 느낀 잠재가능성에 대해 직원들과 이야기했지만, 아무것도 변하는 것은 없었다. 특히 최우량 고객을 상대하고 있던 직원은 그가 가능하다고 여기는 비전을 이해하지 못하는 것 같았다. 릭은 그녀가 의미 있는 목표를 세울 수 있도록 지원하려 했지만 그런 과정들은 변화를 이끌지 못했다. 현재와 미래를 잇는 손에 잡히는 연결고리도 없었고 접점도 없었다.

어느 날 미팅에서, 그는 문득 뭔가 새로운 것을 시도해야겠다는 생각을 했다. 그는 모두에게 눈을 감으라고 말했다. 그는 현재 자신이 은행지점을 어떻게 보고 있는지를 매우 구체적으로 설명했다. 그 다음 그는 직원들에게 이 세상 최고의 은행지점에 걸어 들어가고 있는 스스로의 모습을 상상해보라고 주문했다. 그는 직원들에게 상상 속에서 무엇을 보았는지 물었고 각각의 사람들은 이를 발표했다. 그는 각각의 내용을 녹음했다. 그는 사무실로 돌아가 그가 방금 들은 내용들 −이상적인 은행지점에 대한 다양한 관점− 을 종합해 2페이지짜리 보고서로 만들었다. 그의 글은 고객이 은행에 가서 경험하게 되는 것들, 시설물에 대한 묘사, 각각의 직원들이 무엇을 하고 있는지를 묘사하고 있었다. 그 2페이지짜리 보고서는 현실적으로 가능한, 이상적인 미래에 대한 이미지를 담고 있었다. 그것은 사람들이 이해할 수 있고 직접 실행에 옮길 수 있는 것이었다. 그것은 현재와 미래, 실제와 잠재성 사이의 간극을 메워나갈 때 그들의 행동에 지침이 될 수 있는 것이었다.

릭이 직원들에게 그 보고서를 나눠줬을 때 평소 릭의 말을 잘 이해하지 못했던 그 핵심 관리자가 특히 큰 영향을 받았다. 그녀는 그의 생각을 이해하기 시작했고, 들뜬 마음으로 헌신적으로 동참했다. 직원들은 그 비전에 대해 추가적인 피드백을 제공했고 릭은 이를 적절하게 조정했다. 천천히 그렇지만 꾸준하게 모든 일은 착착 진행되기 시작했다.

이 간단한 프로세스를 살펴보면 릭 역시 10억 달러짜리 과제를 선언했던

CEO와 같은 일을 했다는 것을 알 수 있다. 릭은 위에서부터 추상적인 비전을 지시한 것이 아니었다. 그는 사람들과 교류했고, 이들은 함께 의미를 만들어나갔다. 결과적으로 그들은 일상의 삶에 묻혀있던 비전과 모두에게 관련이 있는 희망을 명료하게 구체화한 것이다.

일련의 과정들은 릭과 그의 직원들에게 깊은 영향을 줬다. 그는 그 과정이 얼마나 큰 차이를 만들어냈는가에 놀랐다. 그는 종종 그 변화의 과정을 돌이켜 보고는 사람들에게 굉장한 일인 듯 이야기를 했다. 그의 동료들은 그 이야기에 큰 관심을 보이지 않았고 이 때문에 그는 무안해지기도 했다. 이런 일은 나도 계속 겪는 것이다. 사람들은 현실에 묻혀 있는 비전을 대면하는데 별 열의를 보이지 않는다. 대부분의 사람들은 목표를 명료화하는 작업을 거부한다. 대신 그들은 문제를 해결하는 데 노력을 기울이고 싶어한다. 문제해결에 관여하는 것은 개인의 진정성, 책임을 덜 요구한다. 이는 사람들이 점진적 죽음을 선택하는 또 다른 방식이다. 그들은 리더십의 근원적 상태로 들어가기를 열망하지 않고 또 안전지대에서 벗어나 자신을 내던지기를 원하지 않는다. 사람들은 본능적으로 강을 건너면서 다리를 만들려고 하지 않는다. 누군가 길을 제시해줘야 한다.

나는 이 이야기를 시작하면서 릭의 경험이 그의 가정에 근원적 변화를 가져왔다고 말했다. 릭 부부는 5명의 자녀를 두고 있는데, 이들 자녀를 키우는 것은 여간 힘든 일이 아니다. 특히 갈등이 심했던 어느 날 그는 은행에서 효과를 봤던 방법이 집에서도 통하지 않을까 하는 생각이 들었다. 그는 그날 밤 가족회의를 제안했다. 회의 시간이 다가왔을 때 그는 음악을 틀고 테이블에 간식거리를 준비해놓고 가족 모두를 불렀다. 그는 은행에서 했던 게임을 집에서도 함께 해보고 싶다고 얘기했다. 그런 후 그는 가족들에게 눈을 감으라고 말했다. 이런 과정을 통해 그의 딸이 성당에서 말했던 비전 ―가족 내에 마찰이 생길 때마다 그들을 이끌어줬던 그 비전― 이 탄생하게 됐다. 릭은 리더십의 상태에 들어갔고, 그의 가족들은 그를 따랐다.

리더십의 근원적 상태에 들어가기 위한 준비

이 장이 당신에게 주는 의미에 대해 사색할 수 있는 조용한 시간을 선택하라. 최대한 진실하게 오늘날 자신의 모습을 평가하는 작업부터 시작하라.

명상을 위한 질문들

1. 당신의 현재 모습을 가장 잘 표현하는 항목에 표시하라.
_ 나는 내 조직의 정서적인 요인들을 분석한다.
_ 나는 가능성을 비전화한다.
_ 나는 모든 사람들이 자신의 안전지대에 머물기를 선호한다는 것을 이해한다.
_ 나는 설득력 있는 시각 이미지의 힘을 이해한다.
_ 나는 근원적인 변화는 근원적인 이슈와 연결돼 있다는 것을 알고 있다.
_ 나는 내 직원들이 무엇을 염려하고 있는지 지속적으로 모니터한다.
_ 나는 현재 보이는 갈등상황 속에서 겉으로 드러나지 않고 있는 요구사항들에 관심을 기울인다.
_ 나는 사람들이 느끼고 이해하고 반응하는 비전을 만들어낸다.
_ 나는 나의 가치대로 살아가고 있는 것을 확인하기 위해 많은 노력을 기울인다.
_ 나는 비전이 선포되는 것이 아니라 함께 만들어가는 것이라는 점을 이해한다.
_ 나는 정확하게 모니터하는 과정을 통해 향상할 수 있다는 점을 강조한다.
_ 나는 대부분의 경영진들이 진짜 비전을 원하지 않고 있다는 점을

이해한다.

2. 이 표에 근거해 자신을 평가한 후 오늘날 당신에게 해당하는 특성이라고 생각하는 항목의 해당 점수에 동그라미를 표시해라. 이 표에서 '부정적인' 영역은 긍정적인 특성이 과도하기 때문에 결국 부정적인 특성을 가진다는 것을 의미한다고 있다는 점을 명심하라. 표에서 '통합적' 영역은 대조를 이루고 있는 긍정적 특징들이 잘 통합돼 있는 것을 의미한다. 만약 당신이 희망적인 비전과 현실에 기반을 둔 사실적인 접근법의 두 가지 특성을 잘 통합하고 있다고 느낀다면 '통합적' 영역의 숫자 중 하나만 선택해 동그라미를 표시하면 된다. 그렇지 않다면 표의 양 측면에 위치한 각 칸에 총 두 개의 동그라미를 표시해야 한다.

부정적	긍정적	통합적	긍정적	부정적
비현실적 망상적	비전이 있는 희망적	현실적이며 비전이 있는	현실적 사실적	비전 박탈 희망 박탈
-3 -2 -1	1 2 3	4 5 4	3 2 1	-1 -2 -3

자기발전

1. 당신이 끝낸 평가의 점수에 근거해 현실에 기반을 둔 비전을 주제로 자신을 묘사하는 글을 써보자. 일반적인 상태와 리더십의 근원적 상태에 대한 설명에 근거해 지금 당신의 모습을 묘사해보자.

2. 현실에 기반을 둔 비전의 영역에서 자기 발전에 관한 전략을 짜보자. 오늘 당장 시작할 수 있는 일들을 가능한 매우 구체적으로 적어보자.

현실에 기반을 둔 비전을 실천하기 위한 유용한 지침

1. 비전 없는 현실은 가능성을 파괴한다. 현실성 없는 비전은 신뢰성을 파괴한다.
2. 문제 해결을 통해서는 탁월한 결과가 나오지 않는다는 것을 깨닫는다.
3. 당신이 이루고자 하는 결과에 집중하라.
4. 원하는 결과를 위해 희생을 감내할 의지가 있다는 것을 확실히 하라.
5. 비전과 관련한 당신의 통합성이 지속적으로 시험대에 놓인다는 것을 인지하라.
6. 제시되는 최종 결과는 사람들이 실패를 감내하고서라도 이루고 싶을 만큼 충분히 매력적이어야 한다는 것을 확실히 하라.
7. 원하는 결과를 성취하는 조직의 모습을 머릿속에 영상화하라.
8. 그 영상을 계속 머릿속에서 틀어보고 수정하라. 그 영상을 다른 사람에게도 묘사하라.
9. 이루고자 하는 미래와 관련된 모든 사람에 집중하라.
10. 이루고자 하는 미래를 설명하려 들지 말라. 사람들이 보고, 느끼고, 듣고, 맛볼 수 있도록 하라.
11. 조직과 그 안에 있는 사람들의 역사를 깊이 이해하라.
12. 과거에 묻혀져 있는 미래를 발견하라.
13. 사람들을 (변화라는) 모험의 과정에 끌어들이려면, 먼저 그들이 과거에 그 같은 모험에서 어떻게 행동했는지를 깨닫게 하라.
14. 비전에 생명을 불어넣을 수 있는 이야기를 해줘라.
15. 상상력을 사로잡는 시각 이미지를 커뮤니케이션하라.
16. 거부의 목소리를 경청하라. 그 안에 담긴 더 깊은 메시지를 읽어라.

17. 두려움을 구체화하고 살펴봄으로써 극복하라.
18. 먼저 당신 자신의 두려움을 구체화함으로써 변화 과정의 모범이 되라.
19. 현실의 고통을 절대 회피하지 말라.
20. 사람들이 변화에 따른 고통을 대의적인 관점에서 볼 수 있도록 도와라.
21. 무슨 일이 벌어지고 있는지 끊임없이 정의 내리고, 구체화하고 토론하라.
22. 현실적인 제약요소들을 인지하라.
23. 어떤 제약 요소들을 받아들여야 하고, 어떤 요소들은 극복해야 할지를 명시하라.
24. 문제에 대해 해답을 갖고 있을 필요는 없다. 대신 결과에 집중하라.
25. 진솔한 대화가 일으키는 작용을 신뢰하고 끊임없이 배워라.
26. 초기의 작은 성공에 집중하고, 이를 성취했을 때 기념하라.

통찰의 공유

위 질문에 답하면서 공유하고 싶은 중요한 통찰이나 의미 있는 이야기가 있다면 딥 체인지 웹사이트(www.deepchange.com)를 방문해 게시판에 올려주기 바란다. 당신의 이야기는 많은 사람들에게 도움이 될 것이다. 다른 사람들이 올려놓은 이야기와 그들이 얻은 통찰을 보고 싶을 때도 이 사이트를 방문하면 된다.

12장
자신감을 갖되 환경에 순응하라

> 순응적 자신감을 실행한다는 것은 우리가 그보다 더 높은 목표를 갖고 있기 때문에 불확실성의 세계에 기꺼이 들어간다는 것이며, 또 우리가 그 과정에서 배우고 순응할 수 있다는 자신감을 갖는다는 것이다.

누구에게나 딥 체인지는 두려운 일이기 때문에 모두 이를 회피한다. 딥 체인지는 상황에 대한 통제력을 포기해야 하는 것이기에 두려운 것이다. 딥 체인지를 하려면 실제 상황 속에서 배워나가는 상태가 돼야 한다. 실제 상황 속에서 배운다는 것은 교실에서 배우는 것에 비교하면 훨씬 어려운 일이다. 성공적으로 딥 체인지 과정에 참여하려면 우리는 순응적 자신감(adaptive confidence)이라고 불리는 개념을 실행해야 한다.

목표를 가진 여성

나는 비행기에서 옆에 앉은 한 여성의 이야기를 들은 적이 있다. 그녀는 노동자 계층의 가정에서 태어나 영업직원이 됐고, 오랜 고생 끝에 큰 성공을 거뒀다. 그녀는 과거에 고생했던 이야기를 들려줬다. 그녀는 오랜 시간 일했고, 참석할 수 있는 모든 영업 프레젠테이션에 참가했다. 실패 건수가 성공 건수보다 많았지만 그녀는 견뎠다. 그녀는 불편하고 끔찍한 상황에 자신을 계속 내맡겼다. 나는 왜 그랬는지 물었다. 그녀는 성공의 방법을 배울 수 있다고 확신했기 때문이었다고 설명했다. 그녀는 자신의 이야기를 하면서 그 실패의 고통에 대해서는 별로 언급하지 않았다. 마치 그건 별 것 아니라는 것처럼 말이다.

그녀는 자신이 무엇을 했는지를 설명해줬다. 그녀는 모든 고객과 있었던 일들을 심도 있게 분석했다. 이 과정을 반복하면서 그녀는 일정한 패턴을 발견했고, 그 결론들을 간단하게 실험해보기도 했다. 결국 그녀는 이런 사례들을 바탕으로 영업에 관한 이론을 도출해냈고 이는 원칙과 신용을 핵심 원리로 하고 있었다. 예를 들어 그녀는 고객을 만나기 전 고객에 대한 정보를 미리 알아야 한다고 믿었고, 그녀는 이 원칙을 지키기 위해 엄청난 노력을 기울였다. 그녀의 핵심원리와 실행방법을 들으면서 그녀가 어떻게 큰 성공을 거둘 수 있었는지 명확하게 이해가 됐다. 그녀는 다른 영업직원들이 생각조차 못하는 수준의 원칙을 지키고 있었다.

"내 동료들은 고객을 찾아갈 때 빵 같은 걸 들고 갑니다. 물건을 파는 데 도움이 될 뇌물로 생각하는 거죠." 그녀는 웃으면서 이야기했다. 나는 왜 동료들에게 그녀의 이론을 가르쳐주지 않는지 물었다. 그녀는 말했다. "노력은 했어요. 하지만 고객들이 들으려고 하지 않는데요. 그들은 빵을 사 들고 가는게 더 쉽다고 생각하는 거죠."

그녀의 이야기를 생각하다가 나는 그녀가 내가 강조해왔던 심사숙고하는 실행력(reflective action)과 순수한 개입(authentic engagement)을 이해하고 있다는 사실에 놀라게 됐다. 그녀는 일을 계속하면서도 그녀가 한 모든 행동을 깊이 분석하는 것을 멈추지 않았다. 그녀는 행동과 성찰을 결합한 것이다. 그녀는 분석을 통해 강력한 통찰력을 갖게 됐고 자기만의 실행방법 이론을 얻게 됐다.

그녀는 또 다른 변화의 원칙을 실행하고 있었다. 그녀가 더 사적인 이야기들을 털어놓으면서 모든 것이 분명해졌다.

그녀는 과거에 폭력남편 때문에 시달렸다고 털어놨다. 7년의 결혼생활 끝에 그녀는 이혼을 결심했다. 물론 이혼은 두려운 일이었다. 그녀는 이웃에도 그녀처럼 맞고 살지만 '자립'이라는 불확실성에 직면하기보다는 결혼생활을 유지하는 여성들이 많다는 사실을 알게 됐다. 나는 이 이야기를 듣고 굉장히 놀랐다. 괴로운 대가를 치르면서도 익숙한 것들에 매달리려는 것은 너무나 자연스러운 인간의 본성이라는 생각이 들었다. 우리는 모두 안전지대에 머물고 싶어한다. 우리는 모두 수동적이고 문제해결 단계에 머물고 싶어하는 성향이 있다.

그녀는 몇몇 여성들이 이혼을 감행했지만 그들 대부분은 두려움에서 벗어나기 위해 곧바로 다른 사람과 재혼을 했고, 이런 경우 다시 맞고 사는 일이 비일비재하다고 말했다. 이 역시 매우 관심이 가는 이야기였다. 안전지대를 떠나는 것만으로는 불충분하다. 왜 그런가? 나는 회사가 싫어서 이직을 한 임원이 몇 개월이 지나면 똑 같은 문제로 고민하는 것을 자주 보게 된다. 그들은 자신이 그토록 싫어하는 일들의 원인이 자신에게 있다는 것을 모른다. 그들은 그 원인이 조직에 있다고 말하지만, 사실은 그들 자신에게 내재돼 있는 것이다.

우리는 자신의 문제를 세상에 투영시키는 경향이 있기 때문에 단지 안전지대를 떠나는 것으로는 충분하지 않다. 다른 무엇인가가 필요한 것이다. 굉장히 특이한 예이긴 하지만 이 여성은 필요한 것이 무엇인지를 설명해주고 있다.

그녀는 자신도 이혼 후 많은 남자들을 만났다고 했다. 그녀가 만난 여러 남성들은 방탕했고, 거리낌없이 2백 달러짜리 와인을 사기도 했다. 그런 행동은 여자에게 깊은 인상을 남기기에 쉬운 방법일 수 있겠지만 그녀는 현실적으로 생각하려고 노력했다. 그녀는 일종의 지침을 마음 속에 품고 있었다. 예를 들어 그녀는 첫 데이트 때 남자가 데이트하는 시간 동안 그녀의 아이를 돌봐줄 보모에게 주는 비용을 내주겠다고 제안하지 않았다면 그를 두 번 다시 만나지 않았다. "실제로 보모비를 내줄 필요는 없었어요. 단지 제안만 하면 됐어요."

오늘날의 잣대를 들이대도, 또 이 여성이 갖고 있는 독특한 힘을 감안해봐도 그녀가 말하는 것이 무엇을 의미하는지 와닿지 않았다. 그녀의 말이 잘 이해되지 않는다고 하자 그녀는 말했다. "그가 보모비를 내주겠다고 제안한다면 그는 나를 나 자체로 보고 있다는 뜻이에요. 성적인 대상으로 보고 있는 게 아니라는 거죠. 내가 처해 있는 독특한 상황, 그 상황에 놓여 있는 인간으로서의 나 자신을 바라본다는 뜻이죠." 순간 모든 것이 이해가 됐다.

이 여성은 폭력적인 결혼의 고통을 맛봤다. 이혼을 통해 그녀는 고통에서 회피한 것이 아니다. 고통에서 회피하려는 것이 당연한 것일 테지만 그녀는 이면 목표를 추구했다. 그녀는 익숙한 것들로부터 떠나 불확실성의 두려운 세계로 향했다. 그녀는 그녀를 먹여 살릴 수 있는 재력이 있고 그녀에게 관심을 보여주는 첫 번째 남성과 결혼이라는 '안전지대'로 서둘러 들어가는 것을 택하지 않았다. 그녀는 누군가와 윤택한 결혼생활을 하기를 원했다. 이것이 가능하기 위해선 효과적인 인간관계를 꾸려나갈 수 있는 남성을 만나야 한다는 것을 알았다. 그녀는 또 이를 위해 그녀 스스로 다리를 놓아가면서 다리를 건너가야 한다는 것을 알았고, 앞으로 나아가면서 배우고 성장해야 한다는 것을 알았다. 그 과정에서 그녀는 더 능력 있고 진솔한 인간으로 거듭났으며, 그녀가 꿈꾸던 인간관계를 함께 창조해나갈 수 있는 인간이 됐다.

그녀의 원칙은 아주 훌륭했다. 그것들은 직관적으로 볼 때는 서로 상반되는 지침들이다. 그녀가 불확실성이 주는 불안감을 품고 현 상황에 머물도록 하는 동시에 그녀가 실시간으로 배워나가면서 변화를 추진할 수 있도록 해주고 있다. 그녀는 영업을 하면서와 마찬가지로 개인적 변화를 위해 직관적이면서도 경험에서 우러난 이론을 갖게 된 것이다. 그녀는 순응적 자신감을 실행했다.

〈표 12-1〉 순응적 확신

부정적	긍정적	통합적	긍정적	부정적
지나치게 순응적이라 의존적이고 유약하다. 앞으로 전진할 수 있는 힘이 없다.	순응적이면서 유연하다.	순응적 확신을 수행한다.	확신감에 차 있고 안정적이다.	지나치게 자신만만해 경직되고 유연성이 떨어질 수 있다. 새롭게 배우는 것이 불가능하다.
불확실한 불안정한	순응적 유연한	순응적이면서 확신에 차 있는	확신하는 굳건한	고집스럽고 경직된

순응적 자신감: 이런 사람들은 변화에 순응하고 유연한 사고를 가지는 동시에 확신에 차 있고 안정감이 있다. 이런 사람들은 경험에서 배우려는 자신감이 있고 실제 상황 속에서 자기 자신과 타인들이 순응하며 배울 수 있다는 사실을 알기 때문에 불확실한 상황으로 전진한다. 이런 사람들은 성공뿐 아니라 실패를 통해 얻게 되는 피드백을 열린 자세로 받아들이면서 목표에 집중한다.

개인적 적용: 나는 불확실한 상황에 들어갈 때 자신감을 보인다. 나와 타인들은 그때그때 발생하는 시행착오에서 깨닫는 것들을 통해 더 복합적인 단계로 발전해 나갈 수 있음을 알기 때문이다. 그러므로 나는 리스크가 있는 순응 과정에서도 굳건함과 확신의 전형이 된다. 나는 굳건한 동시에 유연하다. 나는 순응적 자신감을 실천한다.

순응적 자신감(Adaptive Confidence)

순응적 자신감으로 인해 생성되는 독특한 긴장감은 〈표 12-1〉에서 살펴볼 수 있다. 순응적이면서 유연한 것은 긍정적인 가치다. 그러나 이런 특성들이 지나치면 우리는 불확실성과 불안정감에 빠지게 된다. 이와 유사하게 확신과 안정감도 긍정적인 가치다. 그러나 이런 특성들도 지나치면 우리는 고집스럽고 경직된 사람이 된다. 과제는 환경에 순응하면서 동시에 확신을 갖고 행동하는 것이다. 순응적 자신감을 실행한다는 것은 우리가 더 높은 목표를 갖고 있기 때문에 불확실성의 상황에 기꺼이 들어가는 것이며, 또 우리가 그 과정에서 배우고 순응할 수 있다는 자신감을 갖는다는 것이다.

순응적 자신감이라는 개념은 확신과 유연성의 결합이라고 볼 수 있다. 유연하다는 것은 배우고 변화하기 위해 마음을 열어놓고 있다는 뜻이다. 순응적 자신감이 있는 사람은 가장 강력한 깨달음은 즉흥적으로 이루어진다는 것을 알고 있다. 그들은 불확실성을 향해 나아가면서도 과거의 실패뿐 아니라 성공 사례에서도 피드백을 구하며 안정을 잃지 않으려고 한다. 불확실성과 회의감 때문에 움직이지 못하는 것이 아니라 대부분의 상황에서 전진할 수 있다. 그들은 피드백에 항상 귀를 열어놓고 배우려 하기 때문에 주도권을 갖고 나아가게 된다. 그들은 안정적인 동시에 변화한다. 그리고 변화하는 환경 속에서 긍정적이며 독특한 긴장감을 갖고 살아간다.

이중성 점검하기

빌 톨버트는 자신감에 대해 다음과 같이 썼다. "대부분의 전문적 지식은 조건부의 자신감(conditional confidence)이다. 즉 우리가 처한 상황이 우리가 세운 가정대로 움직여줄 때까지만 자신감을 갖는 것이다. 다른 말로 풀어보면 우리 모두는 자기 직업이나 업무를 위해 훈련돼 있다. 우리는 주어진 상황에서 무엇을 해야 하는지 배운다. 그리고 어떻게 상황을 통제할 수 있는지 배운다. 만약 상황이 바뀔 경우 우리는 통제력을 잃게 된다. 이런 상황에 처하면 우리는 패닉 상태에 빠지게 된다. 대부분의 사람들은 모든 상황을 통제하고 싶어하고, 안전지대에 머물고 싶어한다. 그러나 변화하는 환경에 순응하기 위해서는 안전지대 밖으로 나가는 법을 배워야만 한다."

톨버트는 이 조건부 확신의 대안으로 무조건적 자신감(unconditional confidence)을 주장한다. 나는 무조건적 자신감과 순응적 자신감이 동의어라고 생각한다. 톨버트에 따르면 무조건적 자신감은 결정된 행동이 진행되는 동안 기본 가정이 틀렸거나 전략 방향이 비효과적임이 판명되면 주저 없이 버릴 수 있는 자신감이다. 우리는 실행해나갈 수 있는 자신감이 있는 동시에 현 상황에서 배워나갈 수 있는 겸손함을 갖추고 있는 것이다. 톨버트는 이 같은 자신감을 어떻게 개발할 수 있는 것인가에 대해서도 조언을 하고 있다. 그는 우리의 통합성이 증진될 때, 또 자신의 통합성이 결여된 부분을 지속적으로 점검해 나갈 때 무조건적 자신감도 확대된다고 지적했다.

나는 이것이 매우 놀라운 관찰결과라고 생각한다. 이 책의 앞에서도 명시했듯 우리는 모두 이중성을 갖고 있다. 이 같은 이중성을 발견하는 것은 잠재적인 변화의 동력이 된다. 우리가 자신의 이중성을 발견하게 되면 너무나도 괴롭기 때문에 통합적인 모습에 일치하지 않는 현재 자신의 모습을 줄여나가려는 노력을 기꺼이 하게 된다. 그럴 때 변화를 시도하려는 우리의 용기도 증대된다. 우리는 자신만의 특정한 안전지대를 벗어나 변혁의 과정을 시작하게 된다. 이때부터 우리는 자신감을 갖고 전진하게 된다. 그 이전까지 우리는 상황을 통제해야 한다는 자기 자신의 논리에 매여 있는 노예였다. 이제 불확실성을 두려워하는 대신 우리는 이를 기꺼이 받아들인다.

나는 많은 사람들이 순응적 자신감을 경험해봤지만 이를 깨닫지 못한다고 생각한다. 이것이 내가 아들 숀을 심사숙고하는 실행력의 세계로 초대하기 위해 자신의 과거 경험에서 변혁의 순간을 점검하도록 했던 이유다. 나는 아들이 과거에 변혁적이었다는 것을 깨닫고 미래에도 변혁적으로 행동할 수 있을 것이라고 믿는다.

당신이 특정 영역에서 뛰어나다면 당신은 순응적 자신감을 실행하고 있을 가능성이 크다. 내가 비행기에서 이야기를 나눈 여성도 자신의 실패에서 교훈을 얻고 불확실성에 직면해서도 앞으로 전진했기 때문에 영업부문에서 탁월한 성과를 거둘 수 있었다. 그렇게 함으로써 그녀는 다른 사람들이 갖고 있지 못한 새로운 능력을 체화할 수 있었다. 그녀는 다른 사람들보다 적은 시간을 투입하면서도 더 많이 팔 수 있었다. 영업의 달인이 된 것이다. 그녀는 어떤 상황에서도 대화를 통해 원하는 바를 창조해낼 수 있었다. 영업에 대한 그녀의 이론은 함께 배우고 발견해나가는 공동 창조의 이론이다. 그녀는 고객의 이익에 관심의 초점을 맞췄고, '윈-윈(win-win)' 결과를 얻기 위해 노력했다.

실제 상황에서 배울 수 있는 능력

이 책에서 순응적 자신감은 불확실성의 세계로 벌거벗은 채 뛰어들어 강을 건너면서 다리를 건설할 수 있는 능력이다. 극단적인 예를 하나 살펴보자.

나는 유명한 리더십 학자인 워렌 베니스의 강의를 들은 적이 있었는데, 그는 자신이 퀘이커대학의 전 학장과의 인터뷰를 담은 비디오 장면을 보여줬다. 퀘이커대학은 퀘이커교 재단이기 때문에 비폭력을 핵심가치로 두고 있었다. 인터뷰 중간에 학장은 그의 임기 중 특별히 중요했던 순간에 대해 이야기하기 시작했다.

베트남전이 절정으로 치달으면서 반전 시위가 자주 일어났고, 이런 시위들은 결국 폭력 시위로 번지는 것이 다반사였다. 이미 켄트스테이트 대학에서는 시위 중 총기까지 발사되어 학생이 사망하기도 했다. 어느 날 그는 학생들이 시위를 벌일 것이라는 보고를 받게 됐다. 학생들은 미국 국기를 끄집어 내 불을 지를 계획이었다. 그는 대학 축구팀 학생들이 깃대 주변에 모여 국기 화형식을 막으려고 한다는 보고도 받았다.

그 순간 그가 느꼈을 감정을 상상해보라. 학교의 핵심 가치인 비폭력이 무너질 위기에 놓여 있었다. 그는 그 가치를 지키고 싸움이 벌어지는 것을 막기를 원했다. 당신이라면 이 상황에서 어떻게 하겠는가?

대부분의 사람들은 이 상황을 통제하기 위해 경비요원이나 대규모 경찰병력을 동원하는 방법을 생각할 것이다. 그러나 이런 대안들은 모두 갈등과 폭력을 고조시킬 가능성이 크다. 또 다른 방법은 대립이 벌어지고 있는 현실을 받아들이고 그냥 무시하는 것이다. 상황에 개입하지 않고 그냥 놔두는 것이다. 이 같은 대안에 대해서는 많은 논란이 벌어질 수 있을 것이다.

그렇다면 그 학장은 어떻게 했을까? 그는 집무실에서 나와 깃대로 걸어갔다. 어떤 대책도 없었고, 어떻게 해야 할지도 모르는 상황이었다. 그는 자신이 무력하고 나약하게 느껴졌다. 그렇지만 그는 자신에게 솔직하려면 깃대로 가서 자기 자신과 재단이 옹호하는 가치를 수호하기 위해 뭔가를 해야 한다는 사실은 알고 있었다.

그 순간 그는 순응적 자신감을 갖고 있었다. 그는 자신이 무엇을 하게 될지 모르는 상태에서 불확실성으로 뛰어들었다. 그는 순수한 개입을 실천하며 살고 있었고, 자신의 안위보다는 학교의 이익을 우선시하고 있었기 때문에 앞으로 나아갈 수 있었다. 그는 실제 상황에서 순응하며 배워갔던 것이다.

나머지 이야기

그 인터뷰에서 학장은 굉장히 정신력이 강한 사람처럼 보였다. 그런데 이 이야기를 하는 중간에 그는 눈물을 보이기 시작했다. 그는 소동이 벌어지고 있는 현장에 도착했을 때 갑자기 머릿속에서 다음과 같은 말이 들리기 시작했다. "그들에게 국기를 씻으라고 이야기해라."

그는 시위대에게 가서 얘기했다. "세제 한 상자와 물 한 양동이를 가져와 국기를 세탁하면 어떨까?" 그가 제안한 옵션은 시위대와 축구팀 모두가 받아들일 수 있는 것이었다. 국기는 세탁된 후 다시 게양됐다.

이는 우리가 순수한 개입의 상태에 있고 순응적 자신감을 갖고 일을 진행할 때 종종 영감이 떠오르는 순간을 경험하게 되는 한 예다. 리더는 차이를 초월하는 이미지를 명확하게 제시한다. 이는 평범하지 않은 영향력이 발생하는 순간이다. 그렇지만 그 핵심 아이디어는 어떻게 나오게 되는가? 이는 그의 의식 세계 바깥으로부터 온다. 그 학장은 머릿속에서 어떤 목소리를 들었다. 그 순간 그는 자신보다 위대한 무엇인가와 연결돼 있다는 것을 느끼게 된다. 그는 그 위대함이 우리 안에 있는 것이 아니라 우리 주위를 통과하고 있는 무엇이라는 것을 안다. 그가 이 이야기를 하면서 눈물을 보인 이유다. 우리가 계시가 내려지는 위대한 흐름을 경험하게 될 때 우리는 완전함, 또는 일체감의 도구가 되곤 한다. 비범한 사람은 구별 지어져 있던 것들을 결합시킨다. 이들은 통합적이고 완전한 무엇인가를 제공함으로써 문제를 해결한다. 이 사례에서 국기가 씻겨져야 한다는 이미지는 갈등 요소들을 통합적이고 복합적인 방식으로 승화시켰고 그 같은 방식으로 문제를 볼 수 있도록 이끌었다. 갈등을 겪고 있던 학생들 역시 변화의 순간을 경험한 것이다.

리더십의 근원적 상태로 들어가기

내가 위에서 제시한 것과 유사한 사례들을 설명할 때면 의심 많은 스타일의 기업 경영진조차 이야기에 빠져 들어온다. 그들은 "어떻게 하면 그런 사람들처럼 생각하는 방법을 배울 수 있을까요?"라고 묻곤 한다. 강사들도 "어떻게 하면 사람들에게 그런 방식으로 생각하도록 가르칠 수 있을까요?"라고 묻는다. 내가 이 질문을 그들에게 다시 던지면, 그들은 위의 사례와 비슷한 이야기들에서 유추해낸 실행방법들을 제시하곤 한다. 그런 뒤에 "우리 사업이 직면하고 있는 문제를 이와 비슷한 변혁적인 방식으로 해결해보자"고 말한다. 이런 전략은 종종 조직 내 워크샵에서 실제로 적용이 되지만 결실을 맺은 적은 거의 없다.

실패에는 이유가 있다. 강의의 전체 전략 자체가 잘못된 질문에 근거하고 있다. 잘못된 질문은 "어떻게 하면 사람들이 그렇게 생각하도록 할 수 있을까?"이다. 옳은 질문은 "어떻게 하면 사람들이 그런 존재가 되도록 할 수 있을까?"이다. 통합된 상태와의 격차를 줄여나가고 용기를 증진시키며 불확실성의 세계로 돌입할 때 우리는 그런 존재가 될 수 있다. 통합성이 증가할 때 우리는 순응적 자신감을 수행할 수 있고, 리더십의 근원적 상태로 들어갈 수 있게 된다. 1장에서 간호부장이 지적했던 것처럼 중요한 것은 우리가 무엇을 하는가가 아니라 우리가 누구인가 하는 것이다.

리더십의 근원적 상태에 들어가기 위한 준비

이 장이 당신에게 주는 의미에 대해 사색할 수 있는 조용한 시간을 선택하라. 최대한 진실하게 오늘날 자신의 모습을 평가하는 작업부터 시작하라.

명상을 위한 질문들

1. 당신의 현재 모습을 가장 잘 표현하는 항목에 표시하라.
-나는 확신에 차 있고 굳건하다.
-나는 순응적이며 유연하다.
-나는 지속적으로 나의 목표를 명시한다.
-나는 불확실성의 세계로 들어가 다리를 놓아가면서 다리를 건너갈 의지가 있다.
-나는 불확실성이 클 때 유일한 해결 방법은 실제 상황에서 배우는 것밖에 없다는 것을 알고 있다.
-나는 내가 원하는 결과를 얻을 수 있는 방법을 찾을 때까지 혹독한 번민의 시간을 보낼 의지가 있다.
-나는 목표에 집중한다. 그 과정에서 발생하는 고통에는 신경쓰지 않는다.
-나는 불확실성으로의 모험을 수행하기 위한 몇 개의 단순하고 전략적인 법칙을 마련했다.
-나는 이 법칙들을 여러 차례 간단하게 실험해봤다.
-나는 좋은 소식뿐 아니라 나쁜 소식도 소중하게 여긴다.

-나는 사람들이 나에게 진실을 이야기할 수 있도록 한다.
-실패는 나의 친구다. 나는 각각의 실패 사례를 구체화해 이를 면밀히 검토한다.
-나는 일정한 법칙을 찾아내고 통찰력을 갖기 위해 지속적인 노력을 기울인다.
-나는 통합적 상태(완전한 상태)와의 격차를 줄이기 위해 지속적인 노력을 기울인다.
-그 격차를 줄였을 때 나는 창조력이 증진된 것을 느낀다.
-나는 과거에 변화했던 경험을 돌이켜 보면서 용기를 얻는다.

2. 이 표에 근거해 자신을 평가한 후 오늘날 당신에게 해당하는 특성이라고 생각하는 항목의 해당 점수에 동그라미를 표시해라. 이 표에서 '부정적인' 영역은 긍정적인 특성이 과도하기 때문에 결국 부정적인 특성을 가진다는 것을 의미한다고 있다는 점을 명심하라. 표에서 '통합적' 영역은 대조를 이루고 있는 긍정적 특징들이 잘 통합돼 있는 것을 의미한다. 만약 당신이 유연하게 상황에 순응하는 모습과 자신만만한 모습의 두 가지 특성을 잘 통합하고 있다고 느낀다면 '통합적' 영역의 숫자 중 하나만 선택해 동그라미를 표시하면 된다. 그렇지 않다면 표의 양 측면에 위치한 각 칸에 총 두 개의 동그라미를 표시해야 한다.

부정적	긍정적	통합적	긍정적	부정적
불확실한 불안정한	순응적 유연한	순응적이고 확신에 찬	확신에 찬 굳건한	고집스러운 경직된
-3 -2 -1	1 2 3	4 5 4	3 2 1	-1 -2 -3

자기발전

1. 당신이 끝낸 평가의 점수에 근거해 순응적 자신감을 주제로 자신을 묘사하는 글을 써보자. 일반적인 상태와 리더십의 근원적 상태에 대한 설명에 근거해 지금 당신의 모습을 묘사해보자.
2. 순응적 자신감의 영역에서 자기 발전에 관한 전략을 짜보자. 오늘 당장 시작할 수 있는 일들을 가능한 매우 구체적으로 적어보자.

순응적 자신감을 실천하기 위한 유용한 지침

1. 탁월함을 얻기 위해서 당신은 전에 경험하지 못한 곳으로 가도록 요구받는다는 것을 인지하라.
2. 안전지대를 떠난다는 것은 두려운 일이라는 것을 이해하라.
3. 불확실성이 높아질 때 자신이 알고 있는 것들에 의존할 수 없다.
4. 당신은 상황을 통제하고 있다는 느낌을 버려야 하며 실제 상황에서 배우기를 시작해야 한다.
5. 불확실한 상황에서 배워나갈 때 원하는 목표가 무엇인가를 지속적으로 명확히 해야 한다.
6. 단순해져라. 간단한 몇 개의 운영법칙을 세워 전진하라.
7. 배우는 과정은 그때그때마다 다르다. 당신은 전진하면서 창조해내야 한다.
8. 대부분의 시도가 실패할 것이라는 것을 알더라도 시도하라.
9. 두려운 것은 당연하다.
10. 직관을 갖고 행동하고 발생하는 상황 속에서 배워라.
11. 실패는 적이 아니라 선생이다.
12. 자신감을 잃게 하는 피드백도 열심히 수집하라.
13. 당신에 대해 사람들이 비평할 수 있도록 격려하는 과정을 수행하라.

14. 비평에 귀를 기울여라. 그들이 말하려고 했던 것보다 더 많은 말을 할 수 있도록 이끌어라.
15. 신뢰는 가장 중요한 자산이다. 계속 지지를 받기 위해서는 완전한 신뢰를 얻어야 한다.
16. 자기 자신의 이익은 잊어버려라. 집단의 성공에 관심을 집중하라. 대립하는 의견들이 많을 것이다.
17. 감정이 강하게 개입돼 있는 경우도 있을 것이다.
18. 각종 정보를 지식화하는 모임을 자주 갖는 것이 필요하다.
19. 개인의 스트레스 관리에 원칙을 가져라.
20. 피드백을 소화하고 그 과정에서 발생하는 감정들을 정리할 수 있는 시간을 가져라.
21. 당신 자신과 타인을 믿어라.

통찰의 공유

위 질문에 답하면서 공유하고 싶은 중요한 통찰이나 의미 있는 이야기가 있다면 딥 체인지 웹사이트(www.deepchange.com)를 방문해 게시판에 올려주기 바란다. 당신의 이야기는 많은 사람들에게 도움이 될 것이다. 다른 사람들이 올려놓은 이야기와 그들이 얻은 통찰을 보고 싶을 때도 이 사이트를 방문하면 된다.

13장
상호의존적이면서 독립성을 유지하라

나는 그들이 가진 모든 능력 -정신적, 육체적, 영적- 을 자유롭게 활용할 수 있도록 해줄 때 선수들의 인식에 흥미로운 변화가 생기는 것을 깨닫게 됩니다. 선수들이 정신몰입(현재 일어나고 있는 일에만 정신을 집중하는 것)을 수행할 때 그들은 더 훌륭한 경기를 펼치게 되고 더 자주 이길 뿐 아니라 선수들 간의 호흡도 더 잘 맞게 됩니다. 선수들이 조화를 이루는 것을 통해 경험하게 되는 기쁨은 내면 깊은 곳에서부터 나오는, 강력한 동기를 부여하는 힘이 됩니다.

-필 잭슨*

독립적 상호의존성(detached Interdependence)이라는 개념은 이 책의 2부에서 다루는 8가지 개념 중 가장 이해하기 어려운 것이다. 이를 이해하기 위해서 우리는 상당히 성숙한 자세로 우리가 맺고 있는 관계를 조망할 수 있어야 한다. 그렇게 하면 우리는 놀라운 일을 경험하게 된다.

***필 잭슨(Phil Jackson)**　미국 프로농구 NBA 감독. 시카고 불스와 L.A. 레이커스 팀을 우승으로 이끈 명장으로 꼽힌다. '선(禪)'을 도입한 농구철학으로 유명하다.

양극성

작가이자 철학가인 피터 쿼스텐바움은 대립되는 가치들이 긴장감을 발생시키는 역동적인 세계에 대해 양극성(polarities) —두 개의 대립되는 또는 반대되는 것들이 하나의 관계 속에 연결돼 있는 것— 이라고 표현했다. 1부에서 우리는 리더십의 뼈대를 이루는 중요한 가치들을 살펴봤고, 리더십 특성에 내재된 다양한 양극성들을 정의해봤다. 조직 생활에서는 이 같은 양극성이 무수히 많다. 예를 들면 우리는 안정성을 유지하면서 변화해야 하고, 사람을 배려해야 하는 동시에 업무에도 신경을 써야 하고, 내부적으로 협력해야 하면서도 외부적으로 경쟁을 해야 하고, 위계질서를 통한 통제를 고려하면서 혁신적인 유연성도 발휘해야 하는 것이다. 사람들은 일반적으로 이 같은 양극성을 분리해 한 가지에만 가치를 두고 그와 상반된 가치는 무시해 버린다. 쿼스텐바움은 조직 내에서 '모든 상호작용은 대립 —우선순위에 대한 충돌, 세력 다툼, 믿음을 둘러싼 전쟁— 의 한 형태(Labarre 인용, 2000, p. 200)'라고 주장했다. 일반적인 상태에 있을 때, 대부분의 경우 우리는 이 같은 양극성에 따른 긴장을 골이 깊은 갈등상황으로 발전시킨다.

쿼스텐바움은 이와 비슷한 갈등상황에 놓였던 한 젊은 부부의 사례를 소개한다. 남편은 승진을 하면서 카이로로 발령을 받았다. 그는 집으로 돌아와 흥분해서 아내에게 이 사실을 알렸다. 그렇지만 아내는 기뻐하지 않았다. 그녀는 갓 태어난 아이를 데리고 카이로로 갈 수 없다고 말했다. 그가 가고자 한다면 혼자 가야 한다는 것이었다. 이는 심각한 갈등 상황이었다. 만약 승진을 포기한다면 그는 평생토록 그녀가 자신의 경력을 망쳤다고 원망할 것이다. 만약 그녀가 카이로로 함께 간다면 그녀는 평생토록 그가 그녀와 아기에게 무심했다고 원망할 것이다. 이런 상황에서 사람들은 어떻게 행동해야 할까?

쿼스텐바움은 관점을 바꿈으로써 문제를 해결할 수 있다고 제안한다. 굉장히 중요한 것처럼 보이는 표면적인 이슈에서 벗어나 더 근원적인 문제로 초점을 맞추는 것이다. 위의 사례에서는 더 높은 차원에 있는 서로의 공동 이익에 초점을 맞춤으로써 해결책을 찾을 수 있었다. "나의 경력인가? 우리의 경력인가? 너의 아기인가? 우리의 아기인가? 우리는 각각의 개인인가? 팀으로 움직이는가? 우리가 추구하는 가치는 무엇인가?"

이런 질문들은 변혁적인 것이다. 이런 질문을 함으로써 남편과 아내는 새로운 인식을 갖게 됐다. 그의 경력은 그녀에게도 중요한 것이었다. 그들의 아이 역시 그에게 소중했다. 일단 이런 점들이 분명해지자 변화가 생기기 시작했다. 그들은 더 가까워졌고 서로를 더 신뢰하게 됐다. 이런 관점을 갖게 되면 그들은 두 가지 선택 중 어느 쪽을 택해도 문제가 없다. 그들은 카이로를 가는 것으로 결정했다. 그러나 중요한 것은 그들이 어떤 원망도 없이 결정을 내릴 수 있었다는 것이다. 이는 그들이 새롭고 더 탄탄한 기반 위에서 행동했기 때문이었다.

이 사례는 핵심적인 요소들을 보여주고 있다. 우리는 모두 자신만의 가치를 갖고 존재하는 독립적인 개인들이다. 그러나 우리는 모두 서로에게 의지하고 있다. 가족뿐 아니라 조직에서도 혼자 힘으로만 성공한다는 것은 불가능하다. 우리는 지나치게 자주 자기 자신에게만 초점을 맞추고 있고 갈등 요인이 있을 때 자신에게만 만족스러운 결과를 가져오는 방식으로 해결하려고 한다. 그러나 중요한 것은 갈등을 해결하는 방법이 아니라 갈등을 해결하면서 관계를 유지하는 것이다.

일반적으로 우리가 누구인지를 탐구하고 정의를 내리는 데는 용기가 필요하다. 열린 사고를 갖고 자기 자신과 타인을 신뢰하면서 진솔하게 탐구해가는 과정을 통해 우리는 성장한다. 또한 더욱 순수한 상태로 참여하게 된다. 우리는 변화할 때 더욱 진실해지고 원래의 갈등은 그 중요성이 줄어든다. 나는 퀘스텐바움의 글 중 다음 문장을 정말 좋아한다. "당신이 인생 안의 양극성을 이해할 때 당신은 이기심과 자신에게 관용적인 것에서 비롯된 망상에서 벗어나게 되고, 모든 것이 별 것 아니라는 것을 알게 될 것이다."(Labarre,

p. 222) 나는 이 말이 우리가 양극성과 긴장, 갈등이 우리의 인생에 내재돼 있는 것이라는 것을 알게 될 때 우리가 더 넓은 관점에서 진실을 보게 된다는 것을 말한다고 생각한다. 자기 자신에게만 초점을 맞추고 있던 것에서 벗어나 우리가 상호의존적 관계에 있다는 것을 발견하게 된다. 그 결과 우리의 관점은 바뀌게 되고 눈앞에 놓인 문제는 이제 우리를 지탱하고 있는 더 넓은 관계의 네트워크와 우리의 근원적인 목적보다 덜 중요한 사안으로 밀려난다. 정말 모든 것이 별 것 아닌 것이다. 나는 겸손이란 사물을 있는 그대로 보는 것이라고 정의내리곤 한다. 이 경우 겸손은 우리의 현실이 역동적이고 상호의존적이리는 것을 깨닫는 것을 의미한다.

이 같은 개념의 선상에서 쿼스텐바움은 그가 리더십의 핵심적인 양극성이라고 부르는 매우 도발적인 생각을 들려준다. "한편으로는 당신 자신이 조직의 운명에 100% 책임을 지고 있다고 믿는 것과 다른 한 편으로는 다른 사람들이 선택한 것에 전혀 책임이 없다고 생각하는 것 사이의 실존주의적 패러독스다.(Labarre, 2000, p. 222)" 이는 매우 도전적인 개념이다. 나는 이를 독립적 상호의존성이라고 부른다.

독립적 상호의존성

독립적 상호의존성에 대한 개념은 프로농구팀 코치인 필 잭슨의 사례에 잘 나타나 있다. 다음은 필 잭슨의 글이다.

농구계는 경쟁이 굉장히 치열한 곳이지만, 나는 그들이 가진 모든 능력 －정신적, 육체적, 영적－ 을 자유롭게 활용할 수 있도록 해줄 때 선수들의 인식에 흥미로운 변화가 생기는 것을 깨닫게 됩니다. 선수들이 정신몰입(현재 일어나고 있는 일에만 정신을 집중하는 것)을 수행할 때 그들은 더 훌륭한 경기를 펼치게 되고 더 많은 승리를 거두게 되고 선수들간의 호흡도 더 잘 맞게 됩니다. 선수들이 조화를 이루는 것을 통해 경험하는 기쁨은 내면 깊은 곳에서부터 나오는, 강력한 동기를 부여하는 힘이 됩니다. 이는 미쳐 날뛰는 코치가 사이드라인을 따라 뛰면서 쏟아 붓는 욕을 들을 때 받는 동기와는 다른 것이죠.(Jackson, Delehanty, 1995, p. 5~6)

여기서 잭슨은 두 가지 상반된 장면을 보여준다. 한 쪽에서는 미쳐 날뛰는 코치가 선수를 따라 사이드 라인을 맴돌면서 욕을 하는 장면이다. 이 같은 이미지는 우리가 좋은 의미의 완고한 리더십을 생각할 때 떠올리는 것이다. 다른 장면은 한 그룹의 사람들이 자기 각자의 자아를 버리고 대의적인 자아를 따르는 것이다. 그들은 주체적으로 행동하면서 다른 사람에게 관심의 초점을 맞추고 있다. 그들은 서로 너무나도 호흡이 잘 맞아 조화를 이루면서 경기를 펼치고 더 많은 승리를 거둔다. 이 장면은 마치 진짜 세상이 어떻게 돌아가는지 잘 모르는 사람이 꿈꾸는 것으로 보일 수 있다. 그러나 우리는 이것이 열 번 이상 NBA 우승컵을 거머쥔 농구 감독이 갖고 있는 철학이라는 것을 알아야 한다.

잭슨이 선호하고 있는 장면에서 우리는 독립적 상호의존성의 결과물을 살펴볼 수 있다. 우리가 독립적 상호의존성을 수행하게 되면, 우리는 상황을 통제하고, '사이드 라인을 뛰어다니며 욕을 하고 싶은' 필요성은 느끼지 않게 된다. 대신 우리는 다른 사람들이 자신의 온전한 능력을 깨닫고 표출할 수 있도록 실천하게 된다. 이 모든 것은 양극성을 깨닫고 이를 극복하는 데서 시작된다.

독립적 상호의존성의 개념에서 나타나는 통합성과 그에 따른 긴장은 〈표 13-1〉에서 볼 수 있다. 우리는 겸손하면서 열린 사고를 가질 수 있다. 하지만 이 가치들이 지나칠 때 의존적이고 유약해진다. 우리는 독립적이면서 강할 수 있지만 이 가치들이 지나칠 경우 자만심에 가득차고 폐쇄적으로 사고하게 된다. 우리 목표는 겸손하면서도 강하게 되는 것이다. 내가 독립적 상호의존성 상태에 있을 때 나는 서로 다른 모두에게 의미 있는 결과를 도출해낼 수 있는 관계를 형성하게 한다. 그렇지만 나는 목적을 분명하게 갖고 있기 때문에 그 관계에 의해 정의되거나 좌우되지도 않는다. 나는 주체적으로 행동하면서 타인에게 초점을 맞추고 있는 것이다. 결과적으로 나는 매우 순수하면서 신뢰감 있는 사람이 되는 것이다.

독립적 상호의존성을 향해 나아가기

다음 이야기는 독립적 상호의존성의 단계로 가는 것이 얼마나 어려운지, 또

〈표 13-1〉 독립적 상호의존성

부정적	긍정적	통합적	긍정적	부정적
지나치게 겸손해서 유약하고 의존적이다.	겸손하면서 외부로부터 오는 영향을 열린 사고로 받아들인다.	독립적 상호의존성을 수행한다.	독립적이고 강하다.	지나치게 강해서 자만심이 가득하고 고립돼 있다.
의존적 유약한	겸손한 개방적	겸손하면서 강인하다	독립적 강인한	거만한 폐쇄적

독립적 상호의존성: 이런 부류의 사람은 독립성과 강인함, 겸손과 열린 사고를 결합한다. 이들은 목적과 신념에 대한 의식이 강해 내면의 힘을 갖는다. 이들은 열린 사고를 갖고 있지만 관계에 의해 좌지우지되지는 않는다. 이 같은 독립적 상호의존성은 양쪽의 사람들이 서로에게 최상의 미래를 함께 만들어갈 수 있도록 하는 풍성한 인간관계를 갖게 한다. 그들은 미래를 함께 만들어가는 관계를 유지할 수도 있고 따로 독립적으로 나아갈 수도 있다.

개인적 적용: 나는 내 자신이 처한 독특한 상황, 행복, 육체적 건강을 발전시켜나가는 것을 염두에 두는 동시에 타인으로부터 오는 영향을 열린 사고로 받아들인다. 나는 타인들로부터 내가 무엇을 필요로 하고 있는지 인지하는 동시에 독립적이고 강인한 자세를 가지려고 한다. 나는 강인한 동시에 겸손한 것이다. 나는 독립적 상호의존성을 수행한다.

그 단계에 들어섰을 때 얼마나 강력한 힘을 갖게 되는지를 보여준다. 어느 날 내 딸 샤우리로부터 전화가 왔다. 딸은 혼란에 빠져 있는 상황이었다. 샤우리는 어떤 젊은 남자와 사귀었는데 그 사람을 굉장히 좋아했다. 그러나 그는 내 딸에게 헤어지자고 얘기했고, 샤우리는 이를 고통스럽게 받아들였다. 딸은 거부당했다는 느낌에 시달리며 상처 받았고 너무나도 괴로워했다. 그리고 마음을 달래기 위해 집으로 돌아오겠다고 했다.

다음 날 아침, 샤우리는 내 차에 올라타자마자 자신이 처한 상황에 대해 설명하기 시작했다. 딸은 부정적인 감정으로 가득 했고, 우리는 인간관계와 사람을 좋아하는 감정이 주는 번민에 대해 긴 시간 얘기를 나눴다. 어떤 것도 딸의 마음을 달랠 수 없을 것 같았다. 딸의 마음 속에는 커다란 구멍이 뚫려 있었고, 괴로워하고 있었다. 그 공허함은 갈수록 더 깊어지고 어두워지는 듯 했다. 결국 나는 딸에게 물었다.

"너는 문제해결형 타입이니, 아니면 목적추구형 타입이니?"

이 질문에 내 딸은 놀랐다. 잘 이해하지 못하겠다는 표정으로 나를 쳐다봤다.

나는 샤우리에게 대부분의 사람들이 외부의 환경에 흔들리는 삶을 꾸려가고 있다고 이야기했다. 그들은 항상 문제를 해결하려고 노력한다. 사람들에게는 그들이 직면한 문제가 그들이 겪는 고통의 원인이고, 사람들은 그 고통을 없애고 싶어한다. 문제 상황은 밀물과 썰물처럼 들락날락 거릴 뿐 사라지지는 않는다. 사람들은 문제 상황이 밀물이냐 썰물이냐에 따라 슬펐다가 행복했다가 한다.

그렇다면 대안이 무엇이냐고 샤우리가 물었다. 나는 반응자(reactor)가 되는 대신 행위자(actor), 창시자(initiator), 창조자(creator)가 될 수 있다고 설명했다. 선제적으로 행동할 때 우리는 결과적으로 가치를 창조하게 되고 우리 스스로에 대해서도 더 좋은 감정을 갖게 된다. 우리가 기본 목적을 지속적으로 명시화한다면 그 목적은 자석과 같은 힘을 갖게 된다. 우리는 목적을 향해 끌려가 다시 그 목적을 추구하게 되는 것이다. 이렇게 함으로써 우리 내부의 부정적인 감정은 사라지게 된다. 우리는 반응적 모습을 극복하게 되고, 스스로에 대해 뿌듯한 감정을 갖게 된다. 우리의 기분이 좋아지는 것은 문자 그대로 우리가 더 가치있는 사람이 됐기 때문이다. 이 경우 다른 사람들과도 다른 방식으로 인간관계를 맺을 수 있다. 우리의 역량은 더욱 강화되고, 타인에게도 그 역량을 발휘한다.

샤우리는 내 말을 별로 귀담아 들으려 하지 않았다. 그리고 내 말을 무시한 채 15분 동안 인생이 얼마나 불공평한지에 대해서 불평하기 시작했다. 그 아이가 잠시 말을 멈췄을 때 나는 다시 딸이 문제해결형 인간인지, 목적추구형 인간인지를 물었다. 딸은 내 질문을 다시 무시했고 계속 자기 이야기를 이어갔다. 이런 과정이 네 차례 반복됐다. 내가 마지막으로 물었을 때 딸은 말을 멈추고 나를 쳐다봤다. 뭔가를 물어볼 듯한 태세였다. 내가 센스 없는 질문을 더 이상 하지 못하도록 하기 위해 딸은 질문을 했다.

"이런 상황에서 어떻게 목적추구형 방식을 나한테 적용해볼 수 있죠?"

"어떤 상황에서나 활용할 수 있지."

"아빠는 어떻게 하는데요?"

"번민에 빠지거나 나쁜 감정이 가득할 때면 나의 '인생 성명서'를 꺼내 수정한단다."

우리는 막 집 앞 도로로 진입하던 참이었다. 딸은 물었다.

"인생 성명서가 뭐예요?"

나는 내 인생의 목표는 무엇인지에 대한 핵심적인 사항들을 파악할 수 있도록 작성한 짧은 문서라고 설명해줬다. 내 딸은 정말 놀라는 듯했다.

"그런 문서를 진짜로 가지고 있단 말이에요?"

뭔가가 변했다. 딸은 정말로 궁금해 했다. 그 순간 딸은 자기의 비운을 한탄하던 태도에서 벗어나 인생 성명서에 대해 더 알고 싶어했다. 그것은 일종의 창문 같은 것이었다. 딸은 순간적이지만 자기 마음의 창문을 열었다. 우리가 지금의 상태를 유지할 수 있다면 우리의 영혼도 더 깊이 교감할 수 있을 것이다. 우리는 생각과 느낌을 더 많이 나눌 수 있을 것이다. 그러면 새로운 이미지가 떠오르게 되고 변화가 발생할 것이다. 나는 말했다.

"내 인생 성명서를 보여줄게."

딸은 내 서재로 따라 들어왔다. 나는 파일에서 종이 한 장을 꺼내 딸에게 건네줬다.

샤우리는 성명서를 찬찬히 읽더니 나를 쳐다봤다. 딸은 무척이나 흥미로워하며 물었다.

"기분 나쁠 때 이걸 읽으면 좋아진다는 거죠?"

"아니, 내가 기분이 진짜 나쁠 때는 성명서를 꺼내서 꼼꼼하게 읽은 뒤 고칠 내용이 없는지 찾아서 수정하기도 해. 때로는 없던 내용을 추가하기도 하지. 성명서는 계속 바뀐단다. 수정 작업을 마치고 나면 내가 누구인가가 훨씬 명확해지지. 내가 가장 가치를 두고 있는 것이 무엇인지 알게 됨으로써 안정감을 느끼지. 변화하기 위해서 나는 한편으로는 안정감을 갖고 있어야 해. 그래야 다른 단계로 이동할 수가 있지. 내가 추구하는 가치들이 명확해질 때 나를 두렵고 혼란스럽게 했던 이슈들을 직면할 수가 있단다. 내 존재의 상태가 바뀌는 것이지. 나는 더 전향적으로 바뀐단다. 내 기분이 아무리 나쁘더라도 앞으로 전진할 수 있는 힘을 갖게 돼. 사실 내 안에 있던 나쁜 감정들은 이미 시작 전부터 사라져버리지. 단지 내가 누구인가 내가 무엇을 이루고자 하는지를 분명하게 하는 것만으로도 활력이 솟아나는 것 같이 느껴져. 바뀌어야 한다는 생각도 훨씬 명료해진단다."

샤우리가 내 말을 생각해 볼 수 있도록 잠시 말을 멈추었다. 그런 후 나는 말을 이어갔다.

"성명서를 다시 쓰는 이유는 또 있지. 사람들은 가치라는 것이 시멘트처럼 영구적인 것이라고 생각해. 명백한 가치는 우리를 굳건하게 할 수 있지만, 그 가치들 역시 살아 있는 시스템이야. 진화를 하도록 해줘야지. 우리가 새로운 상황에 직면하고 가치를 재해석할 때마다 그 가치들은 조금씩 변화한단다. 이런 성명서를 다시 쓰는 것은 우리가 깨달은 것들을 여기에 통합할 수 있도록 해주지. 그러므로 우리의 가치 또한 우리와 함께 발전해나가는 것이란다. 함께 창조해나가는 것이지."

샤우리는 내가 얘기한 내용을 지금 자신의 상황에 어떻게 적용할 수 있는지 물었다. 나는 벌어진 일에 자신의 감정을 온통 쏟아놓은 채 주말 내내 울기보다는 자신의 인생 성명서를 써보는 것이 어떻겠냐고 제안했다. 이 과정을 통해 아이는 외부 환경에 대한 '반응자(reactor)'에서 '행위자(actor)'로 변화할 수 있었을 것이다.

샤우리는 자신의 성명서를 쓰겠다고 했고 이를 완성했다. 주말이 끝날 때쯤 딸 아이는 자기 집으로 돌아갈 준비가 돼 있었다. 며칠 뒤 딸은 굉장히 놀라운 편지를 보내왔다. 딸은 이 내용을 공개해도 좋다고 허락했다.

독립적 상호의존성에 도달하기

샤우리는 우리가 나눈 대화를 자세히 설명하는 것으로 이야기를 시작했다. 딸은 자신이 나에게 했던 말과는 반대로 실제로는 스스로를 불쌍하게 여기면서 슬픔에 빠지고 싶었었다고 고백했다. 자신이 상처 입은 사람이라는 것을 보여주고 싶었던 것이다. 내가 한 말들은 딸이 스스로 무엇을 하고 있는 것인지 다시 생각해보게 하는 계기가 됐다. 딸은 자신의 마음을 정화하기 위해 목표추구형 방식을 적용하기 시작했다. 딸은 "내 인생을 명료하게 정화하는 작업을 하면서 나의 일상적인 문제들에 천착하기보다는 더 차원 높은 목표와 일들에 집중하게 됐다"고 썼다.

샤우리의 편지는 이런 사실들을 깨닫게 된 것을 설명한 후 놀라운 반전을 보여준다. 딸은 자신에게 헤어지자고 선언한 젊은 남성에게 보낸 이메일 내용을 나에게 보내줬다. 그 남자는 딸에게 연락해 다시 만나고 싶다고 한 모양이었다. 그에 대한 답장으로 딸은 그 남자에게 다음과 같은 편지를 보냈다.

　　그날 대화 이후 난 무척 슬펐어. 내가 예상했던 것 이상으로 말이야. 아직도 정확하게 왜 그랬는지 설명할 수는 없어. 하지만 우리 관계에 대해 100% 확신하고 있지 못한데도 불구하고 예전에 만났던 그 누구보다도 너와의 관계에 마음을 많이 썼던 것이 가장 큰 원인이었던 것 같아. 나는 상처를 받을 수 있는데도 불구하고 내 마음을 열었는데, 예전에는 이렇게 마음을 열어본 적이 없어. 어쨌든 나에게는 성장의 기회가 됐어. 또 누군가에게 거절당한다는 것은 그 사람에 대해 어떻게 생각하고 있는지, 왜 거절당했는지 그 이유를 불문하고 상처가 되는 것 아니겠어? 나 역시 네가 날 사랑하지 않고 있다고 느꼈기 때문에 슬펐을 거야. 결국 나는 내가 왜 상처받았는지에 대해 결론을 내렸어. 그건 너와 난 지난 5월부터 죽 만나서 오랜 시간을 함께 보냈는데, 우리의 관계가 잠재적으로 더 발전할 수 있는 가능성만 사라진 게 아니라 좋은 친구마저 잃었다는 생각 때문에 상처받은 것 같아. 어쨌든 난 이별에는 약한 편이니까.

　　…나는 나에게 변화가 좀 생겼고, 비전을 찾았다는 사실이 매우 기뻐. 내가 이런 얘기를 너에게 하는 건 우리가 서로에 대해 어떻게 느끼고 있는지 따져보는 것이 우리의 관계도 더 깊게 해줄 것이라고 믿기 때문이야. 너로 인해 나는 더 효과적으로 다른 사람들과 소통하고, 내 마음을 열어 내가 느끼는 모든 감정을 다른 사람들과 나누는 방법을 배웠어. 즉 너와도 어떤 감정이라도 소통할 수 있을 것 같아. 너 역시 나에 대해 같은 감정을 느꼈으면 좋겠다. 나는 우리가 매우 좋은 관계를 맺어왔다고 생각해. 너 역시 같은 생각이었으면 해. 어쩌면 우리는 아직 우리 사이에 생기지도 않은 감정을 끌어내야 할 지도 모르고, 그러기에는 지금 타이밍이 좋지 않을 수도 있어. 어쩌면

그 타이밍은 영원히 오지 않을지도 몰라. 그렇지만 분명한 것은 우리의 우정이 지속됐으면 좋겠다는 거야. 네가 나한테 무슨 말이든 해줄 수 있다면 좋겠어. 그리고 나는 무슨 일이 있어도 그 자리에 있을 거야. 나에 대해 솔직하게 얘기해주면 고맙겠다. 네 생각이 옳을 거라고 믿어. 그리고 내가 널 사랑한다는 사실도 알았으면 좋겠어.

샤우리는 자기 룸메이트들에게도 이 편지를 보여줬다고 했다. 그들이 보인 반응은 모두 굉장했다. 그들은 편지 내용이 너무 솔직하다고 말했다. 자기를 거절한 누군가에게 그렇게 자기 자신을 다 열어놓는 일은 결코 상상할 수 없다는 것이었다. 샤우리 역시 예전이었다면 그들과 똑같이 생각했을 것이다. 그렇지만 무엇인가가 달라진 것이다. 딸은 예전보다 외부 상황에 대해 훨씬 덜 흔들리는 사람이 됐다. 샤우리가 그 다음에 쓴 내용은 굉장한 결과를 보여준다.

재미있는 것은 굉장한 마음의 평화가 찾아왔다는 거에요. 자유로워진 느낌이라고 할까. 이제 그의 대답이나 나에 대한 반응, 또는 내가 그에게 한 말 때문에 걱정하는 일이 더 이상 없어졌어요. 나는 바로 행동하는 대신 어떤 반응을 보이기로 결심했어요. 그렇게 해서 저는 자유로워졌고 어떤 힘도 가지게 됐어요. 이 상황을 통제해야겠다는 생각을 버리고 나니 오히려 상황을 통제할 수 있게 됐어요. 나는 그가 어떤 답을 보내올지 걱정되지 않았어요. 나는 그에게 정말로 솔직했고, 이상하게도 오히려 자신감이 생겼어요. 내 목표는 내 자신을 명확하게 하고 타인을 위해 일하는 것이에요. 이 목표를 향해 나아가기 시작하면서 내 문제는 해결됐어요. 문제들이 스스로 해결된 것이죠. 내 인생이 빛으로 충만한 듯 느껴졌고, 내가 목표를 향해 계속 나아갈수록 그 빛은 더욱 밝아질 것이라는 것을 알았어요. 그 빛 속에서 나는 몰입할 수 있겠죠.

근원적 리더십 상태에 도달하기

샤우리의 경험은 여러 가지 중요한 점들을 보여주고 있다. 첫째, 외부 상황에 흔들리고 기분이 나빠지는 것은 당연한 일이다. 우리는 모두 이런 모습을 보이게 된다. 비록 세상 사람들 대부분이 기분이 나빠지는 것을 싫어한다고 주장하지만, 우리의 행동은 그렇지 못하다. 사실 우리는 안 좋은 상태에 계속 머물기를 선택하고 있는 것이다. 우리는 문제에 매몰돼 버리는 것에 중독된 것처럼 보인다. 그것은 자연스러운 현상이고, 이상하게도 그런 고통 속에 있는 것이 편안하게 느껴진다. 이럴 때 우리는 기꺼이 피해자인 것처럼 행동하기를 선택하고 이렇게 행동할 때 마음 속의 저항감도 가장 덜 하다. 어쩌면 우리가 할 줄 아는 것이 피해자처럼 행동하는 것이기 때문일지도 모른다. 우리는 잘못된 일에 대한 긴 목록을 작성하고서, 해결할 수 있는 일은 아무것도 없다고 불평한다.

둘째, 우리는 우리 스스로의 상태를 통제할 수 있다. 우리는 피해자처럼 행동할 필요가 없다. 우리는 어떻게 반응할 것인지 스스로 선택할 수 있다. 이는 문제가 벌어지고 있는 것처럼 보이는 '외부세계'에서 벗어남으로써 이룰 수 있는 것이다. 우리는 내면 깊이 성찰해야 한다. 문제나 그 문제에 대해 느끼는 감정이 아니라 우리의 목표를 들여다봐야 한다는 것이다. 목표가 명백할 때 우리의 관점은 극적으로 변화한다. 원래의 문제가 사라지는 것은 아니지만 문제와의 연관성은 훨씬 줄어든다. 문제에서 벗어나게 되는 것이다.

셋째, 우리가 어떤 상태에 있는가가 세상을 바꾼다. 샤우리는 자신의 목표를 명확하게 하자마자 자신이 발전하고 있다는 느낌을 받았다. 부정적이었던 감정은 긍정적으로 바뀌었다. 샤우리는 신념과 희망, 강인함, 자신감, 애정을 느끼기 시작했다. 새롭게 나타난 긍정적인 감정은 딸의 역량을 키웠고 그 아이가 영향력을 발휘할 수 있도록 했다. 딸은 주체적으로 행동하면서 타인에게 관심의 초점을 맞추게 된 것이다.

샤우리는 독립적인 상호의존성을 수행했다. 그리고 독립성과 강인함을 열린 사고와 겸손함에 결합시켰다. 목표가 분명해지면서 인간관계에 훨씬 열린 사고를 갖게 됐지만, 그 관계 때문에 좌우되지는 않았다. 관계를 깨는 대신 완전한 자신감을 갖고 상처받을 수 있지만 가장 솔직한 자세로 속마음을 나눴다. 딸은 상처 받을 수가 없었다. 딸이 룸메이트들에게 설명했던 것처럼 전 남자친구가 어떤 반응을 보일 것인가는 중요하지 않았다. 이제 그들은 두 사람 모두에게 가장 바람직한 미래를 함께 만들어갈 수 있는 더 발전된 인간관계를 형성하게 된 것이다. 그 미래는 사귀는 것이 될 수도 있고 헤어지는 것이 될 수도 있을 것이다. 독립적 상호의존성은 강력하며, 애정이 넘치고, 생산적인 특성을 갖는 상태다.

이 경험 이후 샤우리의 인생은 달라졌다. 커리어도 급격하게 발전했다. 딸은 좌절감과 두려움을 떨쳐내고 직업을 바꿨다. 새로운 일자리에서 딸은 매우 창조적으로 업무를 수행했고, 매우 유능한 젊은 전문가가 됐다. 딸은 지금 자신이 하는 일을 무척 사랑한다. 딸은 자신의 잠재성을 더 많이 보여주면서도 평화롭고 자신감 있는 모습을 유지하고 있다. 샤우리는 자신의 목표를 명확하게 했고, 삶의 상태가 바뀌었다. 딸의 외부 세계도 완전히 달라졌다. 딸은 독립적 상호의존성을 지니고 사는 법을 배우기 시작했고 이제는 더 자주 리더십의 근원적 상태에 도달하곤 한다.

리더십의 근원적 상태에 들어가기 위한 준비

이 장이 당신에게 주는 의미에 대해 사색할 수 있는 조용한 시간을 선택하라. 최대한 진실하게 오늘날 자신의 모습을 평가하는 작업부터 시작하라.

명상을 위한 질문들

1. 당신의 현재 모습을 가장 잘 표현하는 항목에 표시하라.
-나는 겸손하며 개방적이다.
-나는 독립적이며 강인하다.
-나는 내가 누구인지 어디로 향하고 있는지 알고 있다.
-나는 피해자처럼 행동하지 않는다.
-나는 내가 속한 조직의 운명이 100% 나에게 달려 있다고 생각한다.
-나는 다른 사람들의 선택에 내 책임이 없다고 여긴다.
-나는 내 정체성과 타인의 정체성 사이에 분명한 선을 그어놓고 있다.
-나는 다른 사람들의 안위에 매우 헌신적이다.
-나는 나에 대한 다른 사람들의 비판을 받아들일 수 있다. 왜냐하면 나는 그것들을 개인적인 것으로 여기지 않기 때문이다.
-갈등이 발생할 때 나는 물러서지도, 공격하지도 않는다.
-갈등이 발생할 때 나는 관계의 전체적인 가치에 집중한다.
-나는 갈등 상황 중에도 관계를 계속 유지할 수 있다.
-나는 겉으로 드러난 문제에 천착하지 않고 사람들이 그들의 가치를 명확하게 할 수 있도록 도우려 한다.
-나는 사람들이 자신의 독립성을 발견하는 것을 돕는다.
-나는 사람들이 자기 자신에게 초점을 맞추고 있는 상태에서 집단의 문제에 초점을 맞출 수 있도록 이끈다.

2. 이 표에 근거해 자신을 평가한 후 오늘날 당신에게 해당하는 특성이라고 생각하는 항목에 해당하는 숫자에 동그라미를 표시해라. 이 표에서 '부정적인' 영역은 긍정적인 특성이 과도하기 때문에 결국 부정적인 특성을 가진다는 것을 의미한다는 점을 명심하라. 표에서 '통합적' 영역은 대조를 이루고 있는 긍정적 특징들이 잘 통

합돼 있는 것을 의미한다. 만약 당신이 개방성, 겸양과 독립성의 두 가지 특성을 잘 통합하고 있다고 느낀다면 '통합적' 영역의 숫자 중 하나만 선택해 동그라미를 표시하면 된다. 그렇지 않다면 표의 양 측면에 위치한 각 칸에 총 두 개의 동그라미를 표시해야 한다.

부정적	긍정적	통합적	긍정적	부정적
의존적	겸손한	겸손하면서	독립적	거만한
유약한	개방적	강인하다	강인한	폐쇄적
-3 -2 -1	1 2 3	4 5 4	3 2 1	-1 -2 -3

자기발전

1. 당신이 끝낸 평가의 점수에 근거해 독립적 상호의존성을 주제로 자신을 묘사하는 글을 써보자. 일반적인 상태와 리더십의 근원적 상태에 대한 설명에 근거해 지금 당신의 모습을 묘사해보자.
2. 독립적 상호의존성의 영역에서 자기 발전에 관한 전략을 짜보자. 오늘 당장 시작할 수 있는 일들을 가능한 매우 구체적으로 적어보자.

독립적 상호의존성을 실천하기 위한 유용한 지침

1. 자신의 행복은 자기 자신에게 책임이 있다는 것을 인정하라.
2. 당신은 유일무이한 존재라는 것을 인지하라.
3. 자신의 최상의 모습을 더 잘 알리고 노력하라.
4. 개인적으로 성장할 때 기쁨이 따른다는 것을 인지하라.
5. 육체적, 지적, 사회적, 영적으로 자기 원칙을 철저하게 지킴으로써 자기 자신에게 책임을 져라.
6. 창조적인 단계에 머무는 시간을 늘리고, 반응적 상태에 머무는 시

간은 줄여라.
7. 당신이 추구하는 가치를 명확히 하라.
8. 당신이 창조하고자 하는 결과를 명확히 하라.
9. 긍정적인 대처법으로 역경에 직면할 것을 결심하라.
10. 자신에 대한 염려에서 벗어나 공공의 이익에 눈을 돌려라. 그리고 다른 사람들이 이를 함께 추구해 나갈 수 있도록 이끌어라.
11. 당신이 누구인지를 알고 타협할 수 없는 부분이 무엇인지를 인지하라.
12. 당신은 더 큰 시스템의 일부라는 것을 깨달아라.
13. 지속적으로 자아를 초월해야 할 필요성을 깨달아라.
14. 당신이 상황을 통제할 수 없다는 사실을 받아들여라.
15. 탁월한 성과를 내기 위해서는 타인과의 관계가 필요하다는 것을 기억하라.
16. 아주 긴밀한 상호의존성에 내재된 잠재력을 점검하라.
17. 신뢰가 증가할 때 집단의 탁월한 특징이 발휘될 수 있다는 사실을 깨달아라.
18. 누구나 선택할 권리를 갖고 있는 자유로운 사람들이라는 것을 인식하라.
19. 지속적으로 애정을 갖고 지속적으로 배울 것을 결심하라.

통찰의 공유

위 질문에 답하면서 공유하고 싶은 중요한 통찰이나 의미 있는 이야기가 있다면 딥 체인지 웹사이트(www.deepchange.com)를 방문해 게시판에 올려주기 바란다. 당신의 이야기는 많은 사람들에게 도움이 될 것이다. 다른 사람들이 올려놓은 이야기와 그들이 얻은 통찰을 보고 싶을 때도 이 사이트를 방문하면 된다.

14장
자유롭되 책임감을 잃지 마라

> 나에게 자아의 죽음과 이를 대체할 '재탄생'의 순간은 멋지고 강력한 변혁적인 사건이었다. 나는 일종의 '깨달음'의 순간을 경험했고 당시 나는 '내 자신'이 나의 자아나 인생 외부에서 주어진 장식물들이 아니라는 것을 직관적으로 깨달았다. '나'는 예전이나 지금이나 여전히 존재하고 있었고, 그것은 진실한 나였다. 진짜이고 분명한 것들은 하나도 변하지 않았다. 다만 나를 둘러싼 표면적인 면모만 변했을 뿐이다.
>
> *-마크 영블러드*

다음 실행방법은 책임감 있는 자유(responsible freedom)다. 자유는 인류의 가장 핵심적인 가치 중 하나다. 자유 없이는 사람은 자신의 능력을 맘껏 펼쳐진다 해도 아무것도 될 수가 없다. 우리는 이를 직관적으로 알고 있고, 그래서 우리는 자유를 지키기 위해 최선을 다한다. 그럼에도 불구하고 우리는 자유가 무엇인지 제대로 이해하지 못한다. 특히 우리는 자유와 책임 사이의 밀접한 연관성을 이해하지 못한다.

철학과 실행의 사례

빅토르 프랭클은 책임과 자유에 대한 개념을 깊이 연구했다. 그는 우리 문화 속에서 자유가 '단순한 방종'으로 추락할 위기에 처해 있다고 우려했다. 사실 그는 미국 동부 해안에 서 있는 자유의 여신상과 균형을 맞추기 위해 서부 해안 끝에는 책임감의 여신상이 세워져야 한다고 제안했다.

프랭클이 책임감 있는 자유에 대해 생각하게 된 과정은 꽤나 흥미롭다. 프랭클은 원래 빈에서 심리치료사로 일했다. 그러다 1942년 경찰에 체포됐고, 3년간 나치 수용소에서 보냈다. 그는 그 끔찍한 시련 속에서 살아 남아 후에 1963년에 자신의 경험담을 엮은「인간의 의미 탐구(Man's Search for Meaning)」이라는 책을 펴냈다. 이 책은 9백만부 이상 팔렸다.

책의 앞부분에서 프랭클은 나치 수용소에서 매일같이 겪어야 했던 공포를 회상했다. 뒷부분에서는 그 경험을 통해 얻게 된 인간의 의미에 대한 그의 철학을 다루고 있다. 이 책이 많이 팔릴 수 있었던 이유 중 하나는 그와 같은 극단적인 고통을 경험하지 않고는 얻기 어려운 심오한 통찰이 깃들어 있기 때문이다.

대부분의 학문적 연구는 인간의 행동이 외부 상황에 의해 결정된다는 것을 핵심적인 전제조건으로 삼고 있다. 무작위로 인간의 행동 패턴을 뽑아 연구해보면 특정한 상황에서 대부분의 사람들은 예상대로 행동한다. 이 책에서도 인간은 일반적인 상태에 있을 때 외부 상황에 따라 행동하게 된다는 주장을 하고 있다.

프랭클은 수용소의 가혹한 환경 속에서 나타나는 인간의 행동패턴이 위의 가정과 일치한다고 주장했다. 외부로부터 오는 극심한 압박 속에서 대부분의 일반적인 사람들은 짐승과 같은 행동양식을 보였다. 그러나 프랭클의 주의를 끈 것은 거기에도 좋은 의미의 '별종'들이 있었다는 것이다. 이들은 수용소의 극단적인 조건에서도 짐승이 아니라 성인군자처럼 살았다. 개인적으로 큰 희생이 따랐지만 그래도 그들은 예상을 뛰어넘는 선을 베풀기 위해 노력하고 있었다. 프랭클은 가장 억압적인 환경 속에서도 인간에게는 언제든 자신의 태도를 결정할 수 있는 자유, 자신에게 역량을 부여할 수 있는 자유가 있다는 결론을 내리게 됐다.

고통 속에서 사람들이 얼마나 다르게 행동할 수 있는가를 직접 체험하게 된 후 프랭클은 인간의 삶을 결정짓는 핵심적인 동기는 단순히 생존이 아니라 '의미를 찾는 것'이라고 믿게 됐다. 인간은 자유롭도록 타고났으며, 책임감을 갖도록 타고났다. 인간은 선택의 자유가 있고, 자신의 삶의 잠재된 의미를 실현해야 할 책임이 있다. 정신건강은 안정된 상태에서 오는 '스트레스 제로'의 상태가 아니라 '자신이 스스로 선택한, 가치 있는 목표를 이루기 위해 노력하는 과정'에서 오는 긴장상태다.

프랭클에게 온전한 인간으로 산다는 것은 의미 있는 목표를 찾고 이를 추구하는 것이다. 이런 과정을 통해 우리는 자신만의 독자적인 경로를 선택하게 된다. 우리가 정한 목표는 일과 성취에 관한 것일 수 있고, 애정과 인간관계에 관한 것 또는 피할 수 없는 고통 속에서 의미를 찾는 것일 수도 있다. 프랭클은 목표를 추구하기 위해 목적에 충실한 행동을 할 때 자아를 초월하는 경험을 하게 된다고 믿었다. 우리가 일반적인 상태를 극복하는 경험을 할 때 자아는 죽고 새로운 자신이 나타나게 된다. 이 같은 자아초월의 과정에서 우리의 의식도 변하게 되고 세상을 바라보는 시각이 넓어진다. 우리는 세상을 '그 자체'로 보게 된다. 그리고 '내포돼 있는 의미의 완전한 스펙트럼'을 보게 된다. 그 결과 우리는 더욱 자유로워지고 더욱 강해진다.

전쟁 후 프랭클은 빈에서 25년을, 미국에서 20년을 살았다. 그는 등산을 했고, 67살에는 비행까지 했다. 이런 특이한 목표를 추구하는 이유를 묻자 그는 등산과 비행 모두 자신이 갖고 있는 두려움의 원천이기 때문이라고 답했다. 그렇다면 무엇 때문에 67살의 노인이 자신이 두렵다고 느끼는 활동을 하기로 마음을 먹은 것일까?

프랭클은 그가 가진 근본적인 믿음에 근거해 살았다. 항상 무엇인가 되어가는 과정에 있어야 하고, 자신의 안전지대에서 벗어나야 한다는 것이다. 그의 삶은 우리에게 메시지를 던져주고 있다. 그는 자신의 철학과 자신의 행동을 통해 우리가 책임감 있는 자유를 수행하도록 촉구하고 있다.

책임감 있는 자유

「완전한 변화: 나쁜 습관을 극복하고 당신의 삶을 개선하기 위한 혁명적인 6단계 프로그램(Changing for Good; A Revolutionary Six-Stage Program for Overcoming Bad Habits and Moving Your Life Positively Forward(Prochaska, Norcross, DiClemente, 1994)」은 사람들이 어떻게 자기변화를 이루는지에 대해 수년간의 연구를 토대로 쓰여진 뛰어난 책이다. 이 책의 강력한 통찰 중 정말 중요한 것이 하나 있다. 저자들은 똑똑한 사람들이 자신을 위험한 상황에 몰아넣고 스스로 파괴하고 있는 문제에 직면해서도 이를 인지하는 것을 거부하는 경우가 많다는 충격적인 사실을 보여준다. 우리는 상황을 통제하고 있다는 환상을 포기하기보다 고통받는 것을 더 선호하는 것처럼 보인다. 사람들은 나에게 무엇을 해야 하는지 이야기해주지 않는다. 결과가 어떻든 말이다. 저자들은 이를 '어리석은 자유(foolish freedom)'라고 일컫는다. 책임감 있는 자유의 반대 개념이다.

어리석은 자유는 과도하게 독립을 추구하는 것이다. 억압된 상태를 벗어나기 위해, 또는 억압된 상태에 빠지지 않기 위해 우리는 종종 모든 시스템에서 벗어나거나 책임감을 피하려는 노력을 지나칠 정도로 기울인다. 우리는 모든 것을 희생하면서까지 독립된 상태에 이르는 일을 높이 평가한다. 우리는 자유의 의미가 '모든 것을 표출하는 것'이고, 그 어떤 제한도 없이 자신을 표현하는 것이라고 생각한다. 이는 사실 오만이고, 헛된 자만이다. 이 같은 상태에서 우리의 관심은 온통 자신에게만 집중돼 있고 타인은 우리 '자유'의 방해물일 뿐이다. 그러나 어리석은 자유는 우리를 자유롭게 하거나 활력을 주기는커녕 오히려 우리의 에너지와 자질을 고갈시켜버린다. 우리가 갈구하는 삶의 의미가 박탈되는 것이다.

책임감 있는 자유를 수행하는 것이 어렵기 때문에 우리 모두는 어리석은 자유를 행하려는 경향이 있다고 생각한다. 책임감 있는 자유는 더 복합적이고 역량이 높은 자신을 내보이도록 하는 것이다.

프랭클은 책임감 있는 자유에는 더 고차원적인 목표와 값진 관계를 얻기 위해 헌신적으로 노력하는 일을 체화하는 작업이 따른다는 것을 발견했다. 고통스런 상황에 놓이게 됐을 때 우리는 그 안에 담긴 의미를 찾으면서 고통에서 자유로워진다. 이와 유사하게 일반적인 환경에서조차도 우리는 최선을 다해 지속적으로 자신을 새롭게 하는 노력을 기울임으로써 자유로워질 수 있다. 그렇게 함으로써 우리는 자기방어에 신경을 집중하는 것을 멈추게 된다. 그리고 역설적이게도 우리는 진실한 자기자신을 발견하게 된다. 이것이 책임감 있는 자유의 핵심이다. 즉 안위를 추구하고 고통에서 벗어나고자 히는 일반적인 상태의 엔트로피를 초월해 나아가는 것이 핵심이다.

나는 책임감 있는 자유란 〈표 14-1〉가 보여주듯이 창조적 균형 또는 통합적 상태라고 생각한다. 그 균형이라는 것은 멋대로이고 표출적인 것과 자기절제와 책임감 사이의 간극을 메우는 것이다. 각 특성들은 극단으로 가면 바람직하지 않게 된다. 지나치게 멋대로인 사람은 무절제하고 무책임하게 된다. 그렇다고 자기절제나 책임감이 지나친 사람은 자신을 제대로 표현하지 못하고 너무 방어적이 된다.

도표 왼편의 부정적인 영역은 무절제하고 무책임한 것을 의미한다. 이 상태는 마치 기존 시스템에서 자유로운 것처럼 보인다. 어떤 사람들은 지나치게 충동적이어서 자신이 가진 자질을 파괴하는 행동을 하기도 한다. 예를 들면 록 뮤지션이 무대에서 자신의 악기를 부수는 것과 같다. 그렇지만 충동적이고 혼돈스럽고 마구잡이식의 행동을 해서는 지속적인 성장과 발전을 이룰 수 없다. 목적과 체계를 잃은 것은 자유로운 것이 아니다. 책임감 있는 자유를 수행하기 위해서는 목적을 가져야 하며 자신의 선택에서 의미를 찾아야 한다. 도표 오른편의 부정적인 영역의 경우, 우리는 체계와 통제에 집착함으로써 자유와 독립성을 유지하려고 한다. 인간관계에 있어서 일정 거리를 두고 스스로를 방어한다. 하지만 자신을 표현하지는 못한다. 우리는 타인을 믿지 못하는 경향이 있고 자신의 감정을 내비치지 못하고, 부자연스럽게 행동

〈표 14-1〉 책임감 있는 자유

부정적	긍정적	통합적	긍정적	부정적
지나치게 멋대로거나 표출적이어서 무절제하고 무책임하다	마음이 가는 대로, 자유롭고 자신을 잘 표현한다.	책임감 있는 자유를 수행한다.	체계적이고 자기절제를 하며 책임감 있다.	지나치게 체계에 얽매어 있어 자신을 제대로 표현하지 못하고 너무 방어적이 된다
무절제한 무책임한	자유스러우며 표출적	자기절제가 있으면서 자유스러운	자기절제적 책임감 있는	표현 없는 방어적

책임감 있는 자유: 책임감 있는 자유를 수행하는 사람은 마음이 가는 대로 자유롭게 행동하고 표출적이면서도 자기절제가 있고 책임감이 있다. 이런 사람은 목적과 원칙, 체계에서 벗어나려고 하기 보다는 스스로 체계를 만들고 항상 높은 단계의 인식과 역량을 갖추려는 경향이 있다. 이 높은 단계에 도달함으로써 더 복합적이고 역량 있는 사람이 될 수 있으며, 스스로의 역량이 커질 뿐 아니라 타인의 역량도 강화시킬 수 있다.

개인적 적용: 나는 인지력과 지식, 자신감을 키우는 데 필요한 목적과 원칙을 가지려고 한다. 그렇게 함으로써 나는 역량이 더욱 커진, 새롭게 창조된 독특한 나 자신을 자유롭게 표출할 수 있게 된다. 나는 자기절제를 수행하는 동시에 마음이 가는 대로 스스로를 표출한다. 나는 책임감 있는 자유를 수행한다.

하게 된다. 우리가 맺고 있는 관계는 윤택해지지 않는다. 우리는 의미 없는 관계만을 맺으며 살아갈 뿐이다.

체계가 확실하게 잡혀있는 전문가들 중 자신의 분석능력 뒤에서 자신을 드러내지 않고 있는 사람들을 생각해보라. 또 항상 거리를 두고 모든 일을 자기가 알아서 하려는 사람들을 생각해보라. 이들은 충동적인 사람들과 대척점에 있는 것처럼 보이지만, 이들은 사실 어리석은 자유를 행하며 스스로를 망치고 있을 뿐이다. 언제나 거리를 두고, 모든 상황을 통제하지 못해 안

달이며, 지나치게 체계가 잡힌 삶 때문에 그들은 자신이 갖고 있는 자질을 파괴하는 것이다. 이들은 인간관계를 맺을 때 도망갈 여지를 남겨 놓거나 관계를 지배하려고 한다. 두 가지 경우 모두 자신이 상황을 통제할 수 있다는 환상에서 비롯된 것이다. 이 같은 관계는 발전해나가는 경우가 거의 없다.

우리가 직면한 과제는 〈표 14-1〉의 양극단을 피하는 것뿐 아니라 긍정적인 특성(자기절제와 자유스러운 것)들을 통합하는 것이다. 이 통합적인 상태에 도달한 사람은 스스로 체계를 세우며 자체적으로 역량을 강화할 수 있게 된다. 더 높은 차원의 목적에 기반을 둔 원칙 있는 행동은 우리를 변화시킨다. 우리가 변화하면 우리의 인지력도 더 차원이 높아지게 된다. 우리는 전에 스스로 자유라고 생각했던 것들이 사실은 두려움과 안전지대를 벗어나지 않으려는 일종의 굴레였다는 것을 알게 된다.

마크 영블러드의 사례를 살펴보자. 그는 깊은 번민과 개인적으로 이룬 딥 체인지에 대한 경험을 자세하게 풀어놓고 있다. 그는 창업에 1년을 바쳤다. 그 과정에서 평생 벌었던 돈을 털어 넣었고 빚까지 졌다. 사업을 성공시키기 위해 녹초가 되도록 노력을 기울였다. 하지만 그도 결국 사업이 실패했다는 것을 인정하지 않을 수 없게 됐다. 다음은 그의 글이다.

> 사업이 망함과 동시에 이 세상에서 나를 규정짓던 모든 것들이 사라져버렸다. 내 직업을 통해 나를 소개할 수도 없었다. 더 이상 직업이 없었기 때문이었다. 부를 통해 내 정체성과 나의 가치를 측정할 수도 없었다. 더 이상 돈은 없고 빚만 남았기 때문이었다. 사회적 지위에도 기댈 수 없었다. 실패한 사업가에게 사회적 지위란 없기 때문이었다. 한 달 전에 애인과도 헤어졌기 때문에 타인과의 애정관계 속에서 내 자신을 발견할 수도 없었다. 나는 아무것도 없었고, 고로 나는 아무것도 아니었다. 나는 죽은 것이었다. (마크 영블러드 1997,

p. 208)

마크의 글을 읽으면 그의 고통을 느낄 수 있다. 어느 누구도 마크와 같은 심리상태에 빠지는 것을 원치 않을 것이다. 그러나 마크는 '죽음'이라고 느꼈던 것을 경험하면서 엄청난 교훈을 발견하게 된다. 그가 발견한 것들을 살펴보자.

> 그때까지 나는 다른 사람의 시선을 통해 인생을 살아왔다. 나는 객관적인 준거를 통해서 나 자신을 정의내렸다. 나의 정체성이나 내 자신의 가치에 대한 느낌은 내 인생의 외부환경과 직접적으로 연결돼 있었다. 그런데 이 모든 외부의 준거들이 사라져버린 것이다. 거울 속의 나를 들여다봤을 때 나는 내가 누구인지를 알 수 없었다. 나에게 자아의 죽음과 이를 대체할 '재탄생'의 순간은 멋지고 강력한 변혁적인 사건이었다. 나는 일종의 '깨달음'의 순간을 경험했고 당시 나는 '내 자신'이 나의 자아나 인생 외부에서 주어진 장식물들이 아니라는 것을 직관적으로 깨달았다. '나'는 예전이나 지금이나 여전히 존재하고 있었고, 그것은 진실한 나였다. 진짜이고 분명한 것들은 하나도 변하지 않았다. 다만 나를 둘러싼 표면적인 면모만 변했을 뿐이다. (마크 영블러드, 1997, p. 208)

마크는 고통의 심연 속에서 새로운 차원의 깨달음을 얻었다. 그는 그의 삶이 타인의 인정을 받는 것이나 속세에서 물질적인 것들을 축적하는 것 이상의 것이라는 사실을 알게 됐다. 그는 물건이 아니다. 타인들 역시 물건이 아니다. 그 모든 것의 심연에 남아 있는 '자기 자신'이 있는 것이다. 정말로 변한 것은 그저 그를 둘러싼 표면적인 면모뿐이었다.

그 같은 현격한 인식의 전환을 어떻게 설명할 수 있을까? 우리는 개인적인 딥 체인지를 경험할 때마다 여정을 떠나게 된다. 조셉 캠벨(1949)*의 표현대로라면 '우리 존재의 중심'으로의 여정이다. 우리 존재의 중심에는 우리가 두려워하는 것처럼 '혐오스러운 것'이 자리잡고 있는 것이 아니다. 진실하고 독특한 나 자신, 타인과 관계를 맺으려고 노력하고 더 복합적인 상태를 향해 함께 발전하려는 나 자신이 자리잡고 있다.

이처럼 인식이 확장되는 것은 진실이 우리를 자유롭게 하리라는 표현으로 인용될 수 있다. 우리가 자신을 초월하도록 이끄는 원칙, 즉 우리를 일반적인 상태에서 벗어나도록 이끄는 원칙을 수용할 때 이 같은 인식의 확장을 경험하게 된다. 우리가 목적 중심적이고, 주체적으로 행동하며, 타인에 초점을 맞추고 개방적으로 외부 상황을 받아들일 때 우리는 어리석은 자유를 행하기를 멈추게 된다. 우리는 더 큰 의미를 찾고 더욱 애정어린 일관된 자신을 발견하게 되는 것이다.

일상에서 책임감 있는 자유 수행하기

책임감 있는 자유를 수행하기 위해서는 비행을 두려워하면서 비행을 시도하는 것 같은 극적인 접근법이 필요하다. 물론 덜 극적인 방법들도 있다. 내 경우 나는 자신이 엔트로피를 향해 나아가고 있음을 종종 깨닫는다. 이럴 때마다 나는 좌절을 느낀다. 그때 나에게는 두 가지 선택이 있다. 하나는 이 감정에 굴복하는 것. 또 하나는 이런 감정을 내가 변할 때가 됐음을 알려주는 신호로 받아들이도록 나 자신을 훈련하는 것이었다.

변화에는 역설적인 면이 있다. 변화하기 위해서는 우리는 일정한 단계에 먼저 안착해 있어야 한다. 그래야 다른 단계로 이동할 수 있는 것이다. 우리는 안정적인 상태와 변화에 순응하는 상태의 긍정적인 양극적 개념을 통합한, 포착하긴 어렵지만 중도를 찾아야 할 필요가 있다. 이 같은 차원에서 우

---

*조셉 캠벨(Joseph Campbell)   미국의 신화종교학자이자 비교신화학자. 금세기 최고의 신화학자로 평가를 받으며 신화 관련 다양한 저술활동을 하고 있다. 저서로「신의 가면」,「신화의 힘」,「천의 얼굴을 가진 영웅」등이 있다.

리는 자신을 긍정적으로 조직화하는 작업을 해야 한다.

이런 일은 바로 우리가 매일 하는 일과를 진행하는 순간에 이뤄진다. 일과란 조직화되거나 체화된 활동이나 습관이다. 이 같은 예는 스포츠 프로그램에 참여하는 사람들에게서 찾아볼 수 있다. 많은 경우 코치는 우리들에게 웨이트 트레이닝처럼 어떤 어려운 과제를 규칙적으로 실시하라고 강조한다. 그 요구사항은 매일 해야 하는 중요한 일과가 되고, 이는 우리의 근력을 키운다. 이런 일과가 우리 삶에서 자리잡게 되면, 그와 관련된 우리의 역량도 커지게 된다. 스포츠 경기를 할 때 역량이 커지면 더 잘 적응할 수 있게 되듯 우리가 강해지면 할 수 있는 일의 범위와 선택의 폭은 넓어진다. 궁극적으로 일과를 '강요하는 것'은 우리가 창조하고 기여할 수 있는 자유를 높여주는 것이다.

좌절감을 느낄 때마다 나는 내가 중요한 긍정적 일상 습관에서 벗어나 있다는 것을 느끼게 된다. 그럴 때 나는 나 스스로를 평가하고 핵심적인 일과를 내가 어떻게 수행하고 있는지 리포트 카드를 작성한다. 나는 매일매일의 전략적인 체크 리스트를 간직하고 있다. 그것은 다음과 같다.

나는
-운동을 한다.
-식단을 조절한다.
-신체 발달을 위해 노력한다.
-공부한다.
-기도한다.
-통합적 상태가 되기 위해 노력한다.
-영감을 경험한다.
-가족을 돌본다.
-다른 사람들을 돌본다.

-창조적인 요구사항들에 매진하기 위해 아침시간을 방해받지 않는다.
-결단한 것들을 지키려고 한다.
-전문가처럼 집중한다.
-재정원칙을 지킨다.
-즐긴다.

일상전략 체크 리스트를 통해 나는 스스로 모든 일과를 잘 지키고 있는지 빨리 판단할 수 있다. 그렇게 함으로써 안정을 유지하는 동시에 환경에 순응적이 될 수 있다. 일과에서 벗어나 있음을 발견한다면 나는 다시 정비해 내가 무시하고 있던 원칙으로 나를 다시 묶어놓는다. 나 역시 심각한 고착상태에 빠져 내 체크 리스트가 충분치 못하게 느껴질 때가 있다고 고백하겠다. 그때 나는 스스로에게 목적 중심적이고, 주체적이며, 다른 사람에게 초점을 맞추고 있고 개방적으로 외부상황을 받아들이고 있는지 자문한다. 대부분의 경우 '아니다' 라는 답을 하게 된다.

근원적 상태의 리더십에 들어가기

가장 높은 차원의 책임감은 자유로울 수 있는 책임감이다. 가장 높은 차원의 자유는 책임질 수 있는 자유다. 간단하게 들리지만 많은 사람들이 이를 실행하는 데는 어려움을 느낀다. 책임감 있는 자유를 회피하고 대신 어리석은 자유를 행하려는 것은 자연스러운 경향이다. 어리석은 자유는 종종 알코올중독이나 마약, 담배, 과식, 수면, 돈, 권력, 성과 포르노, 도박에 대한 집착, 일을 미적미적 늦추는 것과 같은 모습으로 나타난다. 우리는 이런 것들을 추구하는 것 역시 스스로가 선택한 것이며, 따라서 우리는 자유롭다고 말할지 모른다. 그렇지만 사실 그런 일들은 우리가 피할 수 없는 것은 아니다. 이것들은 이내 우리 삶을 지배하는 악마가 된다. 우리는 그 악마에게 자유를 저당 잡혀 문자 그대로 그들의 노예가 된다. 이때는 우리가 우리 삶을 고립화하기 시작하는 때이다. 이 때 종종 희망이 없는 것처럼 느끼게 된다. 그리고 자기 통제력이 줄어들고 수행력과 기여할 수 있는 역량이 줄어든다. 우리는 의미를 잃고 좌절을 경험하며 엔트로피와 점진적인 죽음으로 나아가게 된다. 이런 패턴에서 벗어나려면 실행 과제들을 매우 성실하게 수행해야 한다. 이 과정은 역설적이게도 마치 우리를 속박하는 것처럼 보인다.

많은 사람들은 자신이 이런 중독에 시달리고 있지 않다고 말할 지 모른다. 그러나 우리 삶을 면밀히 관찰해본다면 우리 대부분은 자신의 안전지대를 구성하고 있는 무엇인가의 노예라는 사실을 발견하게 될 것이다. 그것은 다른 사람들로부터 인정을 받는 것이나 사회적 지위에 대한 요구, 갈등을 피하려는 요구일 수도 있고, 우리가 목적에 온전히 헌신하는 것을 막는 수천 가지 것들 중 하나일 수도 있다. 빅터 프랭클이 비행에 대한 자신의 공포에 직면했던 것처럼 우리 역시 이런 악마와 직면함으로써 삶의 의미와 목적을 찾아 스스로를 자유롭게 만들 수 있게 된다.

책임감 있는 자유를 수행하는 것은 끊임없는 자기 계발을 보장한다. 책임감 있는 자유를 수행하는 것은 희생자 모드로 사는 것을 거부하는 것이다. 자신만을 염려하는 것에서 자유로워짐으로써 우리의 역량은 더욱 커지게 된다. 그처럼 역량이 커진 상태에서 우리는 목적과 관계, 양쪽에서 새로운 창조적 단계에 도달하게 된다. 또한 다른 사람들도 희생자 모드에서 벗어나 생산적인 커뮤니티 단계에 도달할 수 있도록 역량을 강화시킨다. 이런 방식으로 우리는 다리를 놓아가면서 그 다리를 건너는 것이다.

리더십의 근원적 상태에 들어가기 위한 준비

이 장이 당신에게 주는 의미에 대해 사색할 수 있는 조용한 시간을 선택하라. 최대한 진실하게 오늘날 자신의 모습을 평가하는 작업부터 시작하라.

명상을 위한 질문들

1. 당신의 현재 모습을 가장 잘 표현하는 항목에 표시하라.
- 나는 자기 절제적이다.
- 나는 나의 발전에 책임이 있다.
- 나는 나 자신보다 더 큰 차원의 목적이 있다.
- 나는 사랑이 넘치는 관계를 갖기 위해 노력한다.
- 나는 고통에서 벗어날 수 없을 때 고통의 의미를 찾으려고 노력한다.
- 나는 자신을 초월한다는 것이 무엇을 의미하는지 안다.
- 나는 인식이 확장된다는 것이 무엇을 의미하는지 안다.
- 나는 가능성의 범위가 넓어지는 것을 경험하는 것이 무엇을 의미하는지 안다.
- 나는 내 인생을 이루고 있는 일과를 점검하는 체크 리스트가 있다.
- 나는 개인적으로 육체적인 원칙들을 지킨다.
- 나는 개인적인 사회적 원칙들을 지킨다.
- 나는 개인적인 지적 원칙들을 지킨다.
- 나는 개인적인 영적인 원칙들을 지킨다.
- 나는 최근 이제까지 경험한 것 중 가장 높은 단계의 의식 상태로 이동하고 있다.
- 나는 모두에게서 잠재 가능성을 본다.
- 나는 자발적으로 행동하며 사람들에게 개방적이다.
- 사람들은 내가 어떻게 느끼고 있는지 안다.
- 나는 다른 사람들이 희생자 모드에서 벗어날 수 있도록 역량을 부여한다.

-나는 수없이 많은 연결고리와 가능성의 세계에 살고 있다.
-나는 사람들이 자신의 삶에 책임을 질 수 있도록 영감을 준다.

2. 이 표에 근거해 자신을 평가한 후 오늘날 당신에게 해당하는 특성이라고 생각하는 항목의 해당점수에 동그라미를 표시해라. 이 표에서 '부정적인' 영역은 긍정적인 특성이 과도하기 때문에 결국 부정적인 특성을 가진다는 것을 의미한다고 있다는 점을 명심하라. 표에서 '통합적' 영역은 대조를 이루고 있는 긍정적 특징들이 잘 통합돼 있는 것을 의미한다. 만약 당신이 책임감 있는 자기절제와 자유롭게 자신을 표현하는 두 가지 특징을 잘 통합하고 있다고 느낀다면 '통합적' 영역의 숫자 중 하나만 선택해 동그라미를 표시하면 된다. 그렇지 않다면 표의 양 측면에 위치한 각 칸에 총 두 개의 동그라미를 표시해야 한다.

부정적	긍정적	통합적	긍정적	부정적
무절제한 무책임한	자유스러우며 표출적인	자기절제가 있으면서 자유로운	자기절제적 책임감 있는	표현하지 않는 방어적
-3 -2 -1	1 2 3	4 5 4	3 2 1	-1 -2 -3

자기발전

1. 당신이 끝낸 평가의 점수에 근거해 책임감 있는 자유를 주제로 자신을 묘사하는 글을 써보아라. 일반적인 상태와 리더십의 근원적 상태에 대한 설명에 근거해 지금 당신의 모습을 묘사해보자.
2. 책임감 있는 자유의 영역에서 자기 발전에 관한 전략을 짜보자. 오늘 당장 시작할 수 있는 일들을 가능한 매우 구체적으로 적어보자.

책임감 있는 자유를 실천하기 위한 유용한 지침

1. 어리석은 자유는 오만에서 나오는 방종한 행동이라는 것을 인지하라.
2. 어리석은 자유는 사람들이 가진 재능을 파괴한다는 것을 깨달아라.
3. 자기절제는 더 고차원적인 목적에 도달하고 고통의 의미를 찾는 것을 선택한 것이라는 사실을 깨달아라.
4. 희생하고 만족감을 지연시킬 때 성장과 발전이 따른다는 것을 깨달아라.
5. 책임감 있는 자유는 현재의 당신 자신보다 더 나은 사람이 되는 것을 선택한 것이라는 사실을 깨달아라.
6. 현재의 자신보다 나아지지 않는 것은 결국 썩어가고 있는 것이라는 사실을 깨달아라.
7. 당신이 이루고자 하는 결과에 집중하라.
8. 당신이 매일 실천해야 하는 원칙을 명확히 정하라.
9. 그 같은 원칙을 실천함으로써 당신이 스스로에게 내릴 보상을 구체화하라.
10. 당신의 자기 원칙을 스스로 즐길 수 있도록 하라.
11. 표출적인 사람이 되기 위해 반드시 외향적일 필요는 없다.
12. 당신이 성장할 때 당신의 자신감도 증진된다는 것을 깨달아라.
13. 당신이 성장을 할 때에만 최상의 당신 모습을 알 수 있다는 것을 깨달아라.
14. 최상의 자신에 직면했을 때 당신은 자신을 더욱 사랑하게 될 것이다.
15. 자신에 대한 사랑을 느낄 때 당신 내면의 핵심을 숨길 필요가 없어진다.

16. 자신의 핵심을 알고 이를 드러낼 때 당신은 다른 사람들의 반응을 걱정할 필요가 없다.
17. 자신의 핵심을 드러낼 수 있을 때 당신은 더 이상 외부에 의해 좌우되지 않는다.
18. 외부에 의해 좌우되지 않을 때 당신은 창조적인 단계에 들어서게 된다.
19. 창조적인 단계에서 당신은 자신이 다른 사람들과 함께 배우고 즉석에서 어울릴 수 있다는 것을 믿게 된다.
20. 당신은 창조적인 과정에 다른 사람들이 동참할 수 있다는 사실을 믿게 된다.

통찰의 공유

위 질문에 답하면서 공유하고 싶은 중요한 통찰이나 의미 있는 이야기가 있다면 딥 체인지 웹사이트(www.deepchange.com)를 방문해 게시판에 올려주기 바란다. 당신의 이야기는 많은 사람들에게 도움이 될 것이다. 다른 사람들이 올려놓은 이야기와 그들이 얻은 통찰을 보고 싶을 때도 이 사이트를 방문하면 된다.

15장
사랑하되 엄격함을 유지하라

> 내가 내 엉덩이를 때리는 걸 허락한 유일한 사람이 바로 보 쉠베클러 코치예요. 그가 나를 사랑하고 있다는 것을 알기 때문이죠.
> -미시건대 미식축구팀 선수

책임감 있는 자유를 실행하는 것은 우리가 다른 사람을 보고 다루는 방법을 바꿔놓는 경향이 있다. 왜냐면 자신 안의 선을 발견하면 자신을 더 사랑하게 되기 때문에 이 같은 사랑의 상태에서 우리는 세상과 사람들을 다르게 본다. 우리는 보다 성숙한 사랑을 일깨우기 시작한다. 이른바 엄격한 사랑(tough love)을 실천하기 시작하는 것이다.

가장 기대하지 않은 곳에서 사랑을 발견하기

언젠가 미시건 대학의 카리스마 넘치는 보 쉠베클러 코치 아래서 경기를 했던 어떤 학생과 얘기를 한 적이 있다. 이 젊은 친구는 매우 덩치 큰 라인맨 포지션 선수였다. 나는 그에게 보에게서 무엇을 배웠는지 물었다. 그는 대답했다. "내 엉덩이를 때릴 수 있도록 허락한 유일한 사람이 바로 보 쉠베클러 코치 예요. 그가 나를 사랑하고 있다는 것을 알기 때문이죠."

우리는 미식축구 리더로부터 권위적인 훈련을 기대한다. 미식 축구 경기장을 사랑이 넘치는 공간으로 기대하지는 않으며 사랑이라는 단어를 거구의 거친 라인맨 선수에게서 기대하지도 않는다. 하지만 그는 달랐다. 그는 어려움을 수용할 수 있게 해주는 것이 바로 사랑이라고 암시했다.

스포츠의 경우 우리는 엄격한 것이 필요하다고 느낀다. 하지만 코치들에게 선수들을 이기적인 투쟁에서 벗어나 화합하고 단결할 수 있도록 하려면 사랑이 필수적이다. 우리는 이 같은 일에 성공을 거둔 코치들이 그룹을 훌륭한 성과를 내는 팀으로 만든다는 점에서 변형적 리더라 부른다. 훌륭한 팀은 위대한 리더와 마찬가지로 부여된 일에 대해 엄격하면서 규율에 대해 집중력을 유지하고 동시에 신뢰와 사랑이 가득한 관계를 유지한다.

그 좋은 예가 바로 내부 분쟁과 파벌 싸움으로 얼룩졌던 농구팀 뉴욕 닉스(New York Knicks)의 감독 팻 라일리의 이야기다. 파벌 간 분쟁은 선수들이 다른 선수들을 부정적으로 평가하게 만들었고 그래서 더 많은 분쟁에 대한 구실을 제공했다. 그들은 악순환에 말려들었다(라일리, 1993).

어느 날 라일리는 팀에 적극적으로 개입해 팀을 변화시켰다. 그는 일어나 각 파벌 구성원들의 이름을 불렀다. 그리고 그들의 자리를 재배치해 파벌끼리 앉도록 시켰다. 굉장히 간단했지만 눈에 확 드러나는 조치였다. 라일리는 모든 사람들이 이해할 수 있는 수준에서 전하고자 하는 메시지를 전한 것이다. 그는 그들이 원하지 않으면서도 그들이 선택한 결과로 인해 벌어지는 현실을 보여준 것이다.

이 같은 피드백은 종종 분노를 자극하기도 한다. 라일리의 선수들은 분노했다. 그들은 자신들의 어리석은 자유를 자신들의 눈으로 바라보는 것을 즐거워할 수 없었다. 처벌 대신 라일리는 인내, 개방, 팀 정신이라는 긍정적인 가치, 즉 사랑과 비슷한 종류의 가치를 일깨워줬다. 이전에 닉스 팀은 살아 있기는 했지만 점진적인 죽음으로 향하고 있었다. 그들에게는 재탄생이 필요했다. 라일리가 개입한 순간은 그가 팀의 커다란 변화를 이끈 극적인 순간의 일부였으며, 그의 팀은 결국 플레이오프에 진출하게 됐다.

엄격한 사랑

엄격한 사랑을 지니고 살아간다는 것은 긍정적이고 창조적 긴장의 균형을 지니고 살아간다는 것을 의미한다. 사람들은 인정 많고 다정할 수 있다. 하지만 이 같은 특징이 지나치면 사람들은 관대하며 방임적(permissive)이기 쉽다. 또한 자기 주장이 강하고 대범한 사람들은 도가 지나치면 압제적이고 횡포스럽게 된다. 우리 과제는 그래서 인정 많으면서도 단언적인 것, 엄격한 사랑을 실천하는 것이라 할 수 있다.(〈표 15.1〉 참조)

두 가지 대조되는 긍정적 특성을 지니면서 창의적인 긴장을 유지하는 것은 쉽지 않다. 이 책에 제시된 8가지 개념과 실행방법 가운데 엄격한 사랑은

◆ 표 〈15.1〉 엄격한 사랑

부정적	긍정적	통합적	긍정적	부정적
관대하고 방임적일 정도로 인정이 많다.	다른 사람에게 인정이 많다.	엄격한 사랑을 실천한다.	다른 사람이 수준을 높일 수 있도록 자극을 준다.	압제적일 정도로 너무 강하게 자극을 준다.
관대한 방임하는	인정 많은 사려 깊은	인정이 많으면서 자기 주장을 펴는	자기주장이 강한 용감한	압제적인 횡포적인

엄격한 사랑: 이 사람은 자기 주장이 강하고 대범하면서도 인정 많고 사려 깊다. 이 사람은 다른 사람에게 지원과 동정을 보이면서 다른 사람을 보다 높은 목적과 단계로 이끈다. 다른 사람들은 목적에 대한 보다 창조적인 상태 속에서 그들의 잠재 능력에 대한 애정어린 인정 그리고 그들의 잠재 능력을 활성화할 수 있도록 부추기는 힘에 의해 한층 더 높은 단계로 이끌린다.

개인적 적용: 나는 극복해야 할 위험상황에서 사려 깊게 지속적인 지원을 하며 나는 물론 다른 사람들이 보다 많이 헌신할 수 있도록 북돋아준다. 그 결과 나는 단호함과 동점심을 통합한다. 나는 엄격한 사랑을 실천한다.

일반 용어 속에서 가장 자주 쓰는 말 중 하나다. 하지만 나는 그 말을 들을 때 사람들이 그 말 뜻을 제대로 이해하지 못한 채 쓰고 있다고 생각한다. 사람들은 '사랑'으로부터 '엄격함'을 분리하거나, '엄격함'으로부터 '사랑'을 분리하는 경향이 강하다.

최근에 나는 사랑을 강하게 옹호하는 것으로 알려진 한 강사의 얘기를 듣게 됐다. 그는 엄격한 사랑 같은 것은 없다고 주장했다. 그에 따르면 사랑은 극진한 관심과 애정이라는 것이다. 사랑의 영역에는 엄격함이 들어설 자리는 없다는 것이다. 다른 사람들은 반대의 실수를 범한다. 예를 들어 대다수 코치들은 엄격한 사랑이라는 이름으로 개인의 자존심과 팀의 단결력을 망치는 지나친 훈련을 정당화한다. 그들은 사랑을 실천하고 있는 것이 아니다. 그들은 통제와 권위가 필요하다는 집착에 빠져 있을 뿐이다. 팻 라일리의 경우 선수들이 그가 팀과 선수들에 대해 진정 관심을 갖고 있다는 것을 알았기 때문에 힘든 개입과정에 나설 수 있었고 또 성공을 거둘 수 있었다. 보 쉠베클러를 만나면 당신은 매우 강한 인격체와 마주하고 있다는 것을 알게 될 것이다. 또한 그가 자기 자신의 이익보다는 타인과 좋은 관계를 유지하는 것을 더 중요하게 여긴다는 것도 분명 알게 될 것이다.

엄격함과 사랑은 통합돼야 한다. 만약 다른 사람들이 나에게 엄격한 사랑을 보인다면 나는 그들의 진심어린 사랑과 염려를 느낄 수 있을 것이다. 하지만 그들은 나를 어린애처럼 다루지는 않는다. 그들은 내 안에 내재된 위대함을 이끌어내려고 한다. 이런 일이 일어나면 나는 보다 독립적으로 행동하게 될 것이고 내 삶의 상당히 많은 영역에서 더 많은 책임감을 갖게 될 것이다. 내가 변화하게 되면 나는 안전지대 바깥에서 매력을 발휘하게 될 것이다. 엄격한 사랑으로 나를 대하는 사람들은 내게 엄격한 질문을 던지고 엄격한 말을 함으로써 내가 내 자신을 틀에 박힌 방식으로 바라보지 못하도록 할 것이다.

그 같은 도전은 내가 깊이 사고할 수 있도록 한다. 그리고 내 자신의 정체된 모습을 보게 만든다. 다른 모든 사람들처럼 나는 고통 속에서 계속 달리며 결국 점진적인 죽음을 선택한다. 그리고 내 삶의 어떤 부분을 닫아버린다. 변화 주체는 내가 깨어나도록 일깨우고 나를 극한치까지 끌어 올린다. 리더십의 근원적 상태에 있는 사람들은 그들이 부모이건, 코치이건, CEO이건, 고위 리더이건 간에 이 같은 일을 계속 하는 경향이 있다. 그들은 각 구성원과 집단을 확장시키고 성장시키며, 긍정적인 조직화 과정 속에서 보다 생산적인 공동체, 성공적인 팀으로 이끈다.

엄격한 사랑은 딥 체인지 과정에서 특별히 중요한 의미를 지닌다. 조직을 변화시키길 원한다면 우리는 사람들이 불확실성의 공포와 잘 맞설 수 있도록 도와야 한다. 리더는 엄격함과 사랑을 통합해야 하며, 사람들이 한발 앞으로 나갈 수 있도록 힘을 줘야 한다. 딥 체인지를 하면서 사람들이 안전지대에서 벗어나 새로운 행동을 배울 수 있도록 해야 한다. 이는 통제를 포기하는 것을 의미한다. 사실 누구도 이를 원하지는 않는다. 그럴 때 사람들은 목적과 지원 모두를 필요로 한다. 이것이 바로 엄격한 사랑이 하는 일들이다.

정상에서의 엄격한 사랑

잭 웰치가 —그의 인기가 들쭉날쭉 하긴 하지만— 제너럴 일렉트릭(GE)을 변화시켰다는 사실에 누구도 의문을 제기하지는 않는다. 모든 사람들이 그가 엄격했다는 것을 알고 있다. 하지만 많은 사람들이 그가 애정이 넘치는 리더였다는 것에 의문을 품는다.

GE의 계열사인 NBC의 사장은 "잭과 나는 8년간 친구로 지내왔다. 그리고 우리 두 사람의 아내는 거의 매일 서로 얼굴을 보다시피 한다. 만약 내가 엄청나게 잘못된 4가지 결정을 내려 일이 잘못되기 시작했다면 그는 아마 나를 해고했을 것이다."(Welch and Byrne, 2001, p. 168)

이 글만 따로 본다면 아마 악독한 사람에 대한 얘기처럼 들릴 것이다. 놀랍게도 NBC 사장은 그런 얘기를 하는 것은 아닌 것처럼 보인다. 그는 잭 웰치를 좋아한다. 그는 온정적인 개인 관계가 집단적 대의를 넘어서지 않는다는 점을 명확히 하고 있을 뿐이다. 높은 성과를 올리는 시스템은 생산적인 공동체를 이루는 경향이 있다. 높은 성과를 올리는 시스템에 속한 사람들은 가치를 추구하며 살아가고 또한 성과물을 만들어낸다. 둘 모두 필요하다. 리더십의 근원적 상태에 있는 사람은 이 점을 이해하고 있고 사람들을 위대함으로 이끌기 위해 엄격한 사랑을 발휘한다. 리더는 모범적인 과정을 만들어가면서 엄격한 사랑을 보여준다. 엄격한 사랑은 책임 있는 자유의 가장 고차원적인 표현이다.

나는 한때 웰치와 함께 PBS 방송을 한 적이 있었다. 나는 그에게 질문을 해야 하는 출연자 가운데 하나였다. 그 쇼 이전에 그는 수업에 참가해 우리 학생들과 함께 시간을 보낸 적이 있다. 몇 시간 동안 나는 그를 유심히 관찰했고 그와 함께 있을 때 무엇을 느꼈는지 나 스스로에게 질문을 했다. 대답은 열정과 순수함이었다. 웰치와 함께 있는 것은 보 쉠베클러와 함께 있는 것과 마찬가지였다. 그는 강한 성격의 소유자였다. 하지만 그가 자기 자신의 대의보다는 집단적인 대의를 우선한다는 것은 분명했다.

쇼가 진행되는 동안 그의 경영 수단과 기술에 대한 많은 토론이 오갔다. 경영 수단에 대한 다양한 토론이 진행된 이후 나는 두 가지 질문을 던졌다. 우선 나는 그에 대한 내 자신의 평가를 말했고 그리고 그가 GE 직원들을 사랑하고 있는지에 대해 캐물었다. 그는 이에 관해 생각해보았을 것이다. 그는 맞다고 대답했다. 그는 납득할 만한 많은 예를 들었다.

그리고 나서 나는 그의 경영 수단과 기법들이 성공을 거둔 이유가 그것들이 다른 곳에서도 충분히 적용될 만큼 우수하기 때문이 아니라 GE 직원들이 그의 엄격한 기준에 압도됨과 동시에 그의 애정에 격려를 받아서, 다른 사람이 지시했다면 받아들이지 않을 수도 있는 그의 경영 수단에 호응했기 때문이 아닌가를 물었다. 나는 엄격한 사랑을 실천하지 않는 그런 리더들을 가진 회사에서는 GE에서 사용된 기법들을 흉내낸다 해도 결국 실패하게 되는 것 아니냐고 물었다.

그는 이 두 번째 질문에 대답하는 데 훨씬 더 어려움을 느꼈다. 우리 대다수 사람들도 마찬가지일 것이다. 경영 기법을 토론할 때 우리는 관계의 중요성을 잊는다. 바로 이 점이 일시적으로 유행하는 많은 경영 기법들이 실패하는 이유라고 생각한다. 사람들은 다른 곳에서 만들어진 기법들을 모방하지만 결국 그 기법을 만들어낸 사람과는 달리 리더십의 근원적 상태에 도달하는 데 실패한다. 그 기법은 가치 있지만 사람들이 그 기법이 효과를 내도록 배워나가는 과정에서 자극과 지원을 받지 못한다면 그것은 결코 효과를 거둘 수 없다. 학습을 필요로 하는 사람들은 엄격한 사랑의 힘으로 고무되어야 할 필요가 있다.

웰치는 분명 직원과 목표에 대한 애정이 컸다. 그는 만약 직원들이 실수를 저지르면 그들이 좀더 훈련을 받아야 하는 것이 아니라 격려와 자신감을 줘야 한다고 주장한다. 그는 큰 조직에서는 전자를 중요시하는 경향이 있다고 언급한다. 그 결과 무력해진 직원들은 공황상태에 빠져 '자기 의심의 구멍으로 소용돌이치며 추락한다' 고 주장한다.(Welch & Byrne, 2001, p.29)

나는 웰치가 가치를 창조해가는 나선형의 모형에서 상승하는 가치를 만들고 있다고 믿는다. 그리고 그 과정에는 대조적인 가치들의 훈련된 통합이 필요하다는 것을 알고 있다. 그가 관리자들을 평가한 기준에는 다른 어느 곳보다 더 엄격한 사랑에 대한 그의 이해와 실천이 담겨 있다. GE에서 성공하기 위해서 관리자들은 수치로 보이는 성과를 내야 하는 동시에 유연한 가치들(soft values)도 실천해야 한다. 만약 둘 중 하나에서 실패한다면 그들에게 또 한 번의 기회가 주어질 것이다. 만약 둘 모두에서 실패하면 그들은 쫓겨날 것이다. 둘 모두에서 성공하면 그들에게는 엄청난 보상이 주어질 것이다. 비즈니스 리더로서 웰치는 엄격한 사랑을 지닌 삶을 살았다. 그리고 그는 다른 사람들에게 이를 실천했다. 그는 모든 사람에게 엄격한 사랑 속에 살도록 요구했다. 하지만 나는 다른 기업의 리더들에게 먼저 그들의 시스템이 필요로 하는 것을 만들어내지 못했다면 웰치의 평가 시스템을 모방하지 말라고 충고한다.

다른 수준에 있을 때의 엄격한 사랑

중역들과 이야기를 해보면 많은 사람들은 웰치 같은 인물을 이야기 하는 것을 싫어한다. CEO들은 엄격한 사랑을 실천할 필요가 있을지 몰라도 자신 같은 직위의 사람들은 이를 실천할 수 없다고 말한다. 단연코 틀린 얘기다. 일반적으로 딥 체인지를 실천하는 리더들은 리더십의 근원적 상태에 들어서게 되고 엄격한 사랑을 실천하는 경향을 보인다.

우리가 1장에서 만난 로만 윌리가 좋은 예다. 로만은 변화의 파장을 일으키는 것을 항상 두려워했다고 말했다. 그러던 중에 그는 위기를 경험했다. 그는 두 명의 사랑하는 사람, 아들과 부인을 잃었다. 오랫동안 그의 마음 속은 "상처로 얼룩졌으며 공허함에 빠졌다." 그는 삶의 의미를 높여야 했다. 그는 책을 읽고 세미나에 참석했다. 그리고 자신의 삶을 평가했다. 그는 점진적인 죽음의 과정에 있다고 결론내렸다. 그는 만약 자기 존중을 최우선으로 내세우면 다른 사람들도 자연스럽게 자신을 따를 것이라고 생각했다. 그는 완벽한 사람으로 살기 위해 헌신했다. 그리고 곧 그는 상사들에게 거침없는 질문을 던지기 시작했다. 해고 대신 그는 보상을 받았다. 이제 우리가 모르는 그의 다른 이야기를 들어보자.

나는 목표를 달성하지 못한 한 팀을 이끌라는 요청을 받았다. 그 팀과 첫 미팅을 가진 뒤 나는 무엇이 프로젝트를 가로막고 있는지 그들에게 물었다. 대답은 곧바로 나왔다. 높은 자리에 있는 사람들이 계속 목표를 바꾼다는 것이다. 그들은 결정을 내릴 수 있는 권한이 없었다. 그들은 불구자나 다름 없었다. 안내자라고는 없었다. 그들에게는 너무나도 많은 요구사항들이 내려왔다. 나는 5분간 귀를 기울였고 그리고 내가 들은 것을 되새겨보았다. 나는 그들에게 어떤 해답이 있는 것은 아니지만 외부 관찰자로서 내가 현 상황에 대해 느낀 것을 정확하게 전해줄 수 있다고 느꼈다.

그들은 '희생양의 언어'로 말하고 있었다. 그들이 문제와 그로부터 일어나는 결과를 받아들이기 원했을까? 아니면 그들은 누군가 다른 사람들이 결정을 내려주기를 원했을까? 그들은 보다 창의적인 상태가 되어 이전에는 고려되지 않은 해결책을 내놓고 싶어했을까? 아니면 그들은 예측 가능한 결과에 도달하기를 원했을까? 방에는 불편한 적막이 흘렀다. 그리고 말없는 질문이 감돌았다. 딥 체인지를 할 것인가 아니면 점진적인 죽음의 길로 갈 것인가? 팀에는 매우 열심히 일하는 열성적이며 똑똑한 관리자들이 있었지만 집단적 행위를 만들어내지는 못했다. 하나둘씩 그들은 자신들이 프로젝트에 헌신적이지 못했다는 것을 인정했다. 방에는 새로운 에너지가 흐르기 시작했다. 몇 번의 미팅 이후 팀은 자신들의 잠재력을 깨닫게 됐다. 우리는 그 프로젝트를 제때에 마무리 지었으며 중역들로부터 큰 칭찬을 받았다.

이 글을 쓴 사람은 CEO가 아니다. 그는 태생적으로 리더는 아니다. 그는 얼마 전까지도 변화의 파장을 일으키는 것을 두려워한 사람이다. 그러한 그가 그룹을 이처럼 변화시킬 수 있는 용기를 어디서 발견할 것일까? 더 중요한 것은 어떻게 효과가 나타난 것일까 하는 것이다.

윌리는 '자기 존재의 중심'을 향한 여정을 떠나야 한다는 책임감을 느꼈기 때문에 심지어 상사에게까지 엄격할 수 있었다. 그 결과 그는 이제 두려움으로부터 해방되었고 사랑으로 가득 찼다. 이제 자유로워진 그는 회사의 대의를 우선시할 수 있었다. 그 같은 선택이 그에게 도덕적인 힘을 부여했다.

리더십의 근원적 상태로 들어가기

또 다시 나는 대조적인 긍정적 특성들을 통합하고 유지하는 것이 쉬운 일이 아니라는 것을 강조해야겠다. 나는 예전에 200여 명의 은행 중역들과 함께 훈련을 한 적이 있었다. 나는 엄격한 사랑의 개념에 대해 자세히 설명하고 그들에게 자신의 엄격한 사랑의 수준을 끌어올릴 수 있는 방법을 써보라고 했다. 그들이 작성한 글을 열 명의 사람들이 읽도록 했다. 그 각각의 글들에는 모두 더 강압적이고 엄격해지겠다는 내용이 담겨 있었다. 사람들을 더 후원해주고 애정을 갖겠다고 적은 것은 없었다.

그들에게 지시사항을 제대로 전달하지 못했던 것일까? 나는 그들에게 엄격한 사랑의 개념에 대해 분명히 '알려줬다'. 하지만 그들은 그 개념을 구현하려 할 때에 단지 더 엄격해지는 것만을 생각해낼 수 있을 뿐이었다. 그들은 대조적 특성을 창의적으로 결합하기보다는 분리하는 일반적인 경향에 빠져 있었다.

그것은 나의 실수였다. 나는 그들의 생각을 바꾸는 방법으로 그들을 변화시키려고 했던 것이다. 그들에게 개념을 가르치는 것이 핵심은 아니었다. 핵심은 리더십의 근원적 상태로 들어가기 위해 그들을 자극시키고 기를 북돋워주는 것이었다. 나는 사람들이 엄격한 사랑을 실천할 수 있도록 가르칠 수는 없는 것이다. 나는 내가 이루고자 하는 변화 그 자체가 되어야만 했다. 그래야 내가 다른 사람들을 창조적인 상태로 이끌 수 있는 것이다.

이것이 왜 8가지 변혁적 실행방법들이 중요한지 설명하는 이유다. 우리가 여기서 고려하고 있는 개념들은 우리가 자기 자신을 일반적이지 않은 방식으로 보게끔 한다. 그 개념들은 우리가 점진적인 죽음으로 빠지는 일반적인 상태에 머무르고 있는지 묻는다. 우리가 개념들을 '학습'한다고 해서 변혁적 상태로 들어서는 것은 아니다. 더 높은 목적에 헌신할 때 그곳에 도달할 수 있다. 우리는 우리가 이중성을 갖고 있는지, 의미를 상실하고 있는지를 점검한다. 그리고 더 순수한 자세로 목적에 부합한 삶을 살기로 결단한다. 이 같은 결단을 내릴 때 우리는 자연스럽게 타인이 원하는 것들에 더 집중하게 되고 개방적으로 외부상황을 받아들인다. 그리고 리더십의 근원적 상태를 정의하고 있는 특성대로 살게 될 것이다.

리더십의 근원적 상태에 들어가기 위한 준비

이 장이 당신에게 주는 의미에 대해 사색할 수 있는 조용한 시간을 선택하라. 최대한 진실하게 오늘날 자신의 모습을 평가하는 작업부터 시작하라.

명상을 위한 질문들

1. 당신의 현재 모습을 가장 잘 표현하는 항목에 표시하라.
_ 나는 집단의 대의에 초점을 맞춘 높은 기준을 갖고 있다.
_ 나는 회사와 집단, 관계에 가장 좋은 것이 무엇인지 정기적으로 확인한다.
_ 사람들은 내가 사심이 없다고 여긴다.
_ 내 주위 사람들은 집단적 대의를 위해 희생하는 경향이 있다.
_ 내 주위 사람들은 나를 신뢰하는 경향이 있다.
_ 나는 내 약점을 드러낼 정도로 다른 사람을 신뢰한다.
_ 나는 누구도 이야기하기를 꺼리는 난처한 주제를 들춰낸다.
_ 나는 그룹이 난처한 이슈들을 극복하고 좀더 단결력을 강화하도록 돕는다.
_ 나는 내가 세운 기준으로부터 흔들리지 않는다.
_ 다른 사람들에게 모범이 된다.

_나는 내 아래의 사람들이 나의 기준을 따르도록 한다.
_나는 내 윗사람들이 나의 기준을 따르도록 한다.
_나는 사람들이 그들의 능력 이상을 발휘하도록 자극한다.
_사람들은 내가 그런 자극을 줄 때 반응하는 경향을 보인다.
_나는 자극을 주면서 관련된 사람들을 지원하기 위해 노력한다.
_나는 사람들의 실패를 용인한다.
_나는 사람들이 자기의심과 의기 소침한 상태에 빠지도록 놔두지 않는다.
_나는 신뢰와 생산적인 관계의 네트워크 속에서 살아간다.
_내 주위 사람들은 그들이 하는 일을 사랑하는 경향이 있다.

2. 이 표에 근거해 자신을 평가한 후 오늘날 당신에게 해당하는 특성이라고 생각하는 항목의 해당점수에 동그라미를 표시해라. 이 표에서 '부정적인' 영역은 긍정적인 특성이 과도하기 때문에 결국 부정적인 특성을 가진다는 것을 의미한다는 점을 명심하라. 표에서 '통합적' 영역은 대조를 이루고 있는 긍정적 특징들이 잘 통합돼 있는 것을 의미한다. 만약 당신이 동정적으로 사람들을 염려하고 대범하게 주장을 관철시키는 두 가지 특징을 잘 통합하고 있다고 느낀다면 '통합적' 영역의 숫자 중 하나만 선택해 동그라미를 표시하면 된다. 그렇지 않다면 표의 양 측면에 위치한 각 칸에 총 두 개의 동그라미를 표시해야 한다.

부정적	긍정적	통합적	긍정적	부정적
관대한 방임하는	인정 많은 사려깊은	인정이 많으면서 자기 주장을 펴는	자기주장이 강한 용감한	압제적인 횡포스러운
-3 -2 -1	1 2 3	4 5 4	3 2 1	-1 -2 -3

자기발전

3. 당신이 끝낸 평가의 점수에 근거해 엄격한 사랑을 주제로 자신을 묘사하는 글을 써보자. 일반적인 상태와 리더십의 근원적 상태에 대한 설명에 근거해 지금 당신의 모습을 묘사해보자.
4. 엄격한 사랑의 영역에서 자기 발전에 관한 전략을 짜보자. 오늘 당장 시작할 수 있는 일들을 가능한 매우 구체적으로 적어보자.

엄격한 사랑을 실천하기 위한 유용한 지침

1. 엄격함은 강하고, 단단하고, 높은, 그리고 흔들리지 않는 기준을 갖는 것을 의미한다.
2. 당신이 집단에서 창조하고자 하는 결과가 무엇인지 알라.
3. 그 결과를 창조하기 위해 어떤 어려운 기준들이 필요한지를 알라.
4. 기준에 부합하는 완전한 통합성의 전형이 돼라.
5. 당신이 모범을 보이고 있는 기준을 모든 사람에게 똑같이 적용하라.
6. 예외를 두지 말라.
7. 기준을 따르는 생활을 하지 못하는 사람들은 떠나게 하라.
8. 집단적 대의보다 더 중요한 것은 없다.
9. 다른 사람들이 찾지 못하는 그들의 잠재 능력을 찾아라.
10. 다른 사람들이 현재 능력을 초월할 수 있도록 기를 북돋아라.
11. 사랑은 끌리고 애정을 느끼고 진정으로 염려하는 것을 의미한다.
12. 당신이 다른 사람들을 기준에 맞게 살도록 자극할 때 그들을 진정으로 후원하도록 하라.
13. 당신이 이끌고자 하는 사람들과 함께 시간을 보내라.
14. 다른 사람의 관점에서 그들의 위기를 이해하라.
15. 그들이 어떤 점에서 분투하고 있는지 분석하라.

16. 그들이 처해 있는 가장 어려운 과업을 경험하라.
17. 그들이 가장 깊이 요구하고 있는 사항을 알라.
18. 그들의 요구에 진정한 관심을 보여라.
19. 그들을 위해 개인적인 희생을 보여라.
20. 당신의 약점을 드러내고 그들을 필요로 하고 있음을 보여라.
21. 새로운 결과를 창조하는 과정에서 실패는 불가피하다는 것을 인지하라.
22. 변화하고자 하는 사람들과 더 많은 시간을 보내라.
23. 변화하고자 하는 사람들과 친밀감을 더 높여라.
14. 당신의 행동을 포함해 모든 주제들을 토론할 수 있도록 하라.

통찰의 공유

위 질문에 답하면서 공유하고 싶은 중요한 통찰이나 의미 있는 이야기가 있다면 딥 체인지 웹사이트(www.deepchange.com)를 방문해 게시판에 올려주기 바란다. 당신의 이야기는 많은 사람들에게 도움이 될 것이다. 다른 사람들이 올려놓은 이야기와 그들이 얻은 통찰을 보고 싶을 때도 이 사이트를 방문하면 된다.

3부
리더 키우기

●

진지한 의미에서 다른 사람이 된다는 것은 항상 변화를 가져온다.
그 변화는 우리에게 새로운 사실과 이론, 가치를 제시할 뿐 아니라
우리가 새로운 방식으로 살아가도록 한다.
그것이 가장 무섭고 위협적인 요소다.

-파커 팔머

2부의 각 장들은 8가지 실행방법에 대해 다루고 있다. 각각의 방법들은 리더십의 근원적 상태에 도달하는 길을 열어준다. 이제까지 다뤘던 각 방법들은 분리된 개별적인 것들이 아니라는 사실을 명확히 알아야 한다. 프리즘에서 통과된 색깔들이 모두 하나의 빛에서 나온 것처럼, 이들 실행방법은 일정한 존재의 상태에 진입하는 것이 갖는 의미를 다양하게 나타낸 방식이다.

리더가 되는 것은 어떤 특정한 행동방식을 숙련하거나 특정한 리더십의 원칙, 수단을 배우는 것이 아니다. 행동이나 원칙, 수단 모두 다 제 각각의 역할이 있다. 하지만 내면의 딥 체인지를 이루지 않는다면 이것들은 변혁적인 리더를 만들지 못할 것이다. 우리가 더 나은 자신을 개발할 때 더 나은 세상을 창조하게 된다.

같은 이유로, 리더를 키우는 것은 어떤 개념을 알려주거나 전략과 행동방식을 모은 방법론을 가르치는 것이 아니다. 리더를 키우는 것은 스스로 딥 체인지의 과정에 참여한 후 다른 사람들도 동참할 수 있도록 이끄는 것이다. 이렇게 되면 우리는 완전히 다른 모습을 보여주게 되고 곧 한 사람 한 사람씩 변화시키게 된다. 3부에서는 이 같은 과제를 수행하면서 직면하게 되는 어려움을 다룰 것이다.

16장
자기변화의 단계

모든 변화는 자기 변화다. 우리가 전문적인 치료사에게 상담을 받는다 해도 변화하기 위해서는 개인의 선택이 선행돼야 한다. 결국 변화를 선택하는 것은 우리 자신이다.

이 책의 마지막 부분에서 우리는 리더를 개발하는 문제를 다루게 된다. 기본 논제는 사람들이 리더십의 근원적 상태에 도달하도록 유도함으로써 리더를 키운다는 것이다. 이를 수행하기 위해 반드시 두 단계의 프로세스를 거쳐야 한다. 첫째, 우리는 자신부터 변화시켜 리더십의 근원적 상태에 도달하려 해야 한다. 둘째, 우리는 다른 사람들이 리더십의 근원적 상태에 도달할 수 있도록 도와야 한다. 첫 단계에 도달하면 자연스럽게 두 번째 단계에 이르게 되지만, 첫 번째 단계를 통해 얻은 경험은 우리가 두 번째 단계를 이해하는 방식과 실천해나가는 방식에 변화를 가져온다. 이 장에는 이 두 단계의 프로세스를 이해하고 있는 한 여성의 이야기가 나온다. 또 우리는 사람들이 어떻게 자기변화에 대해 엄청난 통찰력을 얻게 되는지 몇 가지 연구를 살펴보게 될 것이다. 이 두 가지 이야기를 통해 우리는 리더를 양성하는 것에 대해 매우 다른 방식으로 생각할 수 있게 될 것이다.

두 단계를 이해하고 있는 여성의 이야기

1부에서 리더십의 근원적 상태에 도달하기 위해 용기 있게 행동했던 많은 사람들의 이야기를 살펴볼 수 있었다. 각각의 이야기에서 놀라운 것은 그들이 변화를 주도하기 위해 반드시 조직의 높은 자리에 있었던 것은 아니라는 점이다. 리더가 될 것 같지 않았던 로먼 월리처럼 아무도 예상치 못했는데 사람들을 이끌기 시작한 경우도 있었다. 우리는 그가 어떻게 두려움의 감옥에서 빠져 나와 스스로의 역량을 강화했는지 살펴봤다. 그 과정에서 그는 다른 사람들의 역량도 강화시켰다.

우리는 또한 조직에서 높은 자리에 앉은 사람들이 반드시 리더십의 근원적 상태에 있는 것은 아니라는 점도 볼 수 있었다. 사실 대부분의 경우, 대부분의 임원들은 리더십의 근원적 상태에 있지 못했다. 우리는 그런 사람들을 리더라고 부르지만, 이는 그들의 공식적인 지위 때문이다. 그렇지만 높은 지위에 있는 것과 사람들을 이끄는 것은 별개다. 대개의 경우 대부분의 임원들은 단순히 관리만 할 뿐이다. 그들은 일반적인 상태에 있고, 그들의 행동도 일반적인 예상치에서 벗어나지 않는다.

조앤이라는 여성도 그녀 자신이 정확히 이런 모습의 임원이었다고 설명한다. 조앤은 포춘 지 선정 200대 기업에 들어가는 한 인력개발 회사의 부사장으로 10년째 재직하고 있다. 그 회사는 꽤 인정받고 있었다. 글로벌 회사로 다양한 사업을 벌이고 있었고, 수익면에서도 매년 자랑할 만한 성공을 거뒀다. 조앤 역시 인정받고 있었고, 정기적으로 높은 인사고과 점수를 받았다. 그녀는 많은 사람들이 꿈꾸는 모습이었다. 그렇지만 조앤은 자신이 염려하고 있는 부분에 대해 다음과 같이 썼다.

내가 인정하고 싶은 때보다 훨씬 오래 전부터 나의 행동과 조직을 바꾸기 위해 무엇인가 행동을 취해야 한다는 욕구를 강력하게 느껴왔다. 그렇지만 지금까지 그렇게 할 만큼 스스로 용기를 내지 못했다.

우리 회사는 수익면에서 성공을 거두고 있지만, 내 생각에는 경영진과 각 팀들이 상호교류하는 과정에서 잘못된 부분들이 너무 많았다. 팀과 개인들간에 업무 기능이 원활하게 이루어지지 못하는 것은 미국의 모든 회사들이 안고 있는 문제이긴 하다. 조직원들 간의 사소한 질투, 자존심 대결과 성격적인 갈등, 부정직함, 미션을 수행하는 데 결정적인 정보를 왜곡하거나 공유하지 않는 등의 문제들 말이다. 이런 행동들은 대부분의 최고경영진 사이에서 당연하게 볼 수 있다. 이런 행동들은 일반적이고 '으레 그러려니' 하는 측면이 있어서 알아채기 어려운 경향이 있다.

나는 오랫동안 변화를 시도해봤지만 큰 성과를 거두지 못했다. 나는 반드시 수행되어야 할 중대한 관리상의 업무를 하느라고 매우 바빴다. 그렇지만 경영진 사이에서 영향력 있는 리더가 돼야 한다는 어려운 과제와 인적 자원을 최대한 효율적으로 활용하는 문제들은 제대로 실행하지 않았다.

나는 상관과 동료들로부터 높은 업무성과를 내고 있다는 평가를 받았다. 그렇지만 내 개인적으로는 업무 성과가 만족스럽지 않았다. 나는 업무에서 상호교류와 업무 프로세스를 강화하기 위해 충분한 노력을 기울이고 있지 못하다고 생각했기 때문이다. 신뢰가 낮은 경우도 잦았다. 각 부서들 간에 마찰이 종종 일어났고, 본부 관리팀과도 마찰이 있었다. 회사의 가치 선언문은 벽에 제대로 걸려 있었지만 실제 상황에서는 제대로 실천되지 않고 있었다.

조앤은 회사의 임원진들에게 자주 일어나는 일들을 놀랍도록 잘 설명해주고 있다. CIGNA의 톰 존스처럼 그녀는 수익면에서 성공을 거두고 있는 회사에 다니고 있었다. 그녀에겐 일반적인 업무들이 많았고, 이를 잘 해냈다. 그녀는 높은 평가를 받고 있었다. 조앤의 안전지대는 사실 무척이나 안정적인 상태였다.

그렇지만 조앤은 시스템이 생산적인 커뮤니티를 만들고 있지 못하다는 사실이 거슬렸다. 다른 많은 회사들처럼 조앤의 회사도 정치적 이해관계로 분열돼 있는 경영진 때문에 더 많은 성과를 내지 못하고 있었다. 때때로 그녀는 이 문제를 해결하기 위해 무엇인가를 해보려고 했지만 큰 성공을 거두지는 못했다. 그녀가 말한 것처럼 용기가 부족했다. 리더십의 근원적 상태에 들어서는 대신 그녀는 자신을 방어하고 일반적인 상태에 머무는 방법을 배운 것이다.

대부분의 고위 임원진들도 이런 식으로 행동한다. 그들은 부하 직원들이 회사에 대한 헌신이 부족하다고 비난하지만 높은 자리에 있는 사람들 역시 '별 문제 일으키지 않고 월급만 제대로 받는' 삶을 산다. 그들은 남에게는 충성을 요구하면서 자신들은 무사안일 속에서 사는 것이다. 레오 톨스토이가 언급했던 것처럼 "누구나 세상을 변화시키는 일을 생각하지만 자신을 변화시키는 일은 생각하지 않는다." 사람들이 이중적인 메시지에 반응하지 않는다는 것은 너무도 당연한 일이 아닐까.

우리와 마찬가지로 고위 임원들 역시 자신들 내면에 자리잡고 있는 '이중성'은 보지 못하지만 자기 주변 사람들의 위선은 너무나도 잘 본다. 그들은 사적인 자리에서 다른 사람들의 위선을 욕하지만 모든 문제들이 명백하게 드러날 수 있는 수많은 회의에서는 입을 다물고 있다. 그 결과 조직은 항상 일반적인 상태에 머물게 되는 것이다. 마치 그 조직을 이끄는 사람들이 변하지 않는 것처럼 말이다.

조앤의 이야기는 계속된다. 그녀는 새로운 상관 아래에서 일하게 됐다. 그는 요구사항이 더 많고 더 정력적이고 이전과는 뭔가가 달라지기를 기대했다. 새로운 상관의 등장은 매우 활력을 주는 일이기도 했지만 무척 도전적인 일이기도 했다. 도전에 직면해서 조앤은 '딥 체인지'의 근본적인 개념에 대해 알게 된다. 몇 차례 갈등을 빚은 후 그녀는 다음과 같이 썼다.

스스로가 변하지 않는다면 나는 회사나 조직을 변화시킬 수 없다는 메시지를 받아들였다. 나는 리더가 되기 위해, 또 회사에 변화를 가져오기 위해 더 헌신적인 노력을 기울였다. 내가 예전과는 다른 결정들을 내려야 하고 새로운 방식으로 행동해야 한다는 것을 알고 있었다. 그래서 나는 나의 내면부터 바꾸기로 했다. 내면의 목소리를 통해 나는 내가 가고자 하는 길을 벗어나지 않고 갈 수 있었고, 집중하고 균형을 잃지 않을 수 있었다. 대부분 그 목소리는 속삭임 같은 것이었지만, 때로 외침이기도 했고 나에게 행동을 촉구하는 강력한 목소리이기도 했다.

개인적으로도 극적인 변화를 겪었다. 그리고 나는 직장에서의 나 자신과 영향력에 대해 훨씬 자부심을 갖게 됐다. 나는 열심히 일했지만, 그로 인한 스트레스는 덜했다. 더욱 강력하게 집중할 수 있었고, 더 명확하게 생각할 수 있게 됐다. 나는 명확한 비전없이 하나의 업무를 끝내면 다른 업무를 시작하는 행태에서 벗어나 중대한 목적을 추구하는 경향이 강해졌다.

조앤은 자신의 이중성에 직면하자 딥 체인지를 시작했다. 외부적으로 종용된 길을 걷기보다는 그녀는 온전히 목적 중심적이고, 주체적이며, 타인에게 관심의 초점을 맞추고 개방적으로 외부상황을 받아들이는 사람이 됐다. 새로운 상태에 도달해 어려운 과제들을 수행했다. 그녀는 '예전 같으면 솔직히 얘기할 엄두도 내지 못했을 어려운 메시지들을 전달받고 전달하는 일'을 동시에 수행하기 시작했다. 그녀는 중요한 경영관리팀에 활력을 가져왔다. 그녀는 더 개방적이면서 전략적인 방식 —회사의 모든 관리자들과 각 부서로부터 얻은 의미있는 통찰력을 토대로 인력관리 전략을 세우는 방식—으로 업무를 수행했다. 그녀는 각 부서가 주도해서 의사결정을 하고 협력하는 새로운 프로세스를 개발했다. 그 결과 전반적으로 더 개방적이고 솔직한 커뮤니케이션이 이루어졌다. 더 중요한 것은 '벽에 걸려 있던 회사의 가치 선언문이 경영진과 근로자들의 일상 업무 속으로 녹아 들었다는 점' 이다. 조앤의 결론이다.

> 직접적인 경험을 토대로 나는 개인적인 변화가 조직 변화에 영향을 미친다는 점에서 그 중요성을 이해하게 됐다. 나는 새로운 다리를 놓아가면서 그 다리들을 건너가고 있는 것이었다. 우리 회사는 미래의 지속적인 성공을 뒷받침할 새로운 방식의 행동과 상호작용, 경로를 받아들이고 있었다.

조앤은 대부분의 임원들이 듣고 싶어하지 않는 교훈을 얻는다. 조직 내부의 누군가가 크게 변화하지 않는다면 그 조직 역시 현격하게 변화할 수 없다는 것이다. 자기 변화는 조직 변화의 핵심 요소다. 조직이 직면하고 있는 진짜 문제는 시스템이나 프로세스에서 비롯된 문제가 아니다. 진짜 문제는 사람들의 헌신과 용기다. 우리가 리더십의 근원적 상태에 도달하고 타인도 동참하도록 이끌 때 시스템과 프로세스는 자연스럽게 변하기 시작한다.

다른 사람들이 자기변화를 일으킬 수 있도록 돕기 위해서는 자기 변화가 어떻게 발생하는지에 대한 깊은 이해가 먼저 필요하다. 이것을 이해하기 위해 우리는 먼저 한 교육 프로그램의 연구결과를 살펴볼 것이다.

자기 변화의 선행 프로세스

8장에서 나는 「완전히 변하기; 나쁜 습관을 버리고 인생을 긍정적으로 발전시키기 위한 혁명적인 6단계 프로그램, 1994)」이라는 책 저자들이 로드아일랜드대학에서 수행했던 연구 프로그램을 인용했었다. 연구자들은 사람들이 부정적인 일과와 중독에서 벗어나기 위해 무엇을 하는지를 수년간 연구했다. 그들은 모든 변화가 자기 변화라는 사실을 발견했다. 우리가 전문적인 치료사에게 상담을 받는다 해도 변화하기 위해서는 개인의 선택이 선행돼야 한다. 결국 변화를 선택하는 것은 우리 자신이다.

이 연구결과로부터 얻어진 통찰은 굉장히 유용하다. 중요한 포인트들은 다음과 같다.

성공적으로 자기 변화를 이룬 사람들은 인터뷰를 했을 때 그 변화 과정을 간단하게 설명했다. 예를 들어 그들은 "어느 날 아침 그냥 담배를 끊기로 결심했다"고 말하는 식이다. 그들은 자신이 말했던 방식대로 변화가 이루어졌다고 믿을지 모르겠지만, 사실은 그 과정 뒤에 훨씬 많은 것들이 연결돼 있다.

연구자들은 사람들이 대체로 6단계의 과정을 밟아간다는 사실을 발견했다. 그 6단계는 무관심단계, 숙고단계, 준비단계, 실행단계, 유지단계, 종료단계(precontemplation, contemplation, preparation, action, maintenance, termination)이다. 자기 변화를 이루기 위해 모든 사람들은 이 단계들을 밟아가야 한다. 절망감에 빠져 있는 사람들도 이 단계를 거쳐가야 하고, 담배를 끊거나 체중을 줄이고자 하는 이들도 이 단계를 거쳐야 한다. 우리가 대체로 이 6단계를 알아차리지 못하는 이유는 대부분의 경우 변화를 실행 단계와 동일시하기 때문이다. 그러나 변화를 추진하고 있을 때조차 우리는 80%의 시간을 실행단계 외의 다른 단계를 실행하고 있다는 사실을 알아야 한다.

6단계 개념을 더 깊이 고찰해보면, 각 단계는 서로 다른 방식의 변화 전략을 요구하고 있다. 각 단계에 맞지 않는 전략을 사용하게 되면 우리는 변화에 실패하게 되는 것이다.

6단계와 각 단계별 전략은 〈표 16-1〉에 나타나 있다. 아래에서는 각 단계가 어떻게 작용하는지 살펴보겠다.

단계1 : 무관심단계

이 단계에서 우리는 분명히 존재하는 문제를 아직 직시하지 못한다. 우리 모두는 적어도 어떤 부정적인 습관이나 자기 파괴적인 행동을 갖고 있다는 측면에서 이 단계에 지속적으로 머물고 있는 셈이다. 다른 사람들은 문제가 무엇인지 명확하게 알았지만 정작 그 문제를 안고 있는 사람은 문제를 모른다. 이 단계의 사람들은 행동을 바꿀 의향이 전혀 없다. 예를 들어 어떤 사람이 퇴근해 밤에 집으로 돌아와 매일같이 저녁을 먹고 TV를 보다가 잠을 잔다고 생각해보자. 그는 가족이나 다른 방문자를 포함해 그 어떤 것에도 관심이 없다. 무관심단계에 있는 그는 자신의 행동이 다른 사람들에게 문제를 일으키고 있다고 의식하지 못한다. 그는 자신에게 문제가 있다는 조언을 듣지 않을 것이다. 그가 느끼는 변화의 필요성이라면 다른 사람들이 자신에게 잔소리 좀 그만했으면 하는 바람일 것이다.

이 단계에서 저항과 거부는 당연한 일이다. 만약 어떤 사람이 이 시점에서 문제를 해결하기 위해 전문가를 찾았다면 그것은 다만 자신의 상관이나 배우자, 동료들이 가하는 압박 때문이다. 간단히 설명해 누군가가 그들에게 전문가에게 치료를 받도록 강요했다는 것이다. 그들은 치료를 받으면서 비협조적이고 타당한 이유가 생기면 곧바로 치료 받는 것을 멈출 것이다.

예를 들어 조앤의 경우에는 10년간 타인의 기대치에 맞춰 살았다. 초기에는 그녀는 자기변화의 필요성을 깨닫지 못한 것처럼 보인다. 그리고 아무도 그녀에게 변화를 요구하지도 않았다. 다른 많은 경영진처럼 그녀 역시 변화에 대해 생각해보지도 않았다. 그녀는 일반적인 상태에 있었던 것이다. 어떤 사람들은 무관심 단계에 있는 사람들에게 영향을 미치는 것은 불가능하다고 생각한다. 그들은 최상의 방법은 문제가 더 악화되기를 기다리는 것 뿐이라고 믿는다. 그렇지만 난감한 점은 어떤 문제들은 눈덩이처럼 불어나 시간이 지나면 개인이 변화를 이루기가 굉장히 어려워진다는 것이다. 이 단계에 있는 사람들에게 유용해 보이는 전략 두 가지가 있다. (1)의식 깨우기(문제에 대해 더 많은 정보를 주는 것), (2)사회적 해방 (사회에서 긍정적이고 고취적으로 받아들여지는 상황 찾아보기)이 그 방법들이다.

리더십의 근원적 상태에 도달하는 데 필요한 자기변화를 할 때, 사람들은

〈표 16-1〉 자기 변화를 위한 6단계의 전략들

프로세스	목표	기술*
의식 깨우기	자신과 문제에 대한 정보를 증대시킨다.	관찰, 직면, 해석, 독서요법
사회적 해방	사회적으로 문제소지가 없는 대체 행동들을 늘린다.	억제된 권리와 역량강화, 정책적 개입에 대한 옹호
정서적 각성	개인의 문제와 해결방법에 대한 느낌을 표현하고 경험한다.	사이코드라마, 상실 한탄, 롤플레잉
자기 재평가	문제와 관련해 자기자신에 대한 생각과 감정을 평가한다.	가치 명시, 시각화, 정서적 경험 수정
결단	실행할 것을 결정하고 몰입하며, 변화할 수 있는 능력이 있다고 확신한다.	의사결정 요법, 새해 결심, 발설요법
대항	문제 행동을 대체할 수 있는 대안책을 마련한다.	완화, 감도 완화, 주장관철, 긍정적 자기발언
환경 통제	문제 행동을 유도할 수 있는 자극을 피한다.	환경 재조정 (술 제거하기, 또는 살찌는 음식 치우기), 고위험 치료 피하기
보상	변화를 이룬데 대해 자기자신에게 상을 주거나 타인으로부터 보상을 받는다.	우발적 계약, 공개적인 또는 비공개적인 강화
조력적 관계	염려해주는 사람들로부터 도움을 끌어낸다.	치료요법의 연계, 사회적 후원, 자기조력 그룹

*이 기술은 심리치료사들이 활용하는 전문적인 기술이다.
출처: Changing for Good, Prochaska, Norcross, DiClemente, 1994. p.33

그저 무관심 단계에 머물고 있을 때가 많다. 그들이 자기변화를 시작하도록 하는 것은 어려운 일이다. 우리는 계속해서 그들이 왜 변화를 원하게 될 것인지에 관한 정보를 줄 수 있다. 우리는 또 그 같은 변화를 유도할 수 있는 사회적 상황에 그들을 노출시킬 수도 있다. 그럼에도 대부분의 사람들은 변화에 대한 준비를 미처 갖추지 못할 것이다. 조직을 변화시킬 때 우리는 모두에게 영향을 미칠 수 없다. 우리는 소수에게만 영향을 줄 뿐이다. '무시할 수 없는 다수'를 이루게 되면, 조직을 움직일 수 있다. 조직이 변하기 시작하면 다른 사람들도 변하기 시작한다. 그러나 우리는 역시 모든 사람에게 영향을 미칠 수는 없을 것이다.

2단계 : 숙고단계

숙고단계는 우리가 어떤 행동을 취할지 고려하는 순간부터 시작된다. 우리는 자기 자신에 대해 갖는 느낌을 바꾸고 싶어하고, 새로운 정보에 귀를 열기 시작한다. 우리는 이루고자 하는 최종 결과를 알고 있으며, 심지어 우리가 어떤 길을 가야 하는가도 알고 있다. 그러나 우리는 아직 그 길을 떠날 준비가 돼 있지 않다.

평균적으로 흡연자들이 이 숙고단계에 2년이나 머문다는 것은 흥미로운 사실이다. 실패에 대한 두려움이 가장 큰 요인이며, 이로 인해 끊임없이 변명을 늘어놓고 미적거린다. 또 하나 흥미로운 것은 사람들이 이 단계에서 빠져나오기 시작했다는 것을 보여주는 가장 확실한 신호는 문제해결 차원에서 벗어나려는 움직임이라는 점이다. 관심의 초점이 바뀌는 것이다. 이 책의 용어를 쓰자면, 사람들은 더 목적중심적이 되기 시작하는 것이다.

조앤은 오랫동안 이 숙고단계에 머물러 있었다. 그녀는 변화해야 한다는 생각으로 종종 번민했다. 그녀는 자기 자신에 대해 더 좋게 생각하고 싶었다. 그녀는 계속 정보를 모았고 어떻게 다른 방법을 시도해볼 수 있는지 숙고했다. 그녀는 행동할 준비는 돼 있지 않았지만 생각은 하고 있었다.

이 단계에서 유용한 전략은 다음 4가지다. (1)의식 깨우기 (2)사회적 해방 (3)정서적 각성 (4)자기 재평가. 정서적 각성은 문제를 생각하는 것에서 문제를 느끼고, 경험하고, 자신의 느낌을 표현하는 방식으로 전환하는 것이다. 자기 재평가는 문제와 연관된 자기 자신에 대한 느낌과 생각을 분석하는 것이다.

  자기변화를 하거나 다른 사람들이 변화하도록 돕는 과정에서 이 숙고단계를 이해하는 것은 매우 중요하다. 분석과 이성적 설득을 강조하는 자세를 줄이는 것이 좋다. 우리는 느끼는 단계로 전환해야 한다. 우리는 자신의 느낌과 우리가 자기 변화를 하도록 이끌기 원하는 사람들의 감정을 인지해야 한다. 이들을 돕는 역할을 맡고 있다면 우리의 메시지는 진실하면서 일관성을 지녀야 한다. 일반적으로 우리가 이 느끼는 단계를 모범적으로 수행할 때 사람들은 변화에 대해 더 숙고할 수 있는 용기를 갖게 되고 자기 재평가를 할 수 있게 된다. 조앤이 새로운 상관과 함께 일하게 됐던 경험을 상기해보자. 새로운 상관은 요구사항이 더 많았고, 더 정력적이고 기존과는 다르게 일해줄 것을 기대했다. 그는 단지 이성적인 차원에서만 커뮤니케이션을 하지 않았다. 그는 에너지를 발산한 것이다. 그는 정서적으로 커뮤니케이션을 했다. 그는 완전히 활기 있게 사는 전형을 보여줬고 조앤이 자기자신을 더 잘 평가해 볼 수 있도록 유도했다.

3단계 : 준비단계

이 단계에서 우리는 한 달 내에 실행에 들어갈 수 있는 계획을 세우게 된다. 우리는 헌신적으로 변화를 실행할 마음의 준비가 돼 있지만 또 한편에서는 이율배반적인 심리상태도 커지게 된다. 이 단계에서 우리는 여행을 떠나기에 앞서 마지막 준비 단계에 와 있음을 발견하게 된다. 우리는 이미 일부분 변화를 이루기도 했다. 우리는 변화의 필요성을 부인하지 않는다. 일정한 정보도 모았고 우리 행동도 그 변화에 어느 정도 적응하기 시작했다. 그렇지만 여전히 준비가 덜 된 상태. 이 단계는 막 시작하려는 과정에서 매우 중요하다.

  의식 깨우기는 이제 변화를 유도하는 것과는 대치되는 전략이 된다. 사회해방, 정서적 각성, 자기재평가 전략은 여전히 유효하다. 또 다른 유용한 전략은 결단이다. 결단은 변화를 이룩하고 행동에 들어갈 수 있는 개인의 능력을 믿는 것이다.

자기변화를 하거나 다른 사람들이 자기변화를 하도록 도울 때 반드시 결단하는 과정을 거쳐야 한다. 조앤은 이 과정을 거쳤다. 그녀는 마음이 계속 흔들렸을 때 딥 체인지의 개념을 알게 된다. 그녀는 새로운 인식을 하게 된다. "내가 바뀌지 않는다면 기업과 조직을 변화시키는 것은 불가능하다. 나는 더 강한 리더가 돼야 하고, 회사에 차이를 만들어내야 한다고 결단하게 됐다. 나는 다른 차원의 결정을 내려야 하고 새로운 방식으로 행동해야 한다는 것을 알았다."

4단계 : 실행단계

우리가 새로운 유형의 행동을 하게 될 때 우리는 실행단계에 있게 된다. 흡연자가 갖고 있던 담배를 모두 버리거나, 알코올 중독자가 술을 모두 쏟아버리는 것이 분명한 예가 될 것이다. 이런 행동들은 눈으로 볼 수 있기 때문에, 사람들은 어떤 변화가 일어나기 시작했다는 것을 알게 되고 격려나 지원을 하게 된다. 겉에서 보는 객관적인 관찰자 입장에서는 이 변화가 이미 이전 단계부터 시작됐고 앞으로도 더 많은 단계들을 거쳐야 한다는 것을 이해하기 어려울 것이다. 이것을 이해한다면 우리는 후원을 받거나 후원을 해주는 것이 얼마나 중요한지 알게 될 것이다.

조앤이 실행단계에 들어갔을 때 그녀는 새로운 유형의 행동을 보이기 시작했다. 예를 들어 그녀는 "예전 같으면 엄두도 내지 못했을 어려운 메시지들을 전달받고 전달하는 일"을 수행하기 시작했고 더 전략적이고 개방적인 방식으로 업무를 수행해 궁극적으로 의사결정과 협력을 끌어낼 수 있는 새로운 프로세스를 개발하게 됐다. 실행단계에서는 정보와 자기재평가 전략이 사회적 해방과 결단보다 덜 중요해진다. 4가지 추가적인 프로세스가 이 단계에서는 더 적절하다. 보상, 대항, 환경통제, 조력적 관계가 그것이다.

- 보상은 간단히 말해서 우리가 자기변화를 하는 과정에서 이룬 성과를 인정하는 방법을 마련해 놓는 것이다. 이는 우리 자신이 인정하는 것일 수도 있고 다른 사람에게 인정을 받는 것일 수도 있다. 양쪽 모두로부터 인정을 받는 것이 이상적이다. 예를 들어 우리는 진전을 이룰 때마다 어떤 시금석을 마련해 놓을 수도 있고, 스스로 일정한 목표에 도달하게 되면 포상을 하겠다는 약속을 할 수도 있다. 일례로 다이어트를 하는 사람들 중에는 일정한 체중에 도달할 때마다 새 옷을 사 입기로 자신에게 보상을 약속하는 경우도 있다.
- 대항은 부정적인 행동을 긍정적인 행동으로 대치하는 것을 의미한다. 예를 들어 금연을 결심한 사람은 담배 대신 껌으로 대체할 수 있다.
- 환경통제는 우리의 문제행동은 칭찬받지 못하고 긍정적인 행동은 가치를 인정받는 곳에서 시간을 보내는 것이다. 예를 들어 알코올 중독자는 술을 마시는 장소는 피해야 한다.
- 조력적 관계는 우리를 염려해주고 좌절을 느낄 때 솔직히 얘기해줄 수 있는, 우리가 가진 부정적인 습관을 함께 토론할 수 있는 사람에게 지원을 요청하는 것이다. 즉 사람들에게 도움을 청하는 것이다. 이 같은 요청에 사람들은 매우 잘 응하는 경향이 있다.

이 단계를 이해하는 것은 다른 사람들이 리더십의 근원적 상태에 도달하도록 돕는다는 측면에서 밀접한 연관성이 있다. 우리는 사람들이 핵심적인 결정을 내릴 때마다 스스로에게 보상을 내리도록 격려해줄 수 있다. 우리는 또한 그들이 포기하고 있는 일 중에 놓치고 있는 사실들이 있다는 것을 인지시켜주고 잃어버린 것들에 대해 끊임없이 대체해주기를 원할 수도 있다. 우리는 또한 그들이 펼치는 새로운 노력을 도와주고 지지해줄 사람들과 더 많은 시간을 보내도록 환경을 만들어줄 수도 있다. 마지막에 우리는 사람들을 도울 수 있는 서포트 그룹을 결성해 그들이 리더십의 근원적 상태를 향해 나아가는 동안 감정을 공유하고 서로를 지원해주도록 할 수 있을 것이다.

5단계 : 유지단계

우리가 실행에 나서면 변화는 중단되지 않는다. 이후에 우리는 유지단계에 들어선다. 여기서 우리는 앞 단계에서 이룬 진전 상황들을 견고하게 하는 것이다. 우리는 퇴보하지 않기 위해 에너지를 쏟아붓는다. 조앤이 진전을 이루었을 때 그녀는 이를 견고하게 하는 작업에 들어갔고 여기에 자신이 새롭게 깨달은 것들을 활용했다. 그녀는 "나의 직접적인 경험을 토대로 개인적인 변화가 조직의 변화에 영향을 미친다는 점에서 자기변화의 중요성을 이해하게 됐다. 나는 새로운 다리를 놓아가면서 그 다리들을 건너가고 있는 것이었다. 우리 회사는 미래의 지속적인 성공을 뒷받침할 새로운 방식의 행동과 상호작용, 경로를 받아들이고 있었다"고 말했다.

6단계 : 종료단계

이 단계에서 과거의 행동은 더 이상 우리를 유혹하지 않는다. 부정적인 행동 양식을 지속하고 싶은 욕구가 모두 사라졌기 때문이다. 우리는 퇴보하지 않을 수 있다는 자신감이 있다. 우리는 자기 자신을 이긴 것이다.

각각의 사람들이 이 단계를 굉장히 다양한 방식으로 취급한다. 어떤 사람은 완전히 담배에서 벗어나 흡연의 욕구를 전혀 느끼지 않을 수 있다. 어떤 사람들은 20년이 지나도 여전히 옛날 습관이 그리워할 수도 있다. 이런 사람들은 유지단계를 지속하는 것이 필요하다. 비슷한 양태는 알코올중독자나 다이어트하는 사람들에게서도 발견된다.

리더십에서도 퇴보는 굉장히 큰 문제이다. 조앤은 이 문제에 대해서는 언급하지 않았지만 1부에서 보았듯이 많은 사람들이 이 문제에 직면하게 된다. 자꾸 일반적인 상태로 내려오려는 것이다. 엔트로피와 점진적 죽음의 유혹은 우리 안에서 항시 작용하고 있다. 그 유혹은 제레미 피시가 경영진 대상의 자문단을 찾는 이유다. 그는 계속 안전지대에 머물고 싶어하는 성향을 지속적으로 점검하는 데 도움이 필요했던 것이다. 그는 성장을 지속하고 차이를 만들어내는 비전과 결심을 지속할 수 있도록 지원이 필요했다. 우리 모두 마찬가지다.

깊이 있는 통찰

자기 변화에 대한 더 깊이 있는 통찰이 있다. 첫째 사람들은 자기변화 과정을 겪을 때 1단계에서 시작해 2단계, 6단계까지 일련의 방식으로 움직여나가지 않는다. 프로차스카, 노크로스, 디클레멘트와 그의 동료들은 이런 일은 연구사례의 20%에 불과하다는 것을 발견했다. 우리는 어떤 단계에서는 매우 잘 해내지만, 다른 단계에서는 잘못할 수도 있다. 그리고 각각의 다른 단계에서 혼란스러운 패턴이 나타나는 것처럼 보여질 수 있다. 변화에는 엄청난 에너지와 시간, 돈이 들어간다. 하지만 우리는 이 과정에 어떤 것들이 관여돼 있는지 평가절하하는 것이 사실이다. 평균적으로 이 모든 변화 과정을 거치는 데 여섯 번의 시작과 끝이 있다.

이런 이유로, 연구진들은 자신들의 모델을 '변화의 나선형 모델'이라고 부른다. 〈그림 16-1〉에서 볼 수 있는 것처럼 연구진들은 발전적으로 진행해가는 과정이 두 개의 축을 돌아나가는 나선형이어서, 사람들이 수평으로 놓인 축을 따라 진전하다가 퇴보하는 것을 볼 수 있다고 했다. 그 과정은 실망스럽게 보일 수도 있지만 여기에는 우리가 종종 알아채지 못하는 긍정적인 요소들도 있다. 향상 과정은 수직의 축을 따라가고 있기 때문에 우리는 성공을 향해 끊임없이 이동하게 되는 것이다. 전진과 퇴보, 모두 넓은 의미에서 배워가는 과정의 일부인 것이다.

이 점은 리더십의 근원적 상태에 도달하는 데 있어 내포하는 바가 크다. 변화는 실패를 거듭하게 되는 산만한 과정이다. 우리는 실패에 직면해 좌절

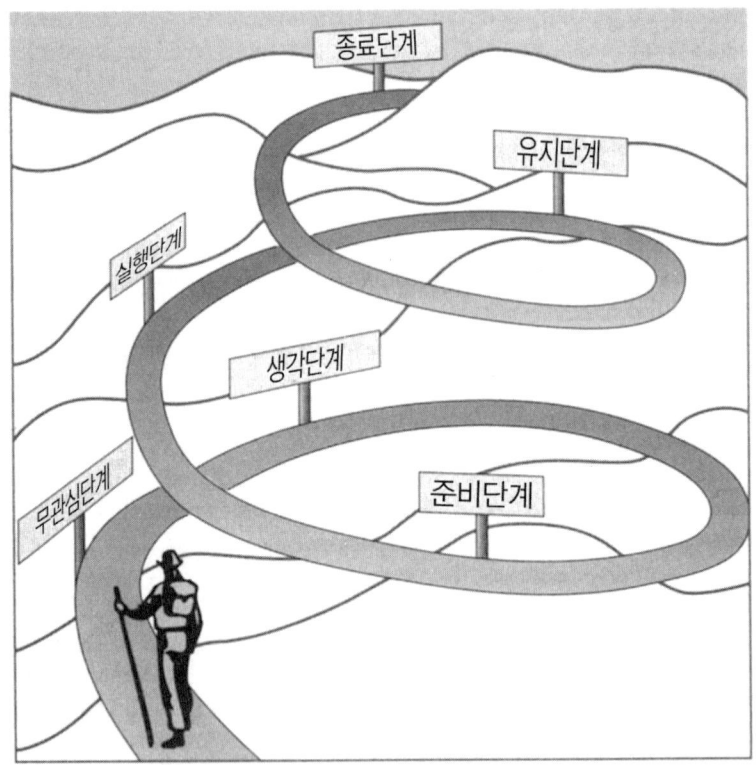

◆ 〈그림 16-1〉 변화의 나선형 모델

출처: Changing for Good, Prochaska, Norcross, DiClemente, 1994

감과 모멸감을 느끼는 등 부정적인 감정을 겪게 된다. 나는 수많은 사람들로부터 자신의 조직에서 변화를 시작하려고 시도했다가 이를 차단 당한 후 포기하게 된 이야기를 들었다. 그들은 어려움에 직면할 때마다 정확히 다음과 같이 지적한다. "이 조직은 변화를 원하지 않습니다." 그들의 경험을 따져볼 때 그들은 일반적인 상태에 머물기를 선택한 것이다. 그들은 변화를 시도하다 제재를 받게 되는 것조차 변화 과정의 일부라는 것을 이해하지 못한 것이다. 리더가 된다는 것은 실망감과 절망을 경험하고 이를 초월하는 것이다.

우리가 이런 제재와 실패를 변화과정의 하나로 이해하게 될 때, 우리는 이를 훨씬 긍정적으로 받아들일 수 있게 된다. 우리는 우리를 끊임없이 새롭게 함으로써 배우게 된다. 성장을 위한 역량을 증진시키는 것이다. 실행했다가 실패를 경험하는 것이 실행조차 해보지 못한 것보다 낫다. 실행했다가 실패하고 다시 시도하는 사람은 다음 번에 성공할 확률이 훨씬 높아지기 때문이다. 다른 사람들이 변화하도록 돕기 위해서도 이 점을 이해하고 커뮤니케이션하는 것이 무척 중요하다.

두 번째 얻은 통찰은 부정적인 양상은 서로 연결돼 있을 가능성이 높다는 것이다. 담배를 끊은 어떤 사람이 흡연 습관을 먹는 것으로 대체했다면 그는 몸무게가 늘게 될 것이다. 담배를 피면서 술을 마시던 사람은 금연했더라도 다시 담배를 피게 될 확률이 두 배나 높다. 다시 말해서 우리는 한 가지 부정적인 습관을 없애더라도 이를 다른 부정적인 습관으로 대체하는 경향이 있다. 우리가 변화된 모습이 영구적이기를 원한다면 우리의 행동양식 기저에 놓인 행동의 원인을 알아야 한다. 예를 들어 흡연이나 음주, 과식하는 습관으로 다시 퇴보하는 것은 정서적 고통 때문인 경우가 많다. 우리의 방어기제를 파헤쳐 우리 내면을 깊이 들여다보고, 이중성을 점검해야 할 필요가 있다.

리더십의 측면에서 이 같은 통찰은 목적을 선택하고 추구하는 동시에 우리의 자기기만적인 면을 점검해보는 과정이 매우 중요하다는 점을 일깨운다. 리더십의 근원적 상태에 도달하기 위해서 우리 자신의 이중성을 지속적으로 점검하고 조치를 취하는 데 전력을 기울여야 한다. 우리의 이중성은 우리가 이를 점검하고 정면으로 맞선다면 잠재돼 있는 힘의 근원이 될 수 있다. 이 과정에서 우리는 변화하게 된다.

세 번째 통찰은 오해와 관련돼 있다. 많은 사람들은 우리가 의지가 약하거나 그만큼 노력을 기울이지 않기 때문에 변하지 못한다고 생각한다. 결심을 하고 노력하는 것은 변화의 한 가지 과정이다. 그러나 노력이나 의지에만 의존하는 것은 우리 자신을 실패에 노출시키는 것일 뿐이다. 우리는 다른 준비 과정이나 지원책에 의존해야 한다. 그리고 다른 사람들도 그렇게 하도록 도와야 한다.

우리는 또 훌륭한 리더십을 수행하는 데 있어서 의지력의 역할에 대해 나름대로의 가정을 갖고 있다. 우리는 이 장에서 논의된 전략과 각 단계 측면에서 리더십이나 리더십 개발에 대한 개념을 재고해 볼 수 있을 것이다. 이런 내용들은 조직에서 리더십을 발전시키는 것의 의미를 크게 바꿔놓았을 것이라고 생각한다.

네 번째 통찰은 가능한 미래의 모습을 고려하는 것이다. 변화 프로세스 중 하나는 자기 재평가로 불린다. 이는 두 가지 형태를 보인다. 하나는 현재에, 또 다른 하나는 미래에 초점을 맞춘 것이다. 현재에 대한 초점은 부정적인 시각을 견지하면서 본질적으로 안 좋은 특성과 정서를 강조한다. 미래에 대한 초점은 변화되고, 더 행복하며 건강한 자신을 상상한 것이다. 가장 효과적인 평가작업은 두 가지를 모두 포함한 것이다. 부정적인 평가는 우리를 현재의 상태에서 밀어내며, 긍정적인 모습은 우리를 미래로 끌어당긴다.

리더를 양성하면서 우리는 그들에게 전면적인 피드백을 주고자 한다. 이는 그들이 자신의 약점을 확인하고 이를 개선하기 위해 노력하도록 하려는 의도다. 그러나 미래의 가능성에 대해 생각하거나 자신에 대한 최상의 모습, 강점에 대한 피드백을 취하는 사람은 거의 없다. 리더를 양성하면서 우리는 문제해결 방식에서 벗어나 목적 탐구 방식으로 나아가야 한다. 사람들이 자신의 강점을 확인할 수 있도록 돕고, 더 나은 미래에 대해 놓치고 싶지 않은 모습을 마음 속에 간직할 수 있도록 도와야 한다. 이 책의 2부에서 현재와 미래의 최상의 자신을 그려볼 수 있도록 도울 수 있는 몇 가지 프로세스를 살펴본 바 있다.

다섯 번째 통찰은 우리가 자기변화 과정을 촉진할 수 있는 특정한 단계들을 밟아나갈 수 있다는 것이다. 변화는 항상 불확실성을 동반하기 때문에 사람들이 변화를 회피하려는 것은 당연한 것이다. 우리는 자신을 실패로부터 보호하기 위해 변화과정을 시작하려는 것을 미루게 된다. 변화에 헌신적으로 매달리는 것은 결코 쉬운 일이 아니다. 그렇지만 자기변화에 관한 연구에 따르면 도움이 될 만한 5가지 방법이 있다.

1. 작은 단계부터 밟아나가라.
2. 구체적인 시작 날짜를 정해 아직 준비가 안 된 것처럼 행동하거나 미적거리는 것을 방지하라.
3. 당신의 결심을 외부에 알려라. 다른 사람들이 당신이 성공하기를 기대하고 있고 당신이 원래 상태로 돌아가려고 할 때 도와줄 것이라는 것을 아는 것은 동기부여가 될 것이다.
4. 중대한 수술을 앞둔 것 같은 마음으로 준비를 하라. 변화는 중대한 육체적 수술에 버금가는 심리적 수술인 경우가 많다. 따라서 당신과 당신의 지지자들은 이 변화 과정을 아주 중요한 일로 취급해야 한다.
5. 자신만의 실천 계획을 세워라. 이런 방법으로 당신은 실행할 수 있는 가능성을 높이게 된다.

위의 요점들은 다른 사람들이 리더십의 근원적 상태에 도달하도록 도우려는 이들에게 유용할 것이다. 특히 네 번째 사항은 주목할 필요가 있다. 타인의 변화를 원할 때 우리가 요구하는 것이 얼마나 엄청난 일인지 알지 못하고 과소평가하는 경향이 강하다. 심리적으로 커다란 수술을 앞두고 있다고 생각하는 것은 매우 유용한 개념이다.

여섯 번째 통찰은 우리가 사회적 인간관계를 통해 힘을 얻어야 한다는 것이다. 우리는 규범과 가치, 역할이 있는 그룹에 속해 있다. 우리가 어떤 그룹에 속해 있든지 우리는 일정한 방식으로 하도록 기대받는다. 변화를 계획할 때도 우리는 가족들이나 동료, 또는 우리에게 중요한 다른 사람들로부터 받게 될 저항을 걱정한다. 그들의 반응에 대한 두려움 때문에 우리는 실행하지 못한다. 우리가 실행에 들어가더라도 우리는 다른 사람들의 반응이나 타인들을 만족시켜주려는 우리 자신의 욕구 때문에 원래 상태로 되돌아갈 수 있다. 이 문제를 고려하는 것은 중요하다. 어쩌면 우리가 어떤 선택을 하든 그 선택한 결과의 성공을 지지해 줄 새로운 인간관계를 맺는 것이 필요할지도 모른다. 타인을 도울 때도 마찬가지로, 우리는 그들이 반응자에서 창조자(그들이 속해 있는 그룹을 다시 정의하고 변화를 이끄는 자)로 변할 것을 고려하도록 돕는 동시에 그들의 사회적 인간관계에도 신경을 많이 써야 한다.

근원적 리더십 상태에 들어가기

일반적으로 우리는 리더십이란 어떤 일을 주도하고 다른 사람들에게 지시를 내리는 행동이라고 생각한다. 만약 어떤 사람이 이를 하고 있지 못하다면, 그는 리더가 되지 못하고 있는 것이다. 그렇지만 자기변화는 실행 이전단계를 포함하고 있고 변화에 투입하는 시간의 80%는 실행단계 외의 단계를 수행하는 데 쓰이고 있다는 사실을 상기해야 한다. 리더십의 근원적 상태에 도달하는 것 역시 실행단계 이전의 행동을 필요로 한다. 이 사실에 주목하면 우리가 리더십의 근원적 상태에 도달하고 타인들도 이 상태에 도달할 수 있도록 도와주는 데 도움이 될 것이다.

> ## 리더십의 근원적 상태에 들어가기 위한 준비
>
> 이 장이 당신에게 주는 의미에 대해 사색할 수 있는 조용한 시간을 선택하라. 최대한 진실하게 오늘날 자신의 모습을 평가하는 작업부터 시작하라.

명상을 위한 질문들

1. "누구나 세상을 바꾸는 것을 생각하지만 아무도 자기 자신을 바꾸는 것은 생각하지 않는다"는 레오 톨스토이의 말은 어떤 의미를 담고 있다고 생각하는가?
2. 다음의 글을 묘사하거나 논박하기 위한 예를 제시하라.
   "어떤 지위에 있다는 것은 리더가 되는 것과는 별개의 것이다. 대부분의 경우 고위 경영진들은 단지 관리만 하고 있을 뿐이다. 그들은 일반적인 상태에 있으며, 일반적으로 기대되는 일을 할 뿐이다."
3. 조앤은 다음과 같이 회상했다. 문제는 "조직원들간의 사소한 질투, 자존심 대결과 성격적인 갈등, 부정직함, 미션을 수행하는 데 결정적인 정보를 왜곡하거나 공유하지 않는 등의 것들을 포함하고 있다. 이런 행동들은 대부분의 최고경영진 사이에서 당연하게 볼 수 있다. 이런 행동들은 일반적이고 '으레 그러려니' 하는 측면이 있어서 알아채기 어려운 경향이 있다." 이 같은 행동은 당신 경험 상으로도 일반적인 일인가? 만약 그렇다면, 이 글은 어떤 의미를 담고 있는가?
4. 조앤의 다음 글에 대해 당신은 어디까지 동조하는가? "오랫동안 나는 변화를 시도해봤지만 큰 성과를 거두지 못했다. 나는 반드시 수행돼야 할 중대한 관리상의 업무를 하느라고 매우 바빴다. 그렇지만 경영진 사이에서 영향력 있는 리더가 돼야 한다는 어려운 과제들은 제대로 실행하지 않았다."
5. 조앤은 다음과 같이 주장한다. "나의 직접적인 경험을 토대로 나는 개인적인 변화가 조직의 변화에 영향을 미친다는 점에서 그 중요성을 이해하게 됐다. 나는 새로운 다리를 놓아가면서 그 다리들을 건너가고 있는 것이었다. 우리 회사는 미래의 지속적인 성공을

뒷받침할 새로운 방식의 행동과 상호작용, 경로를 받아들이고 있었다." 이 글은 당신에게 어떤 의미를 갖는가? 조앤과 같은 일을 당신도 경험한 적이 있는가? 비슷한 경험을 하면서 당신은 이를 어떻게 받아들였겠는가?

6. 조앤의 이야기는 자기 변화에 관한 것이다. 회사에서 일반적으로 리더를 양성하는 것과 관련해 그녀의 이야기가 갖는 의미는 무엇인가?

7. 당신은 눈에 띄는 자기 변화에 성공한 적이 있는가? 흡연이나 과식하는 습관을 고쳤다거나 다른 사람을 대하는 방식을 근본적으로 바꾼 것들이 예가 될 수 있다. 만약 그렇다면 당신의 경험을 자기 변화의 6단계로 정의해 볼 수 있는가? 가장 어려웠던 단계는 무엇인가? 다른 사람들이 얼마나 도와줬는가?

8. 중대한 자기변화를 시도했다가 실패한 적이 있는가? 이 장에서 읽은 내용을 토대로 다음번에는 어떤 식으로 다르게 행동할 것인가?

자기발전

1. 이 장에서 다룬 자기변화에 대한 논의에 근거해 변화에 대해 당신이 얼마나 준비가 됐는지에 대한 문단을 작성하라. 근원적 리더십의 상태에 도달하기를 고려하고 있다면 요즘 당신은 어느 단계쯤에 와 있다고 생각하는가?

2. 당신 인생의 특정 영역에서의 자기변화 전략을 기술하라. 오늘부터 시작해 당신이 밟아나가려고 하는 단계들을 가능한 구체적으로 설명하라.

자기변화를 위한 유용한 지침

이 지침들은 당신이 근원적 리더십의 상태에 도달하도록 도와줄 것이다.

1. **더욱 더 목적중심이 되도록 하라.** 당신 자신이 어떤 결과를 이루고 싶은지 스스로에게 물어라. 이는 당신을 대응적 상태에서 벗어나 창조적 상태로 옮겨줄 것이다.
2. **더욱 더 주체적으로 움직여라.** 당신 자신이 어떤 일정한 방식으로 거부하는지, 그리고 당신의 이중성을 어떻게 하면 줄여나갈 수 있는지 스스로에게 물어라. 이는 당신의 자기 신뢰를 높여줄 것이다.
3. **더욱 더 타인 중심적이 되라.** 누가 나와 함께 하고 있으며, 어떻게 하면 그 결속성을 더 강화할 수 있는지 스스로에게 물어라. 이는 당신의 자질을 확장시켜줄 것이다.
4. **더욱 더 외부에 개방적이 되라.** 어떻게 하면 불확실성으로 뛰어들고, 그 변화하는 과정에서 배우면서 순응해나갈 것이라는 믿음을 가질 수 있는지 스스로에게 물어라. 이는 급격한 발전으로 이끌 것이다.
5. 위의 4가지 문제를 생각하면서 구체적인 결심을 하라.
6. 당신 자신만의 명확한 변화 계획을 발전시켜라.
7. 작은 단계부터 밟아나갈 준비를 하라.
8. 당신의 결심을 공표하라.
9. 변화 과정을 마치 수술을 받는 것처럼 중요하게 생각하라.
10. 당신을 지지해주는 사회적 네트워크와 함께 하라.

다음의 지침들은 다른 사람들을 근원적 리더십의 상태로 이끌 때 활용할 수 있는 것들이다.

1. **공유하고 있는 목표를 명확히 제시하라.** 우리 모두가 이루고자 하는 집단적 목표가 무엇인지 스스로에게 질문하라. 이렇게 하는 것

은 당신이 맺고 있는 관계나 소속된 조직이 반응적 상태에서 벗어날 수 있는 가능성을 높여줄 것이다.
2. **신뢰감을 높여라.** 어떻게 하면 순수하게 타인을 위해 일하고 타인의 입장에서 신경을 써주는 일을 스스로 적용하는 모범이 될 수 있는가 자문하라. 이는 다른 사람들이 가능성에 눈 뜰 수 있도록 열린 사고를 증진시킬 것이다.
3. **사람들이 염두에 두고 있는 것들을 자극하라.** 어떻게 하면 사람들에게 다양한 경험을 제시해 그들의 기존 사고방식과 패러다임을 깨뜨릴 수 있는지 자문하라. 이 과정은 사람들이 자신의 습관에서 벗어나 의식을 깨우도록 할 것이다.
4. **사람들이 느끼도록 하라.** 어떻게 하면 사람들이 분석하는 것에서 벗어나 자신의 감정을 면밀하게 점검해볼 수 있도록 도와줄 수 있는지 자문하라. 이렇게 함으로써 사람들은 '내가 알고 있는 것은 무엇인가?'의 관점에서 벗어나 '내가 직면하고 있는 것은 무엇인가?'를 생각하게 될 것이다.
5. **도전의식을 높여라.** 어떻게 하면 사람들을 더 실질적이며 도전적인 상황에 넣을 수 있는지 자문하라. 이렇게 함으로써 사람들은 리스크에 대한 감각을 높일 수 있고 많이 발전해 나갈 것이다.
6. **지원을 강화하라.** 어떻게 하면 사람들이 자기불신은 줄이고 자신감을 키워 도전을 하면서도 흔들리지 않도록 할 수 있는지 자문하라. 이는 사람들이 앞으로 전진할 수 있는 용기를 갖도록 도울 것이다.
7. **결심을 할 수 있도록 하라.** 어떻게 하면 사람들에게 역량은 누군가로부터 부여받는 것이 아니라 스스로 키우는 것이라는 것을 깨닫게 할 수 있는지 자문하라. 이는 자유와 독립적인 선택의 필요성이 얼마나 중요한지 보여줄 것이다.

8. **도움이 되는 관계를 장려하라.** 어떻게 하면 사람들이 지원 시스템을 만들고 도움이 필요할 때 지원을 요청하는 법을 배우도록 할 것인지 스스로에게 질문하라. 이는 사람들이 앞으로 나아갈 수 있는 능력을 키워줄 것이다.
9. **변화의 종료점을 관리하라.** 어떻게 하면 사람들에게 잃은 것은 무엇인지 깨닫고, 그 상황을 받아들여 잃은 것을 대체할 긍정적인 대안을 찾을 수 있도록 도와줄 것인가를 자문하라. 이는 사람들이 좌절감에 대처하고 앞으로 전진하도록 해 줄 것이다.
10. **성과를 명확히 하라.** 어떻게 하면 사람들이 성과를 보고, 발전된 모습을 축하하며 각 이정표를 세우도록 노울 수 있는가 스스로에게 질문하라. 이를 통해 사람들은 배우고, 용기를 증진시키며, 발전을 후원할 것이다.

통찰의 공유

위 질문에 답하면서 공유하고 싶은 중요한 통찰이나 의미 있는 이야기가 있다면 딥 체인지 웹사이트(www.deepchange.com)를 방문해 게시판에 올려주기 바란다. 당신의 이야기는 많은 사람들에게 도움이 될 것이다. 다른 사람들이 올려놓은 이야기와 그들이 얻은 통찰을 보고 싶을 때도 이 사이트를 방문하면 된다.

17장
리더십의 근원적 상태로
타인을 초대하기

> 나의 강의는 점점 더 내 사적인 문제와도 연관되기 시작했다. 각 세션에서 참가자들에게 통합성이 결여돼 있는 자신의 문제에 직면하도록 할 때마다, 이는 내 스스로에게도 도전이 됐다. 내가 그 도전 과제들을 헌신적으로 실천할 때마다 새로운 내가 나타났다. 나 역시 배우는 사람으로서 다른 사람들이 변화와 발견의 여행을 더 잘 안내할 수 있는 사람이 되고 있었다.
>
> **-딕 앤더슨**

이 책을 통해 우리는 리더십의 근원적 상태라는 개념이 독특하고 중요한 의미를 내포하고 있음을 살펴볼 수 있었다. 첫째, 이는 리더십의 의미를 재정의한다. 리더십은 권위도 아니고, 배울 수 있는 기술도 아니다. 리더십은 가장 기초적인 단계, 즉 존재 방식이다. 이는 1장에 나온 간호부장이 지적했던 점이다. 생산적인 공동체를 창조하는 능력은 어떤 행동과는 관련이 없다. 이는 '우리가 누구인가'의 문제이다. 생산적인 공동체는 개인적으로 창조적인 상태에 도달한 누군가가 투영되고 있는 창조적인 집단적 상태다.

둘째, 리더십의 근원적 상태에 대한 이해는 리더십 개발의 의미도 재정의한다. 우리는 앞 장에서 그 의미를 다시 점검하기 시작했고, 이를 통해 타인을 변화시키려는 결심에는 많은 것들이 선행돼야 하고 사후조치들도 많다는 것을 볼 수 있었다. 그러므로 우리가 리더를 양성하고자 한다면 우리는 자기 변화의 단계를 이해해야 하고 타인들도 그 단계를 거쳐갈 수 있도록 지원해야 한다.

이 장에서는 어떻게 하면 사람들이 이 딥 체인지의 프로세스를 시작하도록 이끌 수 있을 것인가를 다루게 된다. 지금까지의 내용으로 타인을 리더십의 근원적 상태로 유인하는 데 필요한 첫 번째 조건은 우리가 먼저 그 단계에 도달하는 것이라는 점이 분명해졌을 것이다. 내가 타인에게서 바라는 모습을 나부터 실천하지 않고서는 다른 사람들에게 소위 리더가 되도록 가르칠 방법은 없는 것이다.

여기에서 우리는 난세에 부딪히게 된다. 리더십의 근원적 상태는 어떻게 보면 깨지기 쉽다. 그 상태에 도달하는 것이 어려울 뿐만 아니라 일단 도달했다고 해도 그 상태에 머무는 것도 어렵다. 먼저 이 점에 대해 살펴본 후, 리더십 개발의 최고의 사례로 꼽힐 수 있을 만한 3명의 변화 지도자를 만나보겠다.

리더십의 근원적 상태는 별개의 사건들이다

이 책에서 만난 많은 사람들은 리더십의 근원적 상태가 개별적인 사건들이라는 것을 언급하고 있다. 우리가 목적 중심적이고, 주체적이며, 타인에게 초점을 맞추고, 개방적으로 외부상황을 받아들이는 상태에서 일단 벗어났다가 다시 그러한 상태로 진입한다는 것은 어려운 일이다. 그러나 예전의 경험은 자산으로 남는다. 우리는 개인과 조직이 다시 살아나기 위해서는 헌신적이고 자발적인 과정을 거쳐야 한다는 핵심을 이해하고 있는 것이다. 우리는 방법을 알고 있다. 제레미 피시는 이에 대해 분명하게 이야기한다.

> 나는 인생에서 앞으로도 많은 관점의 변화를 겪게 될 것이라는 사실에 추호의 의심도 없다. 솔직히 내 사고의 패러다임을 바꿔놓을 불

확실성의 세계로 벌거벗은 채 들어가는 것에 대한 두려움과 통제불능의 상태를 기꺼운 마음으로 기다리고 있다고 말할 수는 없다. 그래도 내 안에서 딥 체인지가 일어나는 상황을 받아들이기 위해 불확실성의 세계로 벌거벗은 채 들어가는 것에 대한 두려움과 통제불능의 상태가 주는 가치를 깨닫게 됐다. 나는 최근 장점탐구와 관련해 숙련된 경영 자문단을 만들어 내가 망상과 혼돈, 탈진, 침체된 상황(점진적 죽음의 순간이며 변혁적 사이클에서 빠져 나온 상황)과 직면하는 것을 돕도록 하고 있다.

제레미는 우리가 리더십의 근원적 상태로 들락날락하게 된다는 것을 알고 있다. 그래도 그는 리더십의 근원적 상태에 도달한다는 것에 큰 가치를 부여해 자기 자신의 두려움에 직면할 수 있도록 지원을 구하고 있었다. 그는 자신과 함께 일할 경영 자문단을 구해 규칙적으로 도움을 받는다. 가장 인상적인 부분이다.

그러나 많은 사람들이 제레미 같지는 않다. 사람들에게 인생에서 가장 위대했던 순간이 언제였는가를 물으면, 그들은 비슷한 유형의 대답을 하곤 한다. 먼저 그들은 아주 어려운 도전에 직면하게 된 일을 말한 후, 용기를 갖고 부딪치고 견딘 후 이를 극복한 이야기를 풀어놓는다. 그들은 그 경험이 원치 않았던 것이었지만 이를 통해 많은 교훈을 얻게 됐다고 말한다. 그들은 그 사건을 정상 경험(peak experience)이라고 표현한다. 그런 후에 그들은 말한다. "그렇지만 그 과정을 다시는 반복하고 싶지 않습니다." 이 발언이 시사하는 것은 다음과 같다. 성장에는 거대한 대가가 따르는데, 이것이 왜 소수만이 리더십의 근원적 상태에 남게 되는 이유인 것이다.

어떤 사람들은 이 경험을 엄청난 자산으로 바꾸어놓는다. 과거에 평범치 않은 상태에 도달했던 것을 기억한다는 것은 그들이 앞으로 전진하는 데 중요한 기반이 된다. 이런 사례를 보여주는 것이 톰 글로서다.

톰은 로이터에서 일하는 젊은 변호사였다. 당시 로이터는 브라질을 제외한 모든 국가에서 높은 수익을 내고 있었다. 그렇지만 브라질에서는 오랫동안 손실을 보고 있었다. 톰은 브라질 본부를 통솔하는 직속 경영진으로 발령받게 됐다.

이 회사의 CEO는 톰의 부담을 덜어주기 위해 '브라질은 오랫동안 손실을 보고 있는 곳이고 사실상 브라질 본부가 흑자전환할 가능성은 어차피 희박하다'고 톰에게 이야기했다. 그렇지만 톰은 이 상황을 도전으로 받아들였고 새로운 업무를 위해 법률적 마인드에 근거한 체계적인 운영방침을 준비했다. 그는 정보를 모으고, 트렌드를 분석했으며 브라질 본부를 개선시킬 수 있는 계획을 세웠다. 그는 브라질에 도착한지 반나절 만에 조직이 얼마나 부패했는지를 파악할 수 있었다. 어떤 관리자들은 회사돈을 횡령하고 있었고, 최악의 경우는 총까지 들고 다녔다. 무능력과 정실주의가 만연해 있었다. 다른 나라에서 발령받은 관리자들은 떠날 날만 손꼽아 기다리고 있었다. 브라질 본부는 희망이 없어 보였다.

톰은 출근 첫날 정오에 중대한 결정을 내린다. 그는 준비해왔던 분석과 계획을 모두 없애버렸다. 대신 그는 직원 3명만 제외하고 모두 해고했으며, 조직 전체를 새로 정비하기 시작했다. 톰은 그처럼 완전한 변화를 이끈 경영자로서의 경험이 전혀 없었다. 그는 말한다. "나는 의사는 아니었지만, 환자가 눈 앞에서 죽어가고 있었다." 위험한 상황을 마주하고 있는 의사처럼 그는 충분치 않은 정보를 갖고 중대한 결정을 내리며 일을 추진해나갔다. 그는 다리를 놓아가면서 걸어나간 것이다. 그는 변호사 마인드를 버리고 불확실성의 세계에 벌거벗은 채 뛰어든 것이다.

힘든 노력 끝에 브라질 본부는 결국 수익을 내게 됐다. 다음은 톰이 당시 경험을 회상한 것이다.

시급한 일들이 너무나도 많았다. 나는 무엇이든 행동을 취하는 것

외에는 선택의 여지가 없었다. 일이 잘못돼도 상관하지 않았다. 상황이 너무나도 안 좋았기 때문에 갈 수 있는 길은 한 가지밖에 없었다. 그래서 나는 내가 해야 하는 일들을 했다. 두려웠지만 우리는 필요한 일들은 배울 수 있었다. 여태까지 내가 했던 일들 중 최고였다.

런던에 갔을 때 운전수가 나에게 왜 왔는지를 물었다. 나는 로이터가 효과적으로 조직을 변화시킬 수 있도록 돕기 위해 시내에 묵고 있다고 말했다. 운전수는 콧방귀를 치며 말했다. "행운을 빕니다."

운전수가 보여준 냉소적인 반응은 이미 널리 퍼져 있었다. 로이터는 다른 많은 정보제공 업체들처럼 후기 닷컴시대를 맞아 주가가 90%나 떨어져 있었다. 이런 일이 벌어지자 회사는 엄청난 고통을 받게 됐다. 톰 글로서는 회사의 생사를 책임질 새로운 CEO로 떠올랐다.

이미 설명했듯이 톰은 그 인생의 가장 중요한 다리를 놓았다. 그는 브라질에서 수행했던 일을 이제 회사 전체에 적용하고자 했다. 그는 불확실성의 세계에 벌거벗은 채 들어가 있는 상태였다. 이 과정에서 그는 흥미로운 것을 통찰하게 된다. 그는 과거에 읽은 적이 있는 「딥 체인지」의 사례를 회상하는 것으로 이야기를 시작한다.

나는 직책과는 상관없이 두려움과 복지부동하는 자세를 버리고 진실하고 자유의지에 따른 결단력을 갖고 행동한 관리자들의 이야기를 접할 때마다 놀랍다는 생각이 든다. 한번 자유로워지면 그들의 영향력은 무한대로 커지고, 이를 토대로 회사에서 그들이 차지하는 가치는 매우 높아진다.

딥 체인지 사례와 연관된 수많은 개인적, 조직적 성장사례들이 보여주는 영웅주의에도 불구하고, 나에게 놀라운 사실은 이 이야기들이 회상으로 전해진다는 것이다. 내가 이런 말을 꺼낸 의도는 이미

지난 이야기들이 갖고 있는 개인적 여정의 영향력이나 페이소스를 폄하하려는 것이 아니라 내가 시도하는 일의 결과를 알기도 전에 나의 이야기를 한다는 것이 얼마나 어려운지를 강조하려는 것이다.

로이터는 내가 다니는 회사다. 나는 152년 역사의 이 회사에 깊은 애정을 갖고 있다. 이 회사가 없어진다는 것은 사회적으로도 손실일 것이다. 나는 직원들과 투자자, 고객들이 위협적이라고 느낄 수 있는 변화과정을 시작했다. 나는 크게 동요하지 않았으며 자신감에 넘친다. 어쨌든 다른 방법이 없는 것이다.

로이터는 시장 분석가들과 영국 미디어 시장의 관점에서 볼 때 어려운 시기를 지나고 있다. 아이러니하게도 그들의 비관적인 시선으로 인해 나는 더 자유롭다고 느낀다. 이는 내 경력 중 단 한 번 경험해 본 느낌이다. 내가 잘못해도 큰 상관이 없는 것이다. 또 회사가 계속 성공을 거두고 있었던 것도 아니었기 때문에 부담이 없었고, 따라서 더 잘 할 수도 있다.

나는 내 이야기의 결말을 아직 모른다. 그러나 지금보다 더 신경을 집중하고, 열심히 일할 수 없을 것이며, 지금만큼 두려움을 느끼는 일도 없을 것이다. 이는 내 성공의 씨앗이다.

톰이 혼란한 상황 속에서도 동요하지 않고 자신감을 유지하고 있다는 사실을 주지해보자. 그는 다른 방법이 없다는 것을 알기 때문에 마음의 평온을 유지할 수 있다. 그는 양심에 따라 살아야 한다는 가장 큰 의무를 행하기 위해 자신이 해야 할 일을 할 뿐이다. 비록 변화가 주는 불확실성과 갈등을 좋아하지 않지만 이를 기꺼이 받아들이고 있다. 왜냐하면 그는 회사의 이익을 자신의 이익보다 중시하고 있고, 이 일은 그가 브라질에서 수행했던 업무보다는 약간 쉬운 것이었기 때문이다. 톰은 과거에 리더십의 근원적 상태에 도달한 경험이 있다. 그럼에도 불구하고 회사를 변화시키는 것은 여전히 두려운 일이다. 그는 앞으로 나아가기 위해 다시 한 번 용기를 내야 한다.

    타인을 리더십의 근원적 상태로 초대하고자 하는 사람들에게 중요한 교훈이 있다. 첫째, 마치 예술가가 항상 최고조의 영감과 창조성의 상태에 있는 것이 아닌 것처럼 우리도 그와 같은 비범한 상태에 지속적으로 머무르는 것이 아니다. 둘째, 각각의 새로운 사건은 새로운 도전이다. 우리는 반복해서 두려움에 직면하고 이를 정복해야 한다. 셋째, 우리가 리더십의 근원적 상태에 도달할 때마다 우리는 앞으로 그와 같은 상태에 더 쉽게 도달하도록 해주는 교훈과 자신감을 얻게 된다. 우리가 다리를 건너가면서 다리를 놓아야 하는 일을 멈추는 순간은 오지 않는다. 차이점이 있다면 예전의 경험으로 인해 더 큰 자신감과 믿음을 갖고 불확실성의 세계로 들어간다는 것이다. 우리는 책임있는 자유를 수행하면서 순응적 자신감을 갖게 된다.

    여러 차례 리더십의 근원적 상태에 들어간 사람들은 매우 지혜로워진다. 그들도 번민의 고통을 경험할 것이다. 그러나 그들은 모두 인생에서 힘의 진정한 근원은 겉에 드러난 요인들이 아니라 인간의 미덕을 펼치는 가운데 있다는 것을 발견하게 된다. 조직의 변화를 위해서는 누군가 개인의 생존보다 집단의 이익을 앞세울 수 있는 용기를 내는 것이 필요하다. 개인들이 그와 같은 미덕을 실천할 때 이는 조직적 움직임으로 확산될 수 있다. 조직적 변화는 집단적 미덕이 증대된 것이며, 이때 개인과 조직은 그 어느 때보다 통합되기 마련이다.

변화 교육

앞의 회상은 우리가 리더를 교육하고 양성하는 것에 관한 중요한 의미를 담고 있다. 많은 기관들이 리더십 개발을 촉진하기 위해 세워졌지만 대부분의 경우 별 효과를 보지 못하고 있다. 예를 들어 비즈니스스쿨과 기업 대학들은 리더십 교육을 실시하고 있다고 주장한다. 그러나 그런 기관들은 특히 안전지대에 머무는 경향이 강하다. 그들은 리더십의 근원적 상태를 이해하지 못한다. 그들은 학생들이 생각하고 행동하는 방식을 바꿈으로써 리더를 양성하려고 한다. 그들은 분석적, 모방적 교수법을 통해 이를 이루려고 한다. 그들은 학문적 분석, 성공적인 리더와 조직이 보여준 최상의 방식 및 기술에 대한 케이스 스터디를 제공한다. 그리고 학생들에게 이를 따라 하도록 한다.

리더십의 근원적 상태에 도달하는 핵심은 어떤 방법이나 기술을 분석하는 데 있는 것이 아니다. 리더를 키우는 것은 성공을 거둔 다른 사람의 사고방식이나 행동방식을 모방하도록 하는 것이 아니다. 이는 사람들이 자신의 위대한 생각과 행동이 발산하고 있는 독특한 상태로 들어가는 결심을 할 수 있도록 이끄는 것이다. 이런 일은 개인들이 더욱 목적 중심적이고, 주체적으로 행동하며 타인에게 초점을 맞추고 개방적으로 외부상황을 받아들이는 사람으로 변화하기를 선택할 때 이루어지는 것이다. 이는 사람들이 끌리도록 하려는 용기 있는 행동이다.

우리는 모방을 통해 다른 사람들을 리더십의 근원적 상태로 끄는 것이 아니라 독창적인 인물이 됨으로써 그렇게 한다. 우리는 최고 수준의 통합성을 추구함으로써 독특성을 확대할 수 있다. 우리가 통합성을 높이면 우리는 우리가 살고 있는 이 독특한 현실세계에 우리 자신이 꼭 들어맞게 되는 것을 보게 된다. 우리의 용기는 타인들이 같은 과정을 밟도록 이끈다.

6장에서 우리는 변화를 유도하는 4가지 전략 −말하기, 강제하기, 참여하기, 초월하기− 이 있다는 것을 살펴봤다. 대부분의 사람들을 앞의 두 가지 전략만 적용하는데, 이는 쉽긴 하지만 별 효과는 없는 것들이다. 자기변화로부터 비롯되는 4번째 전략을 실천하는 사람은 거의 없다. 2부에서 우리는 통합성을 지속적으로 높일 수 있는 방법을 유지하는 8가지 실행방법을 살펴봤다. 이 방법을 실천하면서 우리는 리더십의 근원적 상태에 진입하는 경험을 더 자주, 더 오랫동안 할 수 있게 될 것이다.

리더십 개발에 노력을 기울이는 목적도 이와 같아야 한다. 사람들이 리더십의 근원적 상태에 더 자주, 오랫동안 머물 수 있도록 이끌어야 한다. 이를 이루기 위해 관리자들은 더욱 진실하면서도 리스크가 큰 프로그램을 기꺼이 수행하려는 마음을 가져야 할 지도 모른다. 마찬가지로 강사들도 리더십의 근원적 상태에 들어가야 한다.

우리는 이 진실을 보여주는 3명의 인물을 만나볼 것이다. 한 사람은 MBA 과정에서 리더십을 가르치고 있으며 또 다른 사람은 경영자 과정을 가르친다. 세 번째 사람은 경영자문으로 활동하며 일대일 교습을 하고 있다. 이들 세 명 모두 알릴 가치가 있는 독특한 인물들이다.

성스러운 공간 만들기

래리 피터스는 텍사스 크리스찬대학의 교수로 경영자와 학생 모두를 가르친 경험이 풍부하다. 이 과정에서 그는 사람들이 리더십의 근원적 상태로 진입하는 것을 돕는 법을 배웠다. 다음은 래리의 글이다.

나는 오랫동안 최고경영자나 관리자들을 컨설팅해왔다. 그들은 변화를 마치 별도 제3의 경영과제로 보고 있었다. 이를 이루려는 열망은 큰데, 그들은 마치 자신들이 변화를 주도해야 하는 임무를 위임받은 사람처럼 행동한다. 그들은 마치 자기 자신들을 제외한 다른 모든 사람들에게 변화가 필요하다고 말하는 듯 했다. "당신을 변화시켜라, 그렇지만 나는 이대로 놔둬라" 라고 말이다. 나는 그들을 만나면 내가 보고 들은 바에 따라 그들의 헌신도가 부족하다는 것을 지적한다. 그들이 한 말, 그리고 그 말을 누구에게 했는지, 그들이 얼마나 시간을 투자하고 있고 그들이 계산하고 있는 것과 그에 따른 보상, 그리고 특히 그들의 행동에 왜 진짜 리더로서의 실천력과 열정, 헌신이 부족한지에 대한 그들의 개인적 이야기들을 듣게 된다.

각각의 다른 사례들에서 내가 듣게 되는 이야기의 공통점은 우리가 지극히 정치적 이해관계가 걸려 있는 사회에서 살고 있기 때문에 진짜로 조직을 이끄는 것은 위험성이 크다는 사실이다. 사실 실패한 리더십은 모두 자기 자신의 안위(직업과 경력면에서)를 염려하고 있기 때문이다.

효과적인 결과를 제대로 내지 못하고 있는 고장난 세계의 근본을 바꾸려는 도전정신도 없이 어떻게 다른 사람들이 더 효과적인 방법을 찾도록 이끌 수 있단 말인가?

우리가 변하지 않는 이상, 또 우리가 심오한 변화나 변혁적인 변화, 딥 체인지를 경험하지 않는 이상 우리는 변화를 이끌 수 없다. 그 변화과정을 무엇으로 부르건 간에, 우리는 자기자신의 안위보다는 옳은 것, 효과적인 것, 도덕적인 것, 더 이상 지체할 수 없는 것들에 더 신경을 써야 한다. 우리는 우리 발목을 잡고 있는 업무적인 현실에서 벗어나 우리가 '목숨을 바칠 수 있는', 인생을 걸 만큼 가치 있는 그 무엇을 찾아야 한다.

이것이 리더십의 핵심이다. 이는 다른 많은 책들에서 언급됐던 것처럼 단순한 과정이 아니다. 이는 목적을 열정과 결단이다. 이는 자신보다 타인의 미션과 비전, 또는 다른 사람들이나 정의에 더 신경을 쓰는 것이다. 리더십과 관련된 프로세스 모델들은 리더가 실행할 때만 결실을 낼 수 있다. 몰입하지 않은 제3자적 입장에서 행하는 리더십은 '어떻게 이끌 것인가'에 관한 지혜로운 조언들을 아무리 잘 따른다고 해도 우리가 원하고 있고 필요로 하는 결과를 낼 수 없다. 리더십은 어떤 메커니즘이 아니다. 사람에 관한 것이다.

래리는 이 같은 통찰을 통해 그가 가르치는 사람들이 이 메시지를 깊이 새길 수 있는 교수법을 제시했다. 그의 방법은 10장에서 살펴봤던 장점탐구의 전략과 공통점이 많다.

나는 최근 이 메시지를 경영자를 위한 MBA과정의 리더십 코스에서 강의했다. 교실 전체가 술렁거렸다. 학생들은 리더십에서 실패한 사례들을 공유했다. 무사안일의 자세를 보인 예부터 사람들을 새로운 미래로 이끌기 위해 '관리'한 사례까지 다양했다. 나는 학생들에게 그들 자신이나 가까운 누군가가 인생에서 경험했던 딥 체인지에 대해 생각하게 한 후 이야기를 나누는 시간을 가졌다.

자동차 사고로 아이를 잃은 후 텍사스의 안전벨트 관련 법안을 바꾼 남자, 아직 이름조차 짓지 못한 갓 태어난 쌍둥이 아기의 수술 동의서에 서명을 해야 했던 사람(아기들이 살았는지 죽었는지는 모른다.), 회사에서 업무가 가장 힘들고 성차별적인 의식이 강한 직원이 많은 부서에 발령 받았는데 그 부서의 업무에 관한 경험이 전무한 여성, 중국 시장을 개척하는 업무를 부여받았는데 기존에 알고 있던 경영지식들이 전혀 쓸모없다고 느끼게 된 남성까지 다양한 사례가 나왔다. 이 이야기들에는 열정과 집중, 용기와 결단, 인내와 에너지가 담겨있었다. 그 사례들은 아무도 기대치 못했던 결과를 이룩한 이야기였다. 우리는 이야기에 담겨 있는 정서를 느낄 수 있었고 이들이 느꼈던 자부심에도 공감할 수 있었다. 우리는 사람들, 또 학생들이 딥 체인지를 경험할 때 무엇이 가능해지는가를 보았다. 수업 중 발표를 했든 안 했든, 그 수업은 매우 의미 깊은 자리가 됐다. 우리 수업에 참석했던 사람들 중 이제 진정한 리더십과 '관리'를 혼돈하는 일은 없을 것이다. 교실 모두는 진짜로 리더가 되기 위해서 자신들이 해야 할 일이 무엇인지를 이해했다. 그날 오후 그들은 자기 자신과 앞으로 리더가 될 사람들 앞에 놓여 있던 빗장을 열었다.

사람들이 자기 자신에 대한 진실을 보고, 리더가 되기 위해 필요한 선택을 하려면 도움이 필요하다. 나는 점진적 죽음으로 야기된 통합성의 결여에 직면해 세계를 바꿀 수 있는 길을 가기로 선택한 진짜 리더들의 역량을 강화하는 데 도움을 줄 수 있다고 믿는다. 나부터 바꿔라! 메시지는 너무나도 단순하고, 또 강력하다.

래리는 평범한 강사가 아니다. 그가 경영자들과의 수업에서 보여줬던 지혜를 보라. 그는 그들이 일상적으로 하는 말, 시간 배분, 업무 처리방법, 그들의 사적인 이야기 속에서 이중성을 발견했다. 이중성을 발견했을 뿐 아니라 이를 극복하려고 했다. 그는 성공을 분석하고 모방하거나, 그 프로세스나 시스템의 메커니즘에 초점을 맞추고 있는 책들이 중요한 점을 놓치고 있다는 것을 알았다. 그는 우리가 결심할 때 리더십의 근원적 상태에 들어간다는 것을 알았다. 결국 공은 우리 자신이 갖고 있는 것이다. 문제는 아무도 이런 메시지를 듣고 싶어하지 않는다는 것이다. 사람들이 거부하고 있기 때문에 이런 메시지를 전달하는 것은 거의 불가능하다. 사람들은 무수한 방어기제를 갖고 있고, 이렇게 도전을 필요로 하는 개념을 배우게 되면 자동적으로 이를 밀쳐낸다. 그러면 래리는 어떻게 가르치는가?

래리는 매우 탁월한 방법을 쓴다. 그는 전문가 역할을 벗어 던진다. 말하기와 강제하기 전략을 쓰는 대신 래리는 단순히 질문을 던진다. 그는 사람들에게 자신들이 겪은 딥 체인지 경험을 규정해보고, 이를 공유하도록 한다. 이 과정은 교실을 세속적인 공간에서 성스러운 공간으로 바꾸어 놓는다. 성스러운 자리에서 사람들은 더욱 윤택하고 신뢰성 높은 관계로 발전하게 된다. 이 같은 인적관계가 구성되면, 배우고 결단하는 일은 쉬워진다.

래리가 만들어내는 성스러운 공간에서는 16장에서 논의했던 많은 자기변화 원리들이 자연스럽게 나타난다. 사람들은 서로의 차이점에 주목하는 대신 공통점에 관심을 집중하게 된다. 그들은 공통의 목표인 '지속적으로 통합성을 증진시키기'를 찾기 시작한다. 신뢰감이 급격하게 커진다. 그들은 더 생각이 깊어지고, 대안적인 패러다임을 의욕적으로 찾으려고 한다. 자신의 안위를 계산하는 세상에서 벗어나 진솔한 느낌을 나누기 시작한다. 신뢰

속에서 살고 있다는 느낌이 커진다. 그들은 의욕이 더 넘치고 지지를 받고 있다는 느낌을 받는다. 자신과 집단의 향후 성장에 대한 헌신이 더욱 커지게 된다. 그들은 더 의욕적으로 도움을 요청하려 하고, 다른 사람들이 추구하는 결과를 다뤄야 하는 필요성도 더 잘 볼 수 있게 된다. 앞으로 전진함에 따라 인생에서 얻는 것과 얻을 수 있는 것들은 그들 모두에게 더 분명해지게 된다.

이와 같은 결과물은 성스러운 공간에서 나타나며, 이는 그들이 자기 내면 깊숙히 간직한 이야기들을 꺼내도록 도와줌으로써 이루어진 것이다. 래리의 교실에서 나온 이야기들은 이 책에서 읽었던 이야기들과 유사하다. 그 이야기들은 열정적인 집중과, 깊이 있는 인간 관계, 기하급수적인 배움의 과정을 통해 예상외의 결과를 얻은 것에 관한 것이다. 교과서에서 나온 얘기가 아니라 우리 바로 옆 사람의 이야기인 것이다. 이 이야기들은 변혁적인 것들이다. 일반적인 상태에서 내가 리더십의 근원적 상태의 예로 제시한 이야기들은 일종의 신화다. 그러나 우리의 지나온 인생 속에서, 그리고 우리 곁에 있는 사람들의 인생 속 이야기에서 우리는 정반대의 증거를 보게 된다. 이런 이야기를 나누면 새로운 집단적 실제를 만들게 된다.

래리는 어떻게 그런 강사가 될 수 있었을까? 그가 자신에게 어떤 일이 있었는지 얘기하지 않았으니 확실하게는 알 수 없다. 그러나 힌트는 얻을 수 있다. 여기에 더 변혁적인 강사가 된 한 남자의 이야기가 있다.

영웅의 여정에 용기를 심어줘라

덕 앤더슨은 손꼽히는 경영자 교육기업의 창립멤버다. 그는 하버드대학에서 비즈니스 전략을 가르쳤던 교수였다. 하버드를 떠난 후 그는 수많은 세계적인 대기업들에 교육 프로그램을 제공하는 사업들을 설립하도록 지원했었다. 여기서 그는 래리의 교실에서 발표됐던 이야기들과 그다지 다르지 않은 이야기를 한다.

"당신은 누군가에게 어떤 일을 가르치기 전까지는 그 일을 제대로 알지 못한다"는 말을 종종 듣게 된다. 이는 사실이다. 가르치는 것과 배우는 것 사이에는 아주 밀접한 연관성이 있다. 이는 내가 학문적으로 비즈니스를 가르치는 일을 직업으로 선택한 이유일 것이다. 나는 항상 배우는 것에 흥미를 가져왔다. 가르치는 것은 배우는 것을 지속하는 좋은 방법으로 보였다. 그렇지만 이것은 유일한 방법은 아니며, 또한 가장 강력한 방법도 아닐 것이다. 어떤 아이디어를 경험하거나 적용함으로써 배우는 방법도 있다.

나는 컨설팅팀의 멤버로 한 기술주동형 회사가 「딥 체인지」라는 책의 개념을 활용해 시장지향적이고 경쟁상황에 더욱 민감한 회사로 전환하기 위해 대대적인 조직수술을 하도록 도운 적이 있었다. 나는 이미 '딥 체인지 또는 점진적 죽음'의 개념이 강력한 힘이 있다는 것을 깨닫고 있었고, 이 개념 및 관련 개념들을 활용해 기업 리더들이 그들 자신과 회사를 변화시키는 것을 도울 수 있는 방법을 너무나도 배우고 싶었다.

처음에 나는 이것이 매력적인 지적 여행이 될 것으로 기대했다. 그러나 그 이상이었다. 이는 개인 차원의 문제가 됐다.

90년대 내내, 내 첫 번째 결혼은 서서히 피폐해지고 있었다. 이유는 그런 일이 항상 그렇듯 복잡했고 우리만의 독특한 상황이 있었다. 톨스토이는 안나 카레리나의 첫 구절을 통해 이를 보여주고 있다. "행복한 가정은 모두 비슷하고, 불행한 가정은 다 나름대로의 불행한 이유가 있다."

나는 아내가 우리 결혼생활을 불행하게 느끼고 있는 것을 알고 있었다. 그렇지만 나는 항상 우리가 이를 극복해 나갈 수 있을 것이라고 믿었다. 때로 그녀는 나에게 이혼 얘기를 꺼내려고 했지만, 나는 이를 생각해보려고도 하지 않았다. 나는 콜로라도 강을 래프팅하다 급류를 만날 때 뛰어내리거나 파트너를 밀쳐내야 하는 것이 아니라, 생명을 유지하기 위해 꽉 잡고 있어야 한다고 여겼다. 나는 앞에 물결이 잔잔해질 때가 올 것이라고 확신했다.

그렇지만 그녀는 이를 믿지 않았다. 1998년 5월 진짜 폭풍이 몰아쳤다. 일년 전 세상을 떠난 남동생의 기일에 나는 그의 가족들을 위로해주기 위해 휴스턴으로 3일간의 출장 일정을 잡았다. 그날 오후 떠나려던 참에 누군가 문을 두드렸다. 사법 비서관이 이혼서류를 들고 서 있었다. "여기 서명하세요. 죄송합니다만 모레 법정으로 나오셔야 합니다."

나는 충격을 받았다. 아내는 집에 들어오지 않은 상태였다. 싸웠던 것도 아니었다. 오히려 우리는 도시에서 480km나 떨어진 처갓집에서 평화로운 주말을 보낸 참이었다. 나는 아들과 함께 먼저 돌아왔고, 아내는 다음날 비행기로 오기로 했었다.

고객과의 약속을 깰 수는 없었다. 60명의 사람들이 내일 전략적 비즈니스 개념에 대한 강의를 듣기 위해 나를 기다리고 있었다. 그들은 세계 각국에서 온 사람들이었다. 법정에 못 나갈 것이 분명했다. 나는 우선 비행사에 전화해 비행 시간을 연기했다. 그런 후 오후에 내 변호사 친구를 불러 상의를 했다. 나는 내 고객들을 만날 컨퍼런스센터에 그날 밤 자정이 넘어서 도착했다. 다음 날 오전 8시, 나는 3일 일정의 세미나를 열었다. 동생 기일인 3일째 날 나는 제수씨의 집을 방문했다. 그러나 그녀를 위로하기는커녕 오히려 내 자신이 완전히 무너져 내렸다.

이혼까지는 2년이 걸렸다. 그걸 막을 힘이 내게는 없었다. 계속되는 슬픔의 순환 속에서 지쳐갈수록 나는 자꾸 딥 체인지의 개념을 돌아봤다. 나는 이런 종류의 슬픔을 전에 경험한 적이 없었다. 필사적으로 뭔가 효과적인 방법을 찾았다. 「딥 체인지」는 내게 거울이 됐다. 나는 책의 내용들을 모두 편하게 읽을 수는 없었다. 예전에는 알지 못했지만, 나에게 통합성이 결여되어 있어서 문제가 일어났다는 것을 깨닫게 됐다.

나는 최근 몇 달간 출장 다니고 일하는 스케줄을 엄청나게 줄였지만, 회사의 시스템을 바꾸는 프로그램을 교육하는 일은 지속했다. 나의 강의는 점점 더 내 사적인 문제와 연관되기 시작했다. 각 세션에서 참가자들이 통합성이 결여되어 있는 자신의 문제에 직면하도록 할 때마다, 그것은 내 스스로에게도 도전이 됐다. 내가 그 도전 과제들을 헌신적으로 실천할 때마다 새로운 내가 나타났다. 나 역시 배우는 사람으로서 다른 사람들이 변화와 발견의 여행을 더 잘 안내할 수 있는 사람이 되어가고 있었다.

영웅의 여행에서 영웅은 임무를 안고 길을 떠나게 된다. '스스로의 역량도 강화되고, 타인의 역량도 강화할 수 있는' 리더가 돼 마을로 돌아오기 위해서는 괴물을 죽여야 한다. 그 괴물은 기존의 자신이다. 이것이 딥 체인지이다. 자신을 갱신하고 재충전하고 타인들의 역량을 증대시키는 것이다.

여기에 어떻게 한 사람이 변혁적 강사가 됐는가에 대한 중요한 교훈이 담겨있다. 덕은 가장 강력한 교육은 개념을 적용하고 그 결과를 경험하는 데서 나온다는 것을 깨달았다. 이 과정은 꽤 고통스럽다. 나는 덕이 "이 같은 종류의 슬픔을 경험한 적이 없었다"고 한 말이 가슴에 와 닿았다. 우리는 그런 종류의 감정을 느끼게 될 때 일반적인 상태에 있었더라면 결코 하지 않았을 일들을 어쩔 수 없이 하게 된다.

리더십의 근원적 상태로 이동하면서 덕은 마음을 열고 자신이 누구인지 재정의하기 시작한다. 그는 자신을 관찰하기 시작했고, 예전 같으면 거부했을 자기 자신을 보게 된다. 그는 자신의 이중성을 본다. 그는 예전에는 알지 못했던 통합성의 결여 문제를 깨닫게 된다.

앞으로 전진하기로 결심하면서 그는 가르치는데 많은 시간을 보낸다. 단지 비즈니스 전략뿐 아니라 딥 체인지에 대해서 말이다. 그 과정에서 그의 교습은 더욱 개인적인 차원의 문제가 된다. 그는 자기 자신의 통합성의 결여 문제를 해결하는데 애쓰는 동시에 학생들에게도 같은 과제를 부여했다. 그 시점에서 덕은 한층 높은 도덕성을 갖고 학생들을 가르쳤다. 그와 같은 강의를 하면서 그는 지속적으로 성장했다. 그는 더욱 목적 중심적이고, 타인에 관심을 두며, 더 주체적으로 행동하고 외부적으로 개방된 사람이 됐다. 그렇게 함으로써 그는 다른 사람들도 리더십의 근원적 상태에 도달할 수 있도록 이끌기 시작했다.

래리의 이야기에서 우리는 MBA 과정에서도 변화할 수 있는 잠재력이 있다는 것을 볼 수 있었고, 덕의 이야기에서 우리는 경영진으로 구성된 강의실에서 가르치는 과정 역시 변혁적일 수 있다는 것을 알았다. 이제 다른 변혁적 강사의 이야기를 들어보자.

지속적인 배움

스탠 고스는 자신의 어린시절이 불행으로 점철돼 있다고 표현한다. 여덟 살 때 그의 할아버지와 삼촌, 아버지가 모두 같은 달에 죽었다. 그들이 죽는 순간에 스탠은 늘 혼자였다. 그의 어머니는 지독한 알코올 중독자가 됐다. 스탠이 19살 때 어머니와 여동생이 사고로 죽었다. 그는 그 영향이 다음과 같이 나타났다고 설명했다.

> 나는 겉으로는 굉장히 잘 살고 있는 것처럼 보였지만, 내적으로는 무엇인가 엄청난 조치를 취해야 할 필요가 있었다. 나는 시작은 매우 잘 하는데, 마무리를 잘 못했다. 일을 중도에 그만둘 수 있는 핑계를

찾아냈다. 나는 회사에서 고속승진을 하다가 사업가로 변신했다. 여기서 나는 계속해서 그다지 성공적이지 않은 경험을 하게 된다.

스탠의 성인 시절 대부분이 이런 패턴으로 이루어져있다. 그러다 52세에 그는 개인변화에 관한 주말 워크숍에 참석하게 된다. 워크숍의 초점은 숨어 있는 자기 자신, 즉 자신이 거부하고 있는 자신의 모습을 받아들이는 것이었다. 그는 딥 체인지를 불러일으킨 몇 가지 중대한 결심을 내렸다고 했다. 그는 인생에서 자신만의 독특한 임무를 명시하게 된다. 그는 고위임원진의 자문이 된다. 성공에 걸림돌이었던 행동유형이 사라졌다.

13년 전이었다. 그 당시 나의 실행방법들은 성장했고 발전했다. 그리고 지금 65세에 나는 인생에서 가장 생산적이면서 공헌적인 삶을 살고 있다. 내 고객들은 건강관리부터 금융, 전력, 에너지, 스포츠 등 다양한 산업분야에 종사하는 고위임원진들이었다. 내가 함께 일한 조직들에서 나는 모두 눈에 띄는 성과를 거뒀다.

스탠은 그의 일을 더 도전적으로 만든 주제들에 대해 언급했다. 첫 번째는 용어의 문제다. 두 번째는 변화를 용이하게 하는 프로세스를 갖는 것이다. 이 프로세스를 통해 공동으로 창조하는 일과 생산적 공동체가 조화를 이루게 된다.

변혁적 변화관리 자문으로 일하려면 '묘사할 수 없는 것을 묘사할 수 있도록' 하고, '설명할 수 없는 것을 설명하도록' 하는 용어와 개념을 찾아내야 한다. 이 세상은 모든 논의와 토론에서 실체성을 요구하고 있는 상호교류적인 세계이기 때문이다. 우리가 대화 과정에서 타인을 원하는 방향으로 유도하기 위해서는 상호교류적이고 변혁적인 세계 사이에 존재하는 용어를 자유롭게 구사할 수 있어야 한다.

알코올치료단체인 AA가 12단계를 쓰는 것처럼 나는 「세상을 바꿔라(Change the World)」에서 8가지의 핵심 아이디어(생산적인 공동체를 상상하라; 내면을 살펴라; 자신의 이중성을 받아들여라; 두려움을 초월하라; 공공의 이익에 대한 비전을 구체화하라; 시스템을 깨뜨려라; 새롭게 나타나는 프로세스에 순응하라; 도덕적 힘을 이용해 사람들을 끌어들여라)를 내 고객들에게 활용한다.

각각의 개념들은 적절한 때와 장소가 있다. 예를 들어 '생산적인 공동체를 상상하라'는 개념은 마치 '관문단계의 질문' 같다. 나는 리더들에게 그들이 이끌고 있는 조직을 어떻게 보고 있는지를 묻는다. 그들은 '회사'라는 답부터 '비즈니스 단위'까지 다양한 답을 내놓는다. 그렇지만 그들에게 조직을 '공동체'로 보고 있는가 물었을 때 그들은 눈을 반짝거리며 그 개념에 관심을 기울인다. 나는 우리가 제대로 길에 들어섰다는 것을 느끼게 된다. 우리는 생산적인 공동체라는 개념에 관해 이야기하고, 가르치고, 수행해본다. 보상 플랜이 함께 실행돼야 할 때도 있다. 생산적인 공동체가 어떻게 만들어지는지를 살펴보기 위해 오프 사이트(off-site) 미팅을 열어야 할 때도 있다. 리더들이 '나' 중심의 관점에서 '나와 우리'의 관점을 갖게 하기 위해 개인적인 작업을 수행해야 할 때도 있다.

대화는 항상 이렇게 시작한다. "내가 무엇을 이루고 싶은지는 알겠는데, 정확히 무엇을 해야 하는지는 모르겠다." 그러면 우리는 '무조건적인 자신감'을 함께 창조하는 작업을 실행한다. 이는 지속적인 배움과, 통합의 과정이며 우리가 함께 가면서 노선을 수정하는 행동이다. 한편으로는 생산적인 공동체를 상상하는 일을 하고, 또 한편에서는 시스템을 깨뜨리는 일을 조금씩 한다. 그 과정에서 일종의 장점탐구가 자극을 일으키며 사람들이 이런저런 부분에 관해 통찰력을 갖게 만든다. 그리고 마법이 일어난다. 긍정적인 에너지가 창조되고 상황이 개선되며 사람들이 쏟아내는 말도 좋아진다.

어떤 사람들은 너무 나이가 많아서 변화할 수 없다고 주장한다. 이 말의 진짜 의미는 "나는 너무 게을러서 책임 있는 자유를 수행할 수 없다"는 것이다. 스탠은 52세란 나이에도 변화는 항상 선택 가능한 사항이라고 주장했다. 더 정확히 말하자면 이는 언제든지 나타날 수 있는 요구사항이다. 우리는 변화하거나, 또는 엔트로피와 점진적 죽음을 향해 나아간다. 스탠은 오랜 시간을 리더십의 근원적 상태에서 보냈기 때문에 자신의 고객들을 리더십의 근원적 상태로 유도할 수 있는 프로세스를 개발하고 용어를 터득한 것이다.

리더십의 근원적 상태로 타인을 이끌기

이 장에서 우리는 리더십 개발 역시 조직 변화처럼 개인적 변화로부터 시작된다는 것을 볼 수 있었다. 톰의 이야기에서 우리는 리더십의 근원적 상태가 별개의 사건이라는 것을 배울 수 있었다. 리더십의 근원적 상태에 들어가는 일은 두렵지만 기운이 생기는 일이다. 딥 체인지의 여정에 있는 동안 성공을 보장해주는 보상정책이란 없다. 우리는 결말이 어떻게 될 것인지 알지 못한다. 우리는 래리의 학생들에서 부터 평범한 사람들 ─우리 주위의 사람들─ 에 이르기까지 모두 그와 같은 경험을 해 본 적이 있다는 것을 알 수 있었다. 래리로부터 우리는 성스러운 공간을 창조하는 것이 가능하다는 것과, 성스러운 공간에서는 사람들을 리더십의 근원적 상태로 이끌 수 있는 모든 종류의 특성들이 자연스럽게 나타난다는 것을 알 수 있었다. 우리는 덕의 이야기로부터 관리자와 강사들도 딥 체인지로 인한 도전에 직면하는 인간이라는 것을 알 수 있었다. 딥 체인지를 기꺼이 받아들이려는 자세는 우리가 타인을 개발시키는 것에 대해 생각하는 방식도 바꿔 놓는다. 우리는 말하기와 강제하기 전략에서 벗어나기 시작한다. 우리는 자신을 초월하고 다른 사람들과 함께 성스러운 공간을 창조하는 일에 동참한다. 그렇게 함으로써 우리는 성장하고, 그들도 성장한다. 마지막에 우리는 스탠의 이야기에서 변화하기에 너무 늦은 때란 없다는 것을 알 수 있었다. 우리가 변화할 때 우리는 점진적으로 다른 사람들을 리더십의 근원적 상태로 끌어들이는데 필요한 용어와 프로세스를 배우게 된다.

결과적으로 톰과 래리, 덕과 스탠 모두는 우리가 이 책을 통해 만났던 훌륭한 사람들과 비슷한 교훈을 주고 있다. 우리는 모두 평범한 존재인 동시에 위대한 존재다. 우리는 모두 일반적인 상태에 빠져 있고 엔트로피와 점진적인 죽음을 향해 나아가려는 경향이 있다. 도전 과제는 딥 체인지를 이루고 창조적인 상태로 들어가는 것이다. 우리의 과제는 지속적으로 통합성을 증진시키는 삶을 사는 것이다. 딥 체인지를 하기로 결심했을 때 우리는 리더십의 근원적 상태로 들어간다. 그 상태에서 기하급수적으로 성장하는 것을 경험하고 살아 있는 전도자가 되어 우리 주위의 다른 사람들을 같은 상태로 끌어들이게 된다. 이런 사람들을 통해 우리는 성스러운 공간을 창조하고 사회적 변화에 참여하게 된다. 무시할 수 없는 다수에 도달했을 때 우리는 변화하는 현실에 계속 적응하기를 강력하게 원하는 생산적인 공동체가 된다. 우리는 함께 다리를 놓아가면서 걸어나가는 것이다.

타인을 리더십의 근원적 상태로 이끌기 위한 준비단계

명상을 위한 질문

1. "그것은 두려운 일이었다. 그렇지만 우리는 필요한 일들을 배웠다. 내가 했던 일 중 최상이었다." 이 글이 당신의 인생에 어떤 의미를 갖는가?

2. "내가 잘못해도 큰 상관이 없는 것이다. 또 회사가 계속 성공을 거두고 있었던 것도 아니었기 때문에 나는 부담이 없었고, 따라서 더 잘 할 수도 있다." 이 같은 종류의 자유로부터 당신이 얻을 수 있는 것은 무엇인가? 그리고 어떻게 얻는가?

3. 다음의 글에 당신은 동의하는가? "나는 내 이야기의 결말을 아직 모른다. 그러나 지금보다 더 신경을 집중하고, 열심히 일할 수는 없을 것이며, 지금만큼 두려움을 느끼는 일도 없을 것이다. 이는 내 성공의 씨앗이다." 당신의 답을 설명해보라.

4. 다음의 글은 당신에게 어떤 의미를 갖는가? "조직적 변화는 집단적 미덕이 증대된 것이며, 이때 개인과 조식은 그 어느 때보다 통합된 것이다."

5. 당신은 이 장에서 기업 트레이닝 프로그램이나 비즈니스 스쿨이 운영하고 있는 전통적인 방법에 대해 묘사한 내용에 동의하는가? 강사나 관리자들은 교육 프로그램들이 사람들을 리더십의 근원적 상태로 효과적으로 이끌기 위해 어떻게 달라져야 하는가?

6. 래리가 기존의 세속적인 공간에서는 이루지 못했지만 그의 강의실에서 창조해낸 성스러운 공간에서는 이뤄낸 것들이 무엇인가? 당신은 언제 성스러운 공간이 창조되는 경험을 해보았는가?

7. 덕은 "나는 그와 같은 슬픔을 느껴본 적이 없다"고 말했다. 슬픔에 대응하는 데에는 생산적인 방법과 비생산적인 방법이 있다. 덕의 대응은 다른 사람들을 리더십의 근원적 상태로 이끄는 것에 관해 많은 것을 시사해주고 있다. 그는 무엇을 했으며, 그로부터 무엇을 배울 수 있는가?

8. 스탠이 경영진들을 변화시키기 위해 사용한 프로세스와 언어를 분석하라. 스탠으로부터 배운 것을 당신은 어떻게 활용하겠는가?

자기 발전

1. 당신의 조직이 리더십 개발을 위해 어떤 방법을 취하고 있는지 써 보자.
2. 당신 조직의 리더십 개발을 어떻게 개선시킬 것인가에 대해 떠오르는 생각들을 메모해보자.

타인을 리더십의 근원적 상태로 초대하기 위한 유용한 지침

1. 사람들은 리더십의 근원적 상태에 진입한 사람을 인지하는 경우가 드물다는 것을 인식하라.
2. 사람들이 리더십의 근원적 상태에 진입하는 것의 가능성을 부인하는 것은 일반적인 일이라는 것을 인식하라.
3. 대부분의 조직 문화는 사람들을 일반적인 상태에 묶어두고 있다는 사실을 인식하라.
4. 대부분의 관리자와 리더십 트레이닝의 기획자들은 일반적인 상태에 있고, 그들은 말하기와 강제하기 전략을 사용하는 경향이 있다는 것을 인식하라.
5. 대부분의 강사들은 분석과 모방을 강조하고 있음을 인식하라.
6. 리더십의 근원적 상태에 도달하는 것이 무엇을 의미하는지 스스로 모범이 돼야 할 필요성을 인식하라.
7. 리더십의 근원적 상태에 도달하는 것의 가능성을 부인하는 사람들도 사실 과거에 그 상태에 도달한 적이 있다는 것을 인식하라.
8. 일반적인 상태는 세속적인 공간이라는 사실을 인식하라.
9. 성스러운 공간의 힘을 인식하라.
10. 성스러운 공간은 언제 어디서든 창조될 수 있다는 것을 인식하라.
11. 당신이 분석하고 모방하는 차원에서 당신의 진솔하고 독특한 감

정을 표현하는 용기를 가짐으로써 성스러운 공간을 창조할 수 있다는 것을 인식하라.
12. 성스러운 공간에서는 생산적인 공동체가 나타나고 진정한 가치가 창조되는 것을 목격할 수 있다는 사실을 인식하라.
13. 우리는 리더십의 근원적 상태에 계속 머물러 있지 않는다. 우리가 더 목적 중심적이고 주체적으로 행동하며 다른 사람들에게 관심을 맞추고 외부적으로 개방되도록 장려하는 수행방법에 적극 참여한다면 리더십의 근원적 상태에 더 자주 도달할 수 있게 된다는 것을 인식하라.

통찰의 공유

위 질문에 답하면서 공유하고 싶은 중요한 통찰이나 의미 있는 이야기가 있다면 딥 체인지 웹사이트(www.deepchange.com)를 방문해 게시판에 올려주기 바란다. 당신의 이야기는 많은 사람들에게 도움이 될 것이다. 다른 사람들이 올려놓은 이야기와 그들이 얻은 통찰을 보고 싶을 때도 이 사이트를 방문하면 된다.

| 역자후기 |

가장 존경받는 최고경영자(CEO) 가운데 하나로 꼽히는 잭 웰치 전(前) 제너럴일렉트릭(GE) 회장은 임원진들에게 "관리하려 들지 말고 리드하라(Don't manage. Lead.)"고 말했다고 한다. 조직을 이끌어야 하는 사람들이 진짜 리더이기보다는 관리자의 역할밖에 하지 못하고 있는 현실을 웰치 전 회장은 꿰뚫어보고 있었던 것이다. 치열한 경쟁 속에서 기업을 이끌고 있는 경영자들은 시대의 흐름에 맞춰 조직을 변화시키지 않으면 생존할 수 없다는 것을 안다. 하지만 대다수 최고 경영자들은 리더가 되지 못하고 그저 관리자 수준에 그치는 게 현실이다.

이 책은 진정한 리더십이란 무엇인가를 살펴보고, 진정한 리더로서 변화를 이끈 평범한 사람들의 이야기를 통해 우리가 실제로 적용해 볼 수 있는 실천 과제들을 제시하고 있다. 그 핵심은 '나부터 변화해야 한다'는 것이다. 그런 점에서 이 책이 제시하고 있는 실천과제들은 일반적인 리더십이나 변화관리 책들이 강조하는 것과는 다르다. 대다수의 리더십이나 변화관리 서적들은 특정한 상황에서 리더는 어떤 행동유형을 취해야 하는가에 중점을 두고 있다. 하지만 독자들이 실제 상황에서 그 이론들을 적용해보려고 할 때면 어려움을 겪기 일쑤다. 우리의 삶은 수학공식이 아니기 때문이다. 공식화돼버린 리더십 이론을 다변적이고 복합적인 실제 상황에 적용하는 데는 한계가 있을 수밖에 없다.

로버트 퀸은 이 책에서 어떤 특정한 법칙을 제시하지 않는다. 그가 강조하고 있는 것은 어느 한쪽에 치우치지 않은, 대조적으로 보이는 요소들을 통합한 중도의 길이다. 리더란 따뜻함과 냉철함, 이상과 현실 등을 모두 갖추어야 그 어떤 상황에서도 흔들리지 않고 유연하게 조직의 변화를 이끌 수 있다는 것이다. 그래서 이 책을 읽으면서 역자는 동양의 자기 수양서를 읽는 듯한 느낌을 받기도 했다.

이 책은 크게 세 부분으로 나뉘어져 있다. 그 중 가장 핵심적인 것은 8가지 실천과제를 설명한 두 번째 부분이다. 1부의 마지막 장인 7장에서는 8가지 실천과제에 대한 대략적인 정리가 이루어져 있고, 2부에서는 각 과제별로 사례들이 제시돼 있다. 2부는 번역과정에서 가장 애를 먹었던 부분이기도 하다. 그 실천과제들은 저자가 새롭게 발전시킨 이론을 설명하기 위해 개발한 용어들이다. 따라서 각 용어에 딱 들어맞는 우리말을 찾는다는 것은 사실상 불가능한 일이었다. 예로 이 책에서 '심사숙고하는 실천력'으로 번역된 용어는 저자가 성찰하고 숙고한다는 의미의 'Reflective'와 실천에 옮기고 행동한다는 의미의 'Action'을 통합한 용어다.

이 책을 번역하면서 최대한 저자의 의도를 담아낼 수 있는 용어를 쓰기 위해 노력했으나 부족할 수밖에 없다. 그러나 각 장에 제시된 사례들을 읽고 나면 그 의미를 이해할 수 있을 것이다. 또 '딥 체인지'는 뿌리부터 흔드는 근원적인 변화를 의미하는데 굳이 우리말로 풀기보다는 원어 그대로 표기했다.

마지막으로 이 책을 내기까지 많은 분들의 도움을 받았다. 이 책을 번역할 기회를 준 늘봄출판사에 감사드리며 번역작업에 조언을 아끼지 않은 분들께도 고마움을 전한다.

2005년 6월
최원정, 홍병문

참고문헌

Bass, B. "Concepts of Leadership." In R.P.Vecchio (ed.), Leadership; Understanding the Dynamics of Power and Influence in Organizations. Notre Dame, Ind.: University of Notre Dame Press, 1997.

Blake, W. The Poetry and Prose of William Blake (D.V.Erdman, ed.). New York: Doubleday, 1965.

Byrd, A.D., and Chamberlain, M.D. Willpower Is Not Enough: Why We Don't Succeed at Change. Salt Lake City, Utah: Deseret Book Company, 1995.

Cameron, K.S., Dutton, J.E., and Quinn, R.E.(eds.). Positive Organizational Scholarship: Foundations of a New Discipline. San Francisco: Berrett-Koehler, 2003.

Campbell, J. The Hero with a Thousand Faces. New York: Bollinger Foundation, 1949.

Chatterjee, D. Leading Consciously: A Pilgrimage Toward Self-Mastery. Boston: Butterworth-Heinemann, 1998.

Chin, R., and Benne, K. D. "General Strategies for Effecting Changes in

Human Systems." In W.G. Bennis, K. D. Benne, and R. Chin (eds.), The Planning of Change: Readings in Applied Behavioral Sciences. New York: Holt, 1969.

Creelman, D. "Interview: David Cooperrider and Appreciative Inquiry." [http://www4.hr.com]. July 9, 2001.

Csikszentmihalyi, M. Finding Flow: The Psychology of Engagement with Everyday Life. New York: Basic Books, 1997.

Frankl, V.E. Man's Search for Meaning: An Introduction to Logotherapy. New York: Washington Square Press, 1963.

Fritz, R. The Path of Least Resistance: Learning to Become the Creative Force in Your Own Life. New York: Fawcett, 1989.

Hanh, T.N. Living Buddha, Living Christ. New York: Riverhead Books, 1995.

Hart, S. L., and Quinn, R.E. "Roles Executive Play-CEOs, Behavioral Complexity, and Firm Performance." Human Relations, 1993, 46(5), 543-574.

Jackson, P., and Delehanty, H. Sacred Hoops: Spiritual Lessons of a Hardwood Warrior. New York: Hyperion, 1995.

Johnson, R.A. We: Understanding the Psychology of Romantic Love. San Francisco: HarperSanFrancisco, 1997.

Labarre, P. "Do You Have the Will to Lead?" Fast Company, Mar. 2000, no.32, p222.

Merton, T. Seven Storey Mountain. Orlando, Fla.: Harcourt, 1948.

Merton, T. Conjectures of a Guilty Bystander. New York: Doubleday, 1966.

Palmer, P. The Courage to Teach: Exploring the Inner Landscape of a Teacher's Life. San Francisco: Jossey-Bass, 1998.

Prochaska, J.O., Norcoss, J.C., and DiClemente, C.C. Changing for Good.

New York: Avon Books, 1994.

Quinn, R. E., and Quinn, S. E. "Becoming a Transformational Change Agent." In L. Greiner and F. Ponteff (eds.), Handbook of Management Consulting: The Contemporary Consultant. Cincinnati, Ohio: SouthWestern, forthcoming.

Riley, P. The Winner Within: A Life Plan for Team Players. New York: Putnam, 1993.

Schriesheim, C.A., House, R. J., and Kerr, S. "Leader Initiating Structure-Reconciliation of Discrepant Research Results and Some Empirical Tests." Organizational Behavior and Human Performance, 1976, 15(2), 297-321.

Thoreau, H.D. Civil Disobedience and Other Essays. New York: Dover, 1993.

Torbert, W.R. Managing the Corporate Dream: Restructuring for Long Term Success. Homewood, Ill.: Dow Jones Irwin, 1987.

Warner, C. T. Bonds That make Us Free. Shawnee Mission, Kansas: Shadow Mountain, 2001.

Welch, J., and Byrne, J. A. Jack: Straight from the Gut. New York: Warner Books, 2001.

Wheatley, M.J., and Kellner-Rogers, M. A Simpler Way. San Francisco: Berrett-Koehler, 1996.

Wright, K. Breaking the Rules: Removing the Obstacles to Effortless High Performance. Boise, Idaho: CPM Publishing, 1998.

Youngblood, M .D. Life at the Edge of Chaos: Creating the Quantum Organization. Flower Mound, Tex: Perceval Publishing, 1997.

리딩 체인지 LEADING CHANGE

지은이   로버트 E. 퀸
옮긴이   최원정 · 홍병문
발행인   조유현
발행처   늘봄
편집   김금발미
디자인   이주원

등록번호 제1-2070 1996년 8월 8일
주소   서울시 종로구 충신동 189-11
전화   02) 743-7784
팩스   02) 743-7078

초판발행 2005년 8월 5일
ISBN 89-88151-58-5 03320

* 가격은 표지에 있습니다.